家庭成就好儿郎

几多家长苦奔忙,可叹育儿空一场。
孩子问题父母造,怨及学校太荒唐。
漫言教育无真法,信得书中有锦囊。
观念一新天地阔,家庭成就好儿郎。

——作者感悟

家庭是教育的主阵地

JIATINGSHIJIAOYUDEZHUZHENDI

胡玉敏 著

河南大学出版社
HENAN UNIVERSITY PRESS

图书在版编目(CIP)数据

家庭是教育的主阵地/胡玉敏著. —郑州:河南大学出版社,2013.9
ISBN 978-7-5649-1319-9

Ⅰ.①家… Ⅱ.①胡… Ⅲ.①家庭教育—研究 Ⅳ.①G78

中国版本图书馆 CIP 数据核字(2013)第 197032 号

责任编辑　谌洪波
责任校对　张　丹
封面设计　郭　灿

出版发行　河南大学出版社
　　　　　地址:郑州市郑东新区商务外环路中华大厦 2401 号　　邮编:450046
　　　　　电话:0371-86059701(营销储运中心)　　网址:www.hupress.com
排　　版　郑州市今日文教印制有限公司
印　　刷　郑州市今日文教印制有限公司
版　　次　2013 年 9 月第 1 版　　　　　　　　印　次　2013 年 9 月第 1 次印刷
开　　本　710mm×1000mm　1/16　　　　　　印　张　15.75
字　　数　283 千字　　　　　　　　　　　　　印　数　1—11000 册
定　　价　37.50 元

(本书如有印装质量问题,请与河南大学出版社营销部联系调换)

序一

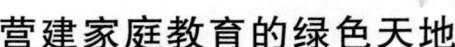

营建家庭教育的绿色天地

叶 鹏

《家庭是教育的主阵地》是一位教育工作者面对当今家庭教育乱象纷呈的局面,虔诚表达的忡忡忧心和殷殷祝福。物质生活的富裕、独生子女的娇宠使父母对子女人生的成就充满期待。望子成龙的社会心理给万千家庭的教育追求带来了畸变:应试教育提前启动,家长们不惜斥巨资争夺最佳教育资源,为子女成才抢跑。于是,孩子们压力重重,失去了游戏的童年。如今的家庭教育淡化了温馨的亲情和审美的品格,其功利跋扈,甚至出现了沙漠化的景象。回归家庭教育育人启智的根本,方能重新迎来家庭教育的绿色天地。

回想普通百姓,对教育的目的原有一个简洁朴素的表述,曰:"懂事开窍。"懂事,就是学做人的道理。学会处事待人,讲道德、守法律、明是非、辨真假、识美丑、知好歹。人生一世,皆从家庭教育起步:成就不了一个高尚的人,要做一个优秀的人;成就不了一个优秀的人,要做一个正派的人。堂堂正正,清清白白,走好自己的人生路。开窍,就是开发思维能力。开发理性的思考能力和感性的想象能力,成为一个能独立思考、想象联翩的人;开发智商和情商,成为一个聪明的人、智慧的人。

家庭是教育的摇篮,童年的游戏是诗情画意的人生摆渡;在人生蹒跚起步的时刻,就已为飞翔万里积蓄动力。家庭教育既要尊重孩子的人格和权利,尊重孩子的兴趣和爱好,也要坚持教育的规范、教育的导向。明代教育家陈荩说:"教子者,爱胜于教,则教不行;爱子者,教胜于爱,则爱可用。"溺爱是教育的灾难。只有坚持崇高的价值导向,爱心方能成为化雨春风。懂事开窍,正是教育育人启智的根本目的;懂事开窍,也正是家庭教育的绿色天地。

胡玉敏先生早年接受系统的师范教育,敬业奉献,为人师表。他长期从事课堂教学和教育管理工作,成绩卓著,荣誉叠来。他对教育事业热爱由衷,潜心研究,发表了大量科研论文,经常在报刊上开设专栏。特别难能可贵的是,他学术视野开阔,在研究学校教育的同时,十分关注家庭教育的现状。他悉心体察,阐释精深,为健全家庭教育出谋划策,作出了杰出的贡献。胡玉敏先生的家庭教育研究,从实践中来,用朴素的语言讲朴素的道理。拳拳眷眷,献给家长的都是真挚情深的知心话。我相信,《家庭是教育的主阵地》进入千家万户,将给家庭教育带来习习春风、蓝天丽日、满野葱茏,为家庭教育营建起一片绿色的天地。

(作者系文学评论家、教授、大学校长)

2013年4月15日

序二

人生风帆从家庭扬起

徐正之

经常与玉敏一起侃家庭、聊教育,听他的"胡言妙语",并每每为之所动,于是便鼓动他将这些"胡思妙想"上升成理性的随笔札记,以惠及更多的家庭。他欣喜地告诉我,已有一些成文且发表在媒体,我便得寸进尺,请他多写、多发,并结集成书,且许下诺言:我愿为之作序。如今100多篇论及家庭教育的文稿便摆在我的案头。我边读边思,那些与我不谋而合的见解,让我产生共鸣,那些我虽想过但不及胡言深刻的见解,令我振衣舞拜,还有我连想都没想过的妙思则让我眼界大开,惊喜莫名。这是胡玉敏先生献给所有家庭的一份厚礼!

家庭是人生的港湾,人生的风帆从这个港湾扬起,人生的辉煌从这个港湾起航。当满社会都在抢夺教育资源,满世界的家长都在为孩子谋得一个好幼儿园、好学校而殚精竭虑、绝招使尽时,玉敏先生却大声疾呼:"家庭大于学校,父母大于老师。"最好的资源、最好的老师就在你的身边,就在你的家庭,何必还要舍近求远呢?这就好比禅宗所说,自己怀宝而浑然不知,却在满世界到处找宝。玉敏旗帜鲜明地声称"教育重任在家庭,孩子成败在父母","教育,最缺乏的是称职的母亲"。这与西谚所说如出一辙,这则西谚称,"决定国家命运的不是总统,而是母亲"。因为母亲决定孩子的未来,而孩子的未来维系国家的命运,所以家庭和母亲的重要性,说到哪里都不为过。

近年间家庭教育的功利追求愈演愈烈,已使家教异化成扼杀童真与审美的手段,于是智育膨胀成家教的全部,健康与美育则被逼仄到无地可容,健康的情感与丰富的情商成了可有可无的点缀。这是多么可怕的文化迷失啊,我们的家教已深深地误入了歧途。发生在学校的各种凶杀案,从反面警示人们,高智商绝不是人生成功的全部,而低情商乃至零情商则实实在在成了毁掉整个人生的元凶。犯罪的直接原因是法律意识的淡漠,但深层次的原因则是正常情商的极端缺失,这不光是学校教育的悲哀,更是家庭教育的严重失衡,我们再也不能重智而轻情了。

家庭是教育的第一站,父母是子女的首任导师。父母不仅要做子女的学习楷模,更要做孩子的道德榜样,营造优良的子女成长的人文环境,是每一个家庭、每一个父母的义不容辞的责任。有两个家族的对比发人深思、策人警醒。一个叫爱德华家族,一个叫珠克家族。爱德华是一个受人尊敬的哲学家,他热爱学习,追求真理,为人正派,乐于助人,并以这样良好的家风世代相传,结果在他的 8 代子孙中,有 27 位大学校长、100 多位大学教授、17 位议员和一位副总统。而珠克是一个赌徒和酒鬼,醉生梦死,不务正业,在他的 8 代子孙中,有 300 多个乞丐、17 个杀人犯和 60 多个江洋大盗!想想看,这些子孙对社会的作用有多么大的不同啊。

近年间,社会上官二代、富二代、星二代屡曝丑闻,问题迭出,于是舆论把气全都撒在了不争气的二代身上。其实"二代"既是受益者,也是受害者。二代问题的根子在一代,一代的根子在社会。社会给了他们太多的特权,特权很诱人,但特权也害人,这是许多特权拥有者并未完全意识到的,于是转而让特权所害。

胡玉敏先生长期工作在教学与管理的第一线,有着丰富的教育实践,他本人又酷爱学习,勤于动脑,知识渊博,文理兼通,极富人文情怀。他善于把学校教育同家庭教育结合起来进行思考,因此更容易给家庭教育一个准确的定位。他开专栏、上荧屏、做家访、搞讲座,把家庭教育搞得红红火火,是一位难得的既懂学校教育又懂家庭教育的优秀的中学校长。

"潮平两岸阔,风正一帆悬。"端正家庭教育观念,掌握正确的家教方法,我们的家教之舟便会风正帆高,破浪前行。请打开胡玉敏先生的家教论集吧,他奉献给大家的是一份沉甸甸的厚礼,他捧出的是一颗滚烫赤诚的忠心。

(作者系教授、杂文家)
2013 年 4 月 27 日

目录

序一 营建家庭教育的绿色天地 叶 鹏 /1

序二 人生风帆从家庭扬起 徐正之 /3

第一章 孩子命运父母造

千万不要把主阵地丢掉 /2
教育最缺乏的是称职的母亲 /4
不是第一任,而是永不卸任的大老师 /6
观念一错,南辕北辙 /9
没有天生的好父母 /10
寻找真正的原因 /13
母亲的作用更重要 /15
家长要做到"四要四不要" /17
必须做好的五件事 /19
你是哪一类父母 /22
好父母都是学出来的 /25
从来就没有什么救世主 /28
不要推卸责任 /31

第二章 遵循教育的规律

问题孩子家庭造 /36
要给孩子提供精神食粮 /38
家长要善于和老师沟通 /41

教育是科学，不能想当然　/42
　　神童的七个特征　/45
　　天才儿童是早期教育的结果　/46
　　从小培养儿童的创造力　/49
　　切莫错过开发潜能的最佳时机　/50
　　自己的孩子自己带　/52
　　父母的态度和要求要协调一致　/55
　　千万不要给孩子过早下结论　/57
　　过度保护使孩子缺乏能力与自信心　/58
　　要纵向比，不要横向比　/62

第三章　用智慧面对问题

　　走出家教的四类误区　/66
　　不要怜悯孩子　/67
　　身教胜于言教　/70
　　培养良好的学习习惯　/72
　　如何应对青少年的逆反心理　/74
　　当心奖励的副作用　/75
　　粗暴体罚贻害无穷　/78
　　发现孩子偷拿别人东西怎么办　/82
　　寻找学习的动力　/83
　　如何疏导孩子的不良情绪　/86
　　责任心缺失谁之过　/89
　　忠言也要顺耳　/91
　　与孩子共同面对失败　/94
　　说得很多，为什么不管用　/97

第四章　寻找正确的方法

　　培养状元的秘诀　/102
　　家庭是创造力培养的起点　/104
　　要求要具体，目标要适当　/108
　　愉快地学习才能事半功倍　/110
　　会爱孩子，还要教育孩子会爱别人　/112
　　要求孩子做到"三要三不要"　/114
　　吃苦是进补，磨难是资本　/116

上校外辅导班的得与失　/118
　　如何开发右脑　/120
　　用皮鞭还是用奖励　/123
　　怎样与孩子交流　/124
　　如何发现孩子的优势潜能　/128
　　别让孩子成为方仲永　/130

第五章　综合素质定输赢

　　父母是人师，不是经师　/134
　　父母是孩子最好的道德榜样　/136
　　观念大于方法　/139
　　家庭是孩子成长的第一课堂　/141
　　情商占80%　/144
　　学会做人，走向成功　/147
　　起跑线上话输赢　/148
　　德育是成功人生的基石　/152
　　人格因素的巨大作用　/156
　　好性格成就好命运　/158
　　培养孩子优秀的素质　/161
　　没有好身体，就没有高素质　/163
　　教孩子勤动手、会劳动　/164
　　不要忽视美育的神奇作用　/166

第六章　攻心者方为上策

　　为什么孩子不愿和你交流　/170
　　诉诸良好的动机　/172
　　兴趣比分数更重要　/174
　　说苍则苍，说黄则黄　/176
　　父母要令出必行　/179
　　不要哄骗、吓唬孩子　/182
　　自信心是成功的根基　/184
　　培养自信心的三种方法　/186
　　巧用暗示法　/190
　　表扬不等于鼓励　/192
　　教育孩子的前提是了解孩子　/193

批评与表扬的智慧 /196
　　家庭教育中的坚持与妥协 /199
　　要重视培养孩子良好的心态 /201
　　向孩子表达自己的内心感受 /203

第七章　胡言妙语说教育

　　家庭大于学校，父母大于老师 /206
　　永远对孩子说"你行" /207
　　假期，家庭教育正当时 /208
　　正教育、零教育、负教育 /210
　　上校外辅导班与打吊瓶 /211
　　当个好家长，做到"六个一" /212
　　成绩上不去，方法惹的祸 /213
　　说他行他就行 /214
　　倾听孩子的诉说 /216
　　科学饮食能使大脑更聪明 /217
　　孩子都是可以教育好的 /220
　　孩子为什么撒谎 /221
　　成功就在身边 /222
　　情商不是教出来的 /223
　　选择高中有诀窍 /224

第八章　评介真言

　　勤于实践悟真知 /228
　　做事需要大智慧，育人需要大教育 /229
　　独道常人未曾言 /230
　　探路者的思考 /230
　　知行合一的家庭教育经 /231
　　揭秘教育的真谛 /232
　　家庭教育的布道者 /233

后记　守望心灵的田野 /235

参考文献 /239

第一章
孩子命运父母造

成功背后看家教

孩子命运家庭造,主要阵地莫丢掉。
原因应在自身找,责任不能推学校。
做人教育数第一,父母作用最重要。
正确归因寻妙法,成功背后看家教。

　　孩子的命运掌握在父母手中,家庭是孩子成长最主要的环境。孩子发生问题,应首先从家庭教育方面找原因。父母是孩子的第一责任人,做人教育是家庭教育的灵魂,"先做人,后做事"是亘古不变的真理。即使把所有老师加起来,也比不上一个母亲所起的作用。每个孩子的成功都是有原因的,我们一定要学会正确归因,把学习成绩背后的真正原因找出来,这样才能教育好孩子。

千万不要把主阵地丢掉

人们谈到教育,往往有一个误区,好像教育仅仅是学校、老师的事。其实,家庭才是教育的主阵地,父母才是孩子最重要、最高级的老师,即使把所有的老师加起来,也比不上一个母亲重要。现在,我们必须切实转变观念,把对学校与家庭的认识完全颠倒过来!

一个国家如果科技文化不发达,那一定是学校教育出了问题。如果一个国家的社会风气不好,则一定是家庭教育出了问题。

家庭教育的缺失后果是什么呢?那就是整个社会道德、生活质量的下降。家庭影响无时不在,不是给孩子好的影响,就是给孩子坏的影响。不给孩子以影响的家庭是不存在的。可惜,现在中国的多数家庭给孩子的却是不好的家庭教育,尽管这并不是父母的有意之为。

现在,我们看到的是孩子不合格,这只是表面现象,只是冰山一角。孩子不合格的背后,则是孩子的父母的不合格,是家庭教育出了问题。父母的不合格导致了孩子的不合格。问题孩子父母造,孩子也是受害者!试想,有哪个孩子一生下来就是问题儿童?由于缺乏好的家庭教育,缺乏合格的父母亲,才导致了教育、人才、社会这样那样的问题。这才是最可怕的事情,这才是最为致命的问题。

伪劣产品、治安恶化、道德滑坡、环境污染、生态危机等,归根结底还是人的不合格。由于人们急功近利,造成我们的学校教育、家庭教育只盯着考试分数、学习成绩,非出问题不可!其实,我们整个社会受应试教育的影响很深,必须转变教育观念,认真实施素质教育。这不仅是学校的责任,更是家庭的责任。

做父母的一定要知道,孩子生下来,像一张白纸,这张白纸上写什么,画什么,都是后天的环境所造成的。家庭是比学校比社会更重要的环境,父母是比老师更重要的导师。孩子的优秀、成功,也就是父母的优秀、成功;孩子的问题,最大的根源就来自家庭,来自父母!

德国教育家弗里德里希·福禄培尔说过:"国民的命运,与其说是握在掌权者手中,倒不如说是握在母亲的手中。因此,我们必须努力启发母亲——人类的教育者。"家长们应该知道,多数孩子并非在 16 岁才掉队的,他们 6 岁时就已经掉队了。让孩子掉队的不是别人,正是家长自己。为什么在同样的学校、同样的班级、使用同样的教材,由同样的老师教育,而培养出来的孩子却差距悬殊呢?

现在"富二代"、"官二代"、"星二代"等问题很严重,这些出生在物质条件优越家庭里的孩子,选择的都是当地最好的幼儿园、学校,从小享有的都是较好的学校教育资源,为什么他们其中的不少孩子仍然出了问题呢?难道是学校把他们培养坏了吗?不!问题不在学校,是学校以外的原因,是孩子来到学校以前就埋下的祸根。他们身上所暴露出来的问题,是家庭环境、家庭教育打下的底色。当然不能把责任推到孩子身上。刚出生的孩子,他们的情商或者非智力因素几乎是完全一样的。

《三字经》开篇就说:"人之初,性本善,性相近,习相远。苟不教,性乃迁……"古人早就总结出后天环境和教育在孩子成长中的巨大作用。曾国藩之所以被称为"万世完人",很重要的一点就在于他把孩子都培养得很好,他对家教非常重视。他写的《曾国藩家书》就是留给世人最好的礼物。

人的可塑性太大了

最能说明人脑可塑性的例子,是一个将原始部落的孩子教育成为一个语言学家的真实故事。

这个故事发生在巴拉圭的一个现代人难以走进的地区,这里生活着一个爪亚基尔人部落。这个部落同距今 4 万年前生活在地球上的克罗马奴人一样,生活方式极其原始,经常迁居去寻觅他们的主要食物——野生蜜蜂的蜂蜜。部落躲避其以外的任何人,语言也极不发达。

1938 年,法国人种学家维而拉尔前去考察,希望更详细地了解爪亚基尔人,结果没有成功。部落刚一察觉到考察团就立即离开了。但是在爪亚基尔人仓促留下的居住地里,考察团找到了一个两岁的小姑娘。维而拉尔把她领回法国,并由她的母亲抚养。20 年后,姑娘在自身发展方面已同欧洲妇女没有什么区别了。最后,这个姑娘也成为一个人种学家和语言学家,并能讲数国语言:法语、西班牙语、葡萄牙语等。

这样看来,所有的孩子在胎儿时期都是一样的、平等的,但是一生下来,孩子便不平等了——在英国出生的便是英国人,在塞浦路斯出生的便是塞浦路

斯人,在东方出生的是东方人,在西方出生的是西方人。近水则识鱼性,近山则识鸟音。的确,头三年对一个人的影响比以后所有时间对一个人的影响要大得多!

教育名言

· 世界上所有的母亲都比教皇更伟大,比圣徒更无私。——弗朗西斯·纽曼[德]

· 父母的不合格导致了其后出生人口的整个不合格,导致整个人的不合格,这才是当代中国最可怕的事情。——王东华

教育最缺乏的是称职的母亲

我国目前的教育,最需要的是什么呢?我们一定要把这个问题搞清楚。让我们先看一个真实的故事。

拿破仑有一次在和贡庞夫人交谈时问道:"传统的教育体制似乎一无是处,为了使人们受到良好的教育,我们缺少的是什么?""母亲。"贡庞夫人回答道。这个回答似乎给了拿破仑很大的启发。"不错!"他说,"在这个词里包含着一种教育体制。那么请您多费心,务必要培养出知道怎样教育自己孩子的母亲"。

高质量的学校、优秀的老师、充足的教育经费等因素固然很重要,但是,好的家庭教育、大批称职的父母更重要!如果没有好的家庭教育,没有大批称职的父母,国家投入再多的经费,建造再多再好的学校,培养再多再好的老师,也难以从根本上改变目前的教育现状。

我从事教育工作三十多年,当校长也整整十年了,对家庭教育重要性的认识是越来越深了。我发现一个无一例外的事实就是:问题孩子的背后,都有一个有问题的家庭教育!孩子的智商差别其实都是很小的,影响孩子学习成绩的不是他的智商,或者说不是因为他不聪明,而是因为他没有好的情商,比如没有好的习惯、积极的态度、做事的毅力、责任心等,显然这些与他聪明不聪明没有关系。我还发现,绝大部分学习不好的孩子,正是那些十分聪明的孩子。很聪明,但为什么学习不好呢?这就需要我们认真寻找学习成绩背后的真正原因。

如果母亲不称职,家庭教育出了问题,再好的学校和老师都是无能为力的,甚至是无济于事的。因此我提出了"家庭大于学校,父母大于老师"、"家庭是教育的主战场"、"孩子问题父母造"等家庭教育理念,旨在唤醒广大家长的责任意识和危机意识。

相关链接

一位母亲与三次家长会

前几年,《读者》杂志刊登了一篇名为《一位母亲与家长会》的文章。文章讲述了一位母亲参加几次家长会的经历。

第一次是孩子在幼儿园时。家长会结束后,老师对她说:"你的儿子有多动症,在凳子上连三分钟都坐不住。你最好带他去看看医生。"回家后儿子问她老师都说了什么。她强忍住眼泪,告诉儿子:"老师表扬你了,说宝宝原来在凳子上坐不了一分钟,现在能坐三分钟了。其他的人都非常羡慕妈妈,因为老师表扬了宝宝。"

第二次,孩子上小学时,一次家长会结束后,老师把她单独留下。老师对她说:"全班50名同学,这次数学考试,你儿子排第49名。我怀疑他智力上有些障碍。你最好带他去医院查一查。"回家的路上,这位妈妈留下了伤心的眼泪。可是她回到家里,却对儿子说:"老师对你充满信心。老师说,这次虽然你没考好,但你不是一个笨孩子,只要你再用功些,细心些,就一定会超过你的同桌。这次你的同桌排在第21名。"

第三次,孩子上初中了,老师破天荒地没有点儿子的名字。这位母亲反而有些不习惯。临别,她去向班主任老师询问孩子的情况。老师告诉她:"按照你孩子现在的成绩,考重点中学有点危险。"她回去却对儿子说:"班主任对你非常满意。他说了,只要你继续努力,很有希望考上重点高中。"

结果孩子考上了重点高中,并很快就毕业了。在第一批大学录取通知书下达的日子,学校打电话让她孩子去一趟。母亲有一种预感,她的儿子被大学录取了。儿子很快就回来了,把一张重点大学的录取通知书交到了她的手里。儿子转身跑到自己的房间里大哭起来,边哭边说:"妈妈,我一直都知道我不是一个聪明的孩子。是您一直鼓励着我,我才有了今天。"

我非常佩服故事中的这位妈妈。这再一次说明,鼓励是孩子成长的阳光雨露,宽容有时比批评更重要。

家庭是教育的主阵地

教育名言

· 我认为,在孩子的成长上,母亲的作用要在90%以上。只要母亲稍有闪失,对孩子的损害与打击都将是毁灭性的!——王东华

不是第一任,而是永不卸任的大老师

人们常说,"母亲是孩子的第一任老师"。这句话已基本上成了一句大家都在重复的格言。这充分说明母亲对于孩子的重要性,母亲的教育对孩子的健康成长太重要了!但是,"母亲是孩子的第一任老师"这种说法,仔细分析,在今天看来已经不是很妥帖了、不再适用了,甚至还会造成误导。这句格言会给人们造成几种错觉。

第一种错觉,母亲对孩子的教育是有任期的。当母亲把孩子送到幼儿园、送到学校里,便把教育孩子的责任交到了第二任、第三任老师的手里,母亲教育孩子的任务就好像是已经完成了。这好像接力赛中的接力棒一样,第一棒跑完,把接力棒交到了第二个运动员的手里,跑第一棒的运动员就没事了。其实,母亲教育孩子绝不是这样的!她不是第一任,而是永远的、没有任期的老师。这种母亲是孩子的第一任老师的观点,还好像是说,第一任老师是最容易当的,因为她只要把孩子交到第二任老师的手里就可以了。

第二种错觉,这第一任老师的责任好像是可以推卸掉的。这是因为,由于母亲是第一任老师,因此孩子出现一些问题,可以让第二任、第三任去解决。也就是说,教育孩子的责任可以让母亲后面的几任来承担。

在古代战场上,先上阵的总是那些技能逊人一筹的低级将领,大将、主帅总在后面;在接力跑比赛中,也常常把跑得最快的选手放到最后一棒……所有这一切都显示,好像这第一任的作用和责任似乎不大,好像教育孩子成功与否,与这第一任老师——母亲的关系似乎并不大。还有,孩子出了问题,到底是出在了哪一任上呢?母亲是否会推卸责任说:我是第一任,我教得好好的,都是他们第二任、第三任等出了问题。于是,母亲们便千方百计地去挑选所谓好的幼儿园和好的学校,甚至把孩子送到国外去上学,她唯恐后来的继任者出问题;对孩子学习不好、表现不好,也总是大加怪罪老师、学校,认为是学校不好、老师不好、校风不好,唯独自己是没有什么错的,最多只是没有给孩子送到一所所谓更好的学校里,没有分到一个好的班级里,或者是没有遇到一个好老师。

由于母亲是第一任老师,而后面还有第 N 任;这第一任同往后的任何一任相比,其责任只是 N 分之一或者更小;况且,后面的几任都是专职的老师,都是拿着教科书的老师。这样,母亲就产生了将教育孩子的责任推得一干二净的怪现象。

第三种错觉,第一任老师是谁都可以胜任的。母亲是第一任,幼儿园老师是第二任,小学老师是第三任,初中老师是第四任……那么,是不是幼儿园老师、中小学老师等都能和母亲画等号了呢?

第四种错觉,第一任老师的职责也仅仅是传授知识。母亲会想,你看孩子的后几任老师,他们都是拿着课本在教知识,还要不断地考试,给孩子定分数。因此,母亲便认为,知识、分数就是全部的教育,督促孩子的学习就是自己的唯一职责。所以,母亲便不自觉地将自己和学校的老师相比较,不自觉地将教育与教学画上了等号,将孩子的成长和考试分数画上了等号。

在这句格言的鼓动下,我们可以看到很多母亲让孩子今天学音乐,明天学绘画,后天学外语,有的家庭还是让孩子同时学这些内容。而孩子到了上学年龄,家长则更是要求孩子样样优秀,门门功课考百分,每天还不辞劳苦地陪在孩子身边,或辅导作业,或监督学习。母亲学着、扮演着学校老师一样的角色。她完全没有意识到,母亲是与老师不一样的,自己的角色和作用是世界上任何人代替不了的,就像自己生孩子必须自己来,谁也代替不了一样!

总之,通过以上分析我们不难发现,这句格言虽然强调了母亲教育的重要性,但是,强调得还不够!而且这种比喻还容易引起歧义。因为,它表述得不完整,不确切!它将母亲同老师在孩子人生中的重要性弄混淆了。不是母亲是第一任老师,而是所有老师加起来也抵不上一个母亲。

我们可以稍加计算,一个学生从幼儿园到大学毕业,大概要用十八年的时间,若以一年五位老师计算,十八年就要受到九十位老师的教育。这些老师大多不过教孩子一门课,带孩子一年两年。但一个母亲却要将孩子带到长大成人。在孩子的成长中,母亲也许不能给孩子打一次分数,也许不能给孩子讲一道题,但是她对孩子的兴趣、特点、禀赋、情绪了如指掌,比谁都清楚!请问,世界上哪里有这样的老师,又到哪里去找这样的老师呢?

在中外历史上,人们常常把最厉害、最了不起的人物封为"大某某",如"大元帅"、"大将军"、"大帝"等。如果依此原理来将老师中的最重要者也封为"大老师"的话,那么,母亲就可以得到这个最高称号!而且,母亲,只有母亲,才能有此殊荣!

因此,母亲绝不是孩子的第一任老师,她是没有任期的、永远的、不可替代的大老师。即使把所有的老师加起来,也比不上一个母亲的重要作用!推动摇篮的手,就是推动世界的手。母亲是孩子的最重要的大老师,母亲的品质决定着孩子的未来。遗憾的是,真正理解这一意义的人却很少。

相关链接

孟母三迁

孟轲是我国著名的思想家和教育家。他3岁丧父,由母亲抚养长大。孟母很有教养,虽生活艰难,却非常重视对儿子的教育。她为了替儿子找一个合适的学习环境曾3次搬家的故事,已成为千古传颂的圣贤故事。

当初,孟母带着儿子住在一块墓地附近,送葬的队伍经常从他家门前走过。孟轲经常模仿队伍中吹鼓手和妇女哭啼的样子,还不时到墓地上玩死人下葬的把戏:在地上挖一个坑,把朽木或腐草当作死人埋下去。孟母对儿子玩这种把戏很生气,认为不利于他读书,便把家迁到了城里。

到了城里孟母要儿子熟读《论语》,像孔子那样做人。可是他家处于闹市中,打铁声、杀猪声、叫卖声终日不断,听着听着,他就读不下去了。接着,他就和邻居家的孩子玩起了做买卖和杀猪的游戏,孟母觉得这个地方也不适合儿子读书,便再次搬迁到城东的学宫对面居住。

学宫那里的环境很好,书声琅琅,读书的氛围很浓。孟子便很快地安下心来读书。有时,他还向学宫里张望,观看里面的学生是怎样读书的,又是怎样跟随老师演习周礼的,回到家里,也模仿起来。

后来孟母把孟子送进了学宫,学习《诗经》、《尚书》等。从此以后,孟子刻苦用功,学问不断进步,逐步成长为一代宗师,被后人称之为亚圣,与孔子的思想并列成为孔孟之道,对中国文化乃至世界文明产生了巨大的影响。

教育名言

·伟大的母教和母爱攸关人生、社会和国家民族的前途命运。——谢诗豪

观念一错,南辕北辙

一个不可争辩的事实是,现在人们越来越重视对孩子的教育了,但是这并不意味着人们的教育观念和教育方法是正确的。据调查分析,现在至少有超过一半的家庭教育出现了问题,甚至是十分严重的问题。教育上的问题,我认为主要是教育观念上的问题。转变教育观念,纠正家庭教育中的误区是当务之急。

观念大于方法,观念引领方法。观念正确,做的是"正教育",做得越多越好;观念错误,做的是"负教育",愿望与结果背道而驰,做得越多孩子越差,南辕北辙。

据调查,现在的父母在教育孩子上,存在许多认识上的误区,主要有以下几种:

1. 我们的孩子很好,不需要我们太多的投入;
2. 我们的孩子很差,再怎么投入也没用或者已经太晚了;
3. 教育孩子哪有那么多讲究,我们父母就从来没管过我们,我们不也长大了吗?
4. 我们太忙,又没什么文化,能够教育好、管好孩子吗?
5. 我们把孩子送到一所好学校,另外再请几个家教不就行了?
6. 孩子是什么材料都是天生的,我们做父母的尽到心就行了,由他自己发展去好了;
7. 对孩子尽到心就行了,孩子考不上大学算了,将来随便找个工作,或外出打工,或做个小生意也行……

这些都是观念上的误区,它左右着人们的家庭教育实践。

其实,每个人生下来无论是在智力还是在发展潜力上差别并不大,之所以长大后千差万别,则主要是由于后天环境和教育的结果。可惜人们往往把这种后天的差别都误认为是先天的差别。卡尔·威特说过:"人生下来时都一样,仅仅由于环境。"(《卡尔·威特的教育》)父母都希望自己的孩子是天才,但天才是哪里来的? 爱因斯坦说:"孩子生来都是天才,但往往在他们求知的岁月中,错误的教育方法却扼杀了他们的天才。"人的大脑潜力是巨大的,在正确

家庭是教育的主阵地

的教育引导下,他的潜能逐渐开发出来的话,即使是普通的孩子,也能成为不平凡的人。因此,"任何情况下都不要丧失能教育好自己孩子的信心"(苏霍姆林斯基)。

观念是比方法更重要的东西,观念正确,事半功倍;观念错误,南辕北辙,"失之毫厘,谬之千里"。要改善家庭教育,首先要改善家庭教育的观念,纠正教育观念上的误区。有一句话说得好:"成也萧何,败也萧何。"我们也可以说:孩子的教育"成也父母,败也父母"。家庭教育专家董进宇博士说:"孩子的问题百分之百是父母的问题,""优秀孩子的背后一定有优秀的教育方法。"

我在这里,再次提醒各位家长,千万要小心,千万不要掉进教育观念的误区里。因为,如果观念错了,就等于方向错了,必然事与愿违。

教育名言

- 所有的孩子生来都是天才,但我们却在他们生命最初的六年磨灭了他们的天资。——布克梅尼斯特·富勒[美]
- 教育上的错误正和错配了药一样,第一次弄错了,决不能借第二次第三次去补救,它们的影响是终身洗刷不掉的。——洛克[英]

没有天生的好父母

要改变孩子,请先从改变父母自己做起。所以,奉劝各位家长努力学习一些家庭教育方面的知识,如积极参加家长学校的学习,读一些家教方面的书籍,和学校配合起来把自己的孩子教育好。要知道,别人无法替你生孩子,也无法完全代替你教育孩子。你自己的担子必须自己来担起。

好父母都是学出来的。正像开车要取得驾照一样。请想一想,谁敢没学过开车,没有取得驾照就开着汽车在大街上跑呢?因此,男女青年在结婚生子以前就要接受教育,掌握一定的家庭教育的知识。如果等到孩子已经几岁了再去学习教育孩子的方法,那就太晚了。

苏霍姆林斯基在他的《家长教育学》里说:"行业、专业、工作,有数十种、上百种,许许多多,有的是修铁路的、有的是盖房子的、有的是种庄稼的,给病人治病的、缝衣服的等,但是有一种包罗万象的、最复杂和最高尚的工作,对所有

人来说都是一样的,而同时在每个家庭中又各自是独特的、不会重样的工作,那就是对人的教育和造就。""应当在中学时代就给未来的父亲和母亲以教育学的知识。教育学应当成为对一切人都有用的学科。下面的话也可能对某些人来说,好像是夸大其词:我认为,没有研究过教育学基本知识的青年和公民不应当有成立家庭的权利。"这是对家庭教育多么深刻而又精辟的认识呀!

教育是一门综合艺术。教育虽然同教育者的知识水平、素质技巧有很大的关系,但归根到底,它是一门爱心和用心的艺术,是一种智慧。所有爱孩子的父母都具备成为教育艺术家的前提条件,而与你的知识水平、学历学位关系并不大。虽然,孩子有时提出的问题你解答不了,孩子的学习你辅导不了,孩子的作业你检查不了,但是学习正确的教育观念、教育思想,教育孩子怎样做人,培养孩子养成良好的行为习惯,培养他们健全的人格、自信心、自尊感、自制力等,这些东西一般家长是可以学会的。因为家庭教育更多的是"习育"和"化育"的过程。家庭教育的工作重点和方法,是父母给孩子营造好的环境,树立好的榜样。孩子需要的是交流、交心而不是说教和训导,需要的是无声的榜样示范而不是高深的空洞大道理。孩子若有正确的人生观和价值观,只要他的心灵是向上的、向善的,他有责任心和好习惯等,他自己就完全会去学习,或者在学校老师的指导下能很好地学习。而这样做,需要家长具备更高深的知识。

我们现实生活中有大量的事例可以证明这一点。许多文化水平很低甚至大字不识几个的家长,却培养出了栋梁之才。究其教子有方的原因,他们多是以善良正直的本质、朴实随和的性格、在逆境中勤劳向上、不屈不挠的毅力和精神去教育孩子,用自己的一举一动感染着孩子,为孩子树立人生的榜样,引导着孩子积极向上,成就大器。同时,我们还看到,有些文化水平和社会地位很高的父母,由于各种原因,却很难称得上是懂教育、合格称职的父母。他们的孩子没有培养好,这样的例子太多了。有的父母自己文化知识水平很高,在对孩子的知识教育和辅导上确实做得很多,但是不管用!如果缺乏精神的滋养,不注重将孩子的灵魂进行提升,灌输那么多知识有什么用呢?所以,教育孩子与家长的文化水平虽然有关,但关系并不大。因此,请不要担心你的文化水平低而教育不好自己的孩子。只要父母思想重视,愿意学习、善于学习,就一定会掌握教育孩子的科学方法。

家庭是教育的主阵地

作者感悟

好孩子都是"教"出来的，
好父母都是"学"出来的，
好成绩都是"帮"出来的，
好习惯都是"养"出来的，
好命运都是"修"出来的。

相关链接

走自己的路

郑渊洁的爸爸是石家庄高级步兵学院的哲学教师。郑渊洁说从他生下来开始，父亲就天天看书，天天趴在桌子上写东西。他从小就对读书、写字有一种崇拜心理。而郑妈妈是一个特别有个性的人，从小就教育郑渊洁："做事别跟别人一样，你走你的阳光道，我走我的独木桥，人多的地方你别去。"两岁时，郑妈妈给他讲了一个故事：山里面发大水，所有的动物都要逃生到对面的山上才能安全。要到对面山上只有两座桥可以走过，一座是宽阔的大桥，一座是窄窄的独木桥，几乎所有的动物都选择了宽阔坚固的大桥，唯独小山羊选择了独木桥，结果由于拥上大桥的动物太多，桥不堪重负坍塌了，这些动物大都淹死了，只有这只山羊活了下来。

当千篇一律的所谓的成功案例被越来越多的家长拿来复制时，他们似乎已经忘记了什么叫独辟蹊径。每个孩子身上闪光的地方都是不一样的，成功也不可能是批量生产的。

教育名言

·在学习方面，你的最有价值的财富是一种积极的态度。——鲍比·迪波特[美]

·培养儿童心灵的诚实和高尚的情感，较之用各种知识丰富他们的头脑更有必要、更有价值。——阿莫纳什维利[苏]

寻找真正的原因

　　现在,孩子教育不好,在归因上有两个误区:一是埋怨孩子顽皮,不知用功,怕吃苦;二是寄希望于学校、老师和社会辅导机构。殊不知,孩子教育不好,有个最大的问题被忽视了,那就是家庭教育和父母责任的缺位。

　　"教育,从孩子零岁起就开始了!"西方还流行"负一岁、负二岁教育"之说,意思是在孩子出生前一两年,准父母们就要开始学习教育孩子的方法,取得合格证后再生养孩子,就像要开汽车先要考取驾照一样。越接近零岁的教育越重要,孩子上小学前的五六年,是最最关键的时期。

　　每个农夫、每个园丁都相当清楚,如果他想让小麦丰收,或者他想培育出美丽的玫瑰花,他不会错过时机,他会在收割小麦或摘下花朵之前给它们施肥、浇水、除草等,做好前期的基础工作。每个人都明白这个常识。但是当生养孩子时,他们却相当地麻木,这岂非咄咄怪事?

　　不能让孩子输在起跑线上,这句话不错,警示我们对孩子的教育越早越好。孩子上学前的教育,相当于是种子和根的培育。这必须由世界上最好的教育机构、最好的教育者来完成。而这最好的教育机构和最好的老师在哪里呢?就是孩子的家庭,就是孩子的父母,谁也代替不了。在种子和根的培育上我们绝对不能输!

　　关键是我们应该弄清楚在哪方面不能输。有的孩子在知识、技能上可能赢了,而在做人、习惯上输了。试想:哪些素质能对孩子今后的学习、对他的一生产生决定性的影响呢?如果一个孩子在小的时候,正确的价值观没有形成,没有一个中心思想,不知道怎么做人,没有养成好的习惯,那么,掌握再多知识、技能又有什么用呢?弄清楚了这个道理,我们就不难知道,有的孩子看似赢了,而实际上他却输了;有的孩子看似输了,而实际上他却赢了。因此,我们一定不要让孩子在核心素质上、根本点上输!教育的真谛要明白,千万不能本末倒置。

　　家庭教育的重点不是知识、技能,而是做人教育、习惯教育等。家庭教育的方向一定要搞准,否则,可能南辕北辙。被誉为"中国状元家教第一人"的王极盛教授得出结论说:"做人教育是家教的灵魂。"可见,孩子父母要转变教育

观念,把如何做人、培养好习惯作为教育孩子的内容,而不是让他进这样那样的培训班。教育方向错了,虽然花钱不少,还可能耽误了孩子。我国古人积累了丰富的教育经验,认为做人远在知识之上,即"行有余力,则以学文"。

家庭,不仅是塑造躯体的地方,更是塑造灵魂的地方。而且儿童成长的地域性、时效性极强,错过了家庭这个场所和婴幼儿这个关键期,再好的教育也可能无济于事了,所受的损失,再也无法挽回了。

家庭教育要"处无为之事,行不言之教"。"处无为之事",就是要按教育规律行事,而不是想当然、凭经验。"行不言之教",就是要少说、说到点子上,以身示教,言教身教并重,为孩子树立一个好榜样。

相关链接

生命的头 4 年决定 50%

大多数大脑研究人员确信,在一个人的一生中,头 4 年里发展起来的是学习能力的 50%,而不是知识的 50%,也不是智慧的 50%。但就是在这早期的岁月里,婴儿的大脑完成了大约 50% 的细胞连接——那是将来所有学习基于其上的通道。

如果这是真实的话,那么,家庭(而不是学校),是世界上最重要的教育机构。父母(而不是教师),是最主要的启蒙教育者。但是,即使在许多先进的国家,50% 不到的未来母亲和百分比相当低的父亲仅参加一些产前课程培训,而这些课程也通常不过是有关生育的。家长教育几乎完全是个空白,没有诸如大脑发育必需的饮食和幼年学习者所需的最佳刺激方式等方面的训练。

——《学习的革命》

教育名言

• 不是早期教育有什么神奇,而是人的童年太神奇了。早期教育的神奇仅仅又是这种童年神奇的一种表现。——王东华

母亲的作用更重要

母亲在家庭教育中扮演着更重要的角色。家庭教育专家王东华先生说："母亲的工作正是上帝的工作！"

在中国古代，家庭教育尤其是母亲对孩子的教育，没有得到重视。因此，尽管我国是最早开设学校的国家，但是我们的文明却落后了。因为整个社会没有认识到妇女教育的必要性。古代中国人信奉"女子无才便是德"，认为妇女不应该受教育。因此，古代大多数妇女是文盲。这使得家庭中母亲对孩子的教育大打折扣。《红楼梦》中的贾母、王夫人对子孙的教育，可以说是一个家庭教育的缩影。到了近代，一些有识之士深刻地认识到母教的伟大意义。梁启超在《倡设女学堂启》中开宗明义地讲到，妇女"上可相夫，下可教子，近可宜家，远可善种。妇道既昌，千室良善，岂不然哉？岂不然哉？"因此，他为女学大声呐喊："故治天下之大本二：曰正人心，广人才。而二者之本，必自蒙养始。蒙养之本，必自母教始。母教之本，必自妇学始。故妇学实天下存亡强弱之大原也"。

郑观应先生说得更详细：襁褓之婴，孩提之童，亲母之日多，亲父之日少，亲母之性多，亲父之性少。由六七岁有知识，以迄十二三岁，天性未漓，私欲未开，母教之如种花莳果，灌溉栽培，先养其根本……使母之教而善，则其成立也易；母之教而不善，则其成立也难。孟母三迁厥居，以训其子，孟子遂成大贤。欧阳文忠公为一代文章大家，始其母以画荻教之。求之古人是其明证。

孩子的生理、心理强烈地受到母亲的影响。因此，我们可以说：母亲，只有母亲，才是创造历史的真正动力。推动摇篮的手，就是推动世界的手。

钱学森的母亲

钱学森的母亲章兰娟是当时杭州富商的女儿，从小聪明内秀、多才多艺、知书达理。她性格开朗、热情、心地善良。她计算能力与记忆力极强，具有很高的数学天赋，而且心灵手巧，尤其擅长刺绣。钱学森是她和钱均夫的独生儿子。

家庭是教育的主阵地

幼时的钱学森天资聪颖,悟性极高,记忆力特强,3岁时已能背诵百首唐诗、宋词以及早期一些启蒙读物如《增广贤文》与《幼学琼林》,同时还能心算加、减、乘、除,周围邻里一传十、十传百都说钱家出了个神童。

由于丈夫平时在外地供职,家庭教育的职责自然落在章兰娟身上。她给钱学森每日安排的功课是:清晨准时起床,加强身体锻炼,早饭后就教儿子背诵唐诗。累了,就让儿子看一下儿童读物。下午或者教儿子画画,或者写毛笔字,每日如此,从不间断,让幼小的钱学森从小就树立良好的读书习惯。

钱家在北京住在独居的大四合院,与他们相邻的常是一些贫困的下层人士。章兰娟是个乐善好施的贤德女性,所以非常同情下层市民的疾苦。幼小的钱学森经常看到,自家那扇黑漆大门,常常被求借的邻居敲开,母亲总是温和地、热情地接待这些穷朋友,家中有的,尽管借去。借去的钱粮,确实无力偿还的,母亲绝不再提起。

章兰娟对儿子不仅言传身教,并且寄予了无穷的希望,钱学森对母亲也是充满特殊的感情,时刻不忘慈母的谆谆教诲与殷切期望。钱学森长大成人后在美国求学工作时,把母亲的画像挂在案头,以便时时仰望母亲的音容笑貌,回味母亲的教诲。

教育名言

·要不要我告诉你最英勇的战斗何时何地发生?在世界的版图上,你无法觅见它的踪影;进行这场战斗的是人类的母亲。——乔·米勒[美]

·国民的命运,与其说是操在掌权者手中,倒不如说是握在母亲的手中。因此,我们必须努力启发母亲——人类的教育者。——弗里德里希·福禄培尔[德]

家长要做到"四要四不要"

家庭教育的原则和方法很多,归纳起来,就是教育观念要正确、方法要科学。具体来讲,我认为要做到"四要四不要"。

一、要严格要求,不要娇惯放任

爱孩子是人的天性,但往往是不会爱,把爱变成了溺爱,即没有理智的爱。没有理智的爱,最常见的就是娇惯放任,对孩子不但没有好处,反而危害不浅。有人说,现在独生子女的问题,主要是由娇惯溺爱造成的。高尔基说过一句话:"爱孩子是连母鸡都会的事,但会不会爱却是另一回事。"中国自古就有"娇子如杀子"的古训。父母对孩子的娇惯放任,往往存在两种心理:一种是孩子尚小,身上有点小毛病不要紧,等孩子长大了,自然就会变好的,另一种则是把爱孩子跟严格要求看成是一对矛盾。教育专家指出,纠正一个坏习惯比养成十个、二十个好习惯都难。严格要求孩子,则是对孩子的更深层次的、更理智的爱。

二、要全面要求,不要只抓学习

现在不少孩子身上出现的问题,都能折射出我们在教育上存在的问题,那就是受应试教育的影响,急功近利,两眼只盯住学习成绩和考试分数,忽视了德育、体育、美育。从本质上来说,教育就是把生物人变成社会人的过程。而社会人必须具备四个要素——德、智、体、美,缺一不可。就像庄稼生长要氮、磷、钾三要素一样。古往今来,社会需要的都是综合型的人才。前华中科技大学校长、中国工程院院士杨叔子形容说:智育不好,缺乏知识,是"废才";身体不好,是"病才";德育不好,人的品德不行,是"害才",即可能危害社会、危害别人也危害自己。我的体会是:单抓学习,学习上不去;单抓高考,高考好不了。

三、要赏识鼓励,不要抱怨指责

这涉及家庭教育方法问题。目前,在我们的家庭教育中,普遍存在着抱怨指责多、赏识鼓励少的现象。人们的观念里普遍存在着一个误区,那就是"优

点不说跑不了,缺点不批改不了",认为只有不断批评孩子的缺点,才能使他改正;只有声色俱厉地指责,他才能印象深刻,痛改前非,同时好像只有对孩子大批一顿,父母才能够解气。其实,我们错了!我们这样做,忽略了人类的天性——人是一种非常希望被赞美的动物,孩子尤其如此。我们批评孩子,往往是破坏性批评,说气话、说过头话,伤及孩子的人格。这样做,自己是解气了,但对孩子的自信心是一种打击。时间长了,他的缺点可能没改掉,但是他的自信心却没有了。马戏团里的驯兽员们早就发现,在训练动物时做错了给予惩罚,远远没有做对了给予奖励效果好。教育孩子也应该是这样,要不断赏识鼓励他的优点和长处,使他的优点和长处不断发扬光大,这样不正确的东西就会越来越少。所以我们要尽量少用批评和指责的方法。

四、要以身示范,不要空洞说教

我常想,不管在家庭里还是在学校里,为什么常常教育不起作用或效果很差呢?其中一个主要原因便是教育者不注意身教,即不注意身体力行地去示范,我们教育者做的与说的不一样。比如,不少孩子撒谎、不诚实是跟父母学来的。我们常常看到,父母在领导面前夸领导如何如何能力强,如何关心职工等,而背地里却指责抱怨领导,说领导这也不是那也不是;在同事面前说一套,而在背地里则是另一套。这一切,孩子们都看在眼里,无形中都学会了。俗话说"身教大于言教",孩子是父母的影子。我们还常说:"喊破嗓子,不如做出样子。"有些家长,自己整天喝酒打牌,玩电脑,从来就不读书,却让孩子好好学习,说读书如何得重要;父母自己乱闯红灯、目无法纪,却让孩子遵守纪律;父母自己满嘴粗话脏话,却让孩子语言文明;父母自己上班松松垮垮,还叫苦叫累,却让孩子干事情严肃认真;父母自己不尊敬领导,不孝顺父母,却要求孩子学会感恩,尊敬老师等。父母自己都做不到,你凭什么要让孩子做到呢?父母一定要给孩子树立一个好榜样,想让孩子成为一个什么样的人,自己首先就要做这样的人!

教育名言

· 应当在中学时代就给未来的父亲和母亲以教育学的知识。没有教育学基本知识的青年公民不应当有成立家庭的权利。——苏霍姆林斯基[苏联]

必须做好的五件事

父母的重要使命便是教育子女。要教育好自己的孩子,起码要做好以下五件事。

一、创造一个良好的家庭环境

每一个人来到世上,命运就注定了他属于特定的家庭,家庭便是孩子最早的生存环境,也是决定人生命运的第一环境。当孩子逐渐长大,他们走向幼儿园、学校和更广阔的社会以后,家庭仍然是最贴近、最密切,对他影响最深、最重要的地方。

孩子刚生下来,他的心灵是洁白无瑕、天真纯朴的。家庭像个大染缸,"染苍则苍,染黄则黄"。生活在什么样的环境中,就会被造就成什么样的人。教育家斯宾塞说:"野蛮产生野蛮,仁爱产生仁爱,这就是真理。待儿童没有同情,他就变得没有同情心;而以应有的友情对待他们,就是培养他们友情的最好手段。"多少事实证明,家庭环境对孩子的成长有着决定性的影响。

著名作家罗曼·罗兰精辟地说明了环境、家庭对一个人的影响。他说,生命不是一个可以孤立成长的个体,每一分每一寸的日常小事,都是织造人格的纤维。环境中每一个人的言行品格,都是融入孩子成长过程的建材,使孩子的思维感情受到感染。环境给一个人的影响,除有形的模仿以外,更重要的是无形的塑造和陶冶。她还说:形成一个孩子的人格与观念的,绝不是书本上的知识或教师的言论,而是环境中的每一房舍、每一草木、每一方寸的风沙、每一个同伴、每一点滴的生活琐事和每一项课内或课外的活动。环境对孩子的重要性绝不是几册书、几行笔记、一些分数所可比拟的。

难道不是吗?假如孩子在适当的赞扬中生活,他将学会自尊;假如生活中充满关怀,孩子心中自然会有爱;假如在平等中生活,他就学会公道;不断得到鼓励,必然会建立自信;生活中缺乏爱,他也会冷漠;耳旁听到的总是埋怨,他也就学会了责怪;常受骗的孩子,他也会去骗人;常遭责骂殴打的孩子,也会对人粗暴;假如经常受到羞辱,他自然就会卑微。

不要以为孩子都是被教育好的,要知道环境无声的熏陶、潜移默化的感染

对孩子特别是幼儿影响更大。家里的一草一木,家庭成员的一举一动、一言一行,对孩子来说都是环境,都是决定孩子一生前途和命运的东西,千万不可小视。

二、从零岁起就给孩子以教育

人们都知道,一旦把饭做夹生了,是一件麻烦的事。在教育孩子的问题上,如果一开始造成了误导,同样是一件难以挽回的事。应当接受的教育,错过了一定的年龄,就不可能再重新来一次。要改变一个坏习惯,比培养一个好习惯困难得多。因此,教育孩子贵在开始,越早效果越好。有人说,孩子还小,等长大了再教育也不迟。要知道,坏习惯养成了,就难以改掉了,孩子大了就不听你那一套了。现在有些家长抱怨说:"孩子太难管了!什么招都使了,就是不管用。"也就是"少小你不管,大了管不了",只好自食其果了。或者说,"少小不教育,大了徒伤悲"。

美国有一位叫保罗·麦亚的企业家曾讲过这么一个故事:大象能用鼻子轻轻地将一吨重的行李抬起来。但我们在看马戏表演时却发现,这么巨大的动物,却安静地被拴在一个小木桩上。一个小小的木桩,何以能拴住力大无比的大象呢?因为它自幼小无力时,就被沉重的铁链拴在无法动弹的铁桩上,当时不管它用多么大力气去拉,却无法挣脱对于小象来说过于沉重的东西。小象渐渐地就习惯于被拴在柱子上。久而久之,小象长成了大象,但只要身边有桩,它总是不敢妄动。这就是从小养成的习惯定势。长大了的大象,可以轻而易举地将木桩拉断,但它习惯地认为绝对拉不断,所以不再去拉。人也一样,小时候形成而难于排除的固定观念,常常会阻碍我们去接受新观念、新事物。

这个故事深刻地说明,最初的教育使人形成的印象和观念,对一个人的一生会有意想不到的巨大威力,会有恒久的作用与影响。所以父母必须尽早帮助孩子完成品德、习性、观念、素质的培养。早期教育的基础越好,日后的教育就会越顺利。

三、让孩子喜欢你、接近你

让孩子喜欢你、接近你是教育孩子的基础。下面给大家介绍几种方法:

1. 在为人品德上,以身作则,做子女的楷模。俗话说"孩子是父母的影子",要求孩子做到的,父母必须先尽力去做。孩子的模仿性很强,父母的一举一动,不知不觉就会成为孩子的习惯。

2. 在学习方面,父母应当是孩子的导师和榜样。不管你文化教育水平是高是低,作为父母,就应给子女树立一个积极进取、好学上进的榜样,做尊重知识、尊师重教的榜样。

3. 在生活上应当是孩子的知心朋友。不要老是忙自己的事。当严肃时严肃,当活泼时活泼,使孩子既喜欢你,又尊敬你。

4. 面对孩子出现的问题,要冷静、理智,不可过于情绪化和感情用事,不可暴跳如雷地训斥、打骂孩子。

5. 蹲下来与孩子说话,平等地与孩子交谈。经常和孩子聊聊天,耐心倾听孩子的诉说。

四、树立良好的家风

家长待人处事的态度与作风,会父传子、兄带弟、夫行妇随、相互助长,形成一种家风,世世代代影响深远。受什么样的家风熏陶,久而久之,孩子就会形成什么样的思想意识和行为规范。是好学上进,还是懒散拖沓;是待人热情诚恳,还是圆滑世故;做事认真负责,还是敷衍了事等。

家族成员的禀性、品格、作风代代相传,其影响非常深远。当然,孩子是否具备高尚的品质,其责任未必全在父母,但家风正与不正,确实对孩子的成长有着不可低估的影响。

五、交给孩子最需要的东西

孩子最需要的东西是什么呢?在当今中国的大多数父母看来,最主要的即是为孩子提供尽量优裕的生活条件,甚至怀着攀比的心理,要让自己孩子的物质享受好上加好;就是不惜拿出高额学费,也要为孩子找一个"最好"的学校;再就是只要孩子高兴,尽可能地去满足孩子的一切要求。

美国人认为父母的主要责任是,要帮助儿女接受一整套他们赖以安身立命的牢固的社会准则,就是说要教育他们尊重别人的权利和意见,要尊敬师长,遵守法纪。要让孩子懂得自身的价值。明智而有远见的父母,不难明了自己最主要的责任,应当是培养孩子具有健全的人格,建立崇高的理想,掌握一定的知识和技能,具备必要的社会生存能力和抵制邪恶的能力。你若能把这些交给你的孩子,胜过交给他万贯家产。因为这等于交给了他一把打开幸福人生大门的金钥匙。

你给孩子创造优裕的生活条件,而不给他人生的哲理与高贵的品德,就等于给花草搭了个温棚,给鸟儿扎了一个笼子,这怎么能让孩子去经风雨见世界、去搏击苍穹呢?

你是哪一类父母

鲁迅先生把父母分为"孩子父母"和"人之父母"两大类。所谓"孩子父母",是指那种"只管生下来就完事,不管他好不好"的父母。对这种家长,鲁迅斥之为"照例是制造孩子的家伙"。所谓"人之父母",是指生下孩子后,还要教育他将来成为一个社会需要的、优秀的人才的父母。"人之父母",要求家长不仅是孩子的生产者,而更重要的是要成为孩子的教育者。总之,在无数的父母当中,一种是称职的父母,即"人之父母",一种是不称职的父母,即"孩子父母"。当前,不称职的父母不占少数。而在不称职父母当中,大体上又分为三种情况。

一、第一类父母,整天忙于自己的事业而忽视了为人父母的责任

这类父母以行政官员、商人甚至知识分子居多。他们或是开会、写作、发表论文,或是谈判、见客户、做项目,加上诸多的应酬、吃饭……似乎全都重要。至于孩子么,在他们眼里,不是不爱、不管,实在是没有时间。连见一面都是匆匆忙忙的,怎么谈得上教育?

在这样的家庭里生活的孩子,整天都见不到父母,更难得到父母的慈爱与关注。听一听一个孩子的切身感受吧!他说:"我父亲早上7点钟离家,要到晚上很晚才回来,那时我已经睡下了。一天当中就早上匆匆见上一面。有时双休日他也要出去忙他的事。我不喜欢父母在家里的时候也老是工作,我特别希望父亲、母亲能陪我一起玩。可是,他们哪有时间?他们工作的时候,不许我去打扰,我一靠近就说:'不要烦我,你没有看见我在工作吗?'"

做父母的应当知道,当你下班时,孩子十分希望得到你的关注和爱抚,他已经好几个钟头没看见你了,有许多话想对你说,孩子需要你的关心与抚慰。可是有不少家长就是不能满足孩子这样合理的要求。

这样的父母们,你们可曾知道?也许你们事业成功了、辉煌了,可是孩子的学习却荒芜了;也许你们赚了大钱,孩子应该从小养成的良好习惯、品德、性格等却泡汤了。对孩子的教育不可能推倒重来,孩子在这方面的损失却是无法弥补的。还要知道,再好的学校、再好的老师也不可能代替父母的家庭教育职责。

有一位优秀的教授,在他的孩子高考落榜后的一段话发人深思:"我作为教授,讲课、写作、带研究生,尽职尽责,可作为父母,却对儿子的生活、学习一无所知,无所作为。直到他18岁被关在了自己整天出入的大学校门之外,我才发现自己对不起孩子而痛心疾首。可是孩子的功课已经落得太远,一切都已经悔之晚矣。"显然,他虽是一位优秀的教授,可是他却是一个不职称的父亲。

二、第二类父母,放弃自己的追求,把全部的希望寄托在孩子身上

这类家长自己才三四十岁,在工作上就没有了任何追求,人在单位,心在家里。几乎把全部精力都用在了孩子身上。洗衣、做饭、扫地、擦玻璃,马不停蹄地干家务,一切围着孩子转。同时也把一切希望转嫁到孩子身上。他们要求孩子考高分、去参赛、去得奖,以便为自己长脸,替自己争气。孩子考好了,就觉得自己脸上有了光彩,甚至到处炫耀;孩子没考好,就觉得给自己丢了面子,冷眼相对,甚至拳脚相加。他们每日里心甘情愿地替孩子收拾床铺、倒茶水、背书包,陪孩子上兴趣班、特长班,乐此不疲,将世故的压力过早地压在了孩子稚嫩的双肩上。他们一心要孩子能考好成绩,上好大学,让孩子去补偿自己的遗憾,要孩子去实现自己的愿望。

这类家长求脸面、不甘居人下的心情容易理解,也无可厚非。但是作为家长想要强而不自己去努力,求脸面又不愿自己去奋斗付出,却把这副担子压在孩子身上,恐怕有些欠妥吧?再说,父母是孩子的榜样,孩子是父母的影子,若父母自己浑浑噩噩、不求进取,而要自己的孩子一步登天、成龙成凤,恐怕只能是空中楼阁吧!

三、第三类父母,自己没追求,对孩子也没要求

他们认为孩子行不行全凭他自己,我给他送到学校,供他吃喝花费,成才与不成才,全靠他自己的造化了。这类父母既不"言传",也不"身教"。他们特别缺乏教育孩子的方法,也不愿意学习这方面的知识。业余时间整天打麻将、泡酒桌,给孩子以十分不好的影响。在这样家庭里成长的孩子,容易出现学习、品德"双差生"。奉劝这类家长,一定要警醒过来,充分认识到家庭教育的重要作用,为孩子的一生前途命运着想,认真学习教育孩子的知识和方法,给孩子树立良好的榜样,争做称职的父母。

相关链接

伟大的科学家，伟大的母亲

居里夫人是一位伟大的科学家，也是一位伟大的母亲。她的长女伊蕾娜是一位核物理学家，与其丈夫约里奥因发现人工放射性物质，于1939年共同获得诺贝尔化学奖；次女艾芙为音乐家、传记作家，其丈夫曾以联合国儿童基金组织总干事的身份接受瑞典国王于1965年授予该组织的诺贝尔和平奖。在世界名人对其子女进行的教育中，居里夫人是最成功的一位。

为培养女儿热爱自然的情感，居里夫人在女儿不足一岁时，就让她们广泛接触人与自然：到动物园看动物，到公园去看绿草、蓝天、白云，看色彩绚丽的各种植物和人群，让她们到水中拍水，使她们感受大自然的美景。

为培养女儿的胆量，她不许她们怕黑，不许雷声轰隆时把头藏在枕头下，不许怕贼与流行病。在第一次世界大战战火纷飞的恐怖日子里，居里夫人强迫她的女儿暑假到国内外旅行，并让她俩给战士织毛衣。她俩还加入收获队，代替男子冒着危险去抢收麦子，从小培养她们勇敢而有主见的独立人格。

为磨砺女儿的意志，居里夫人经常陪她们骑自行车出游。1911年的暑假，居里夫人带女儿去波兰旅行，姐妹俩学骑马，居里夫人背着旅行袋在前面引路，她们在山里旅行了五天，晚上住在山民的小屋里。居里夫人还常常跟女儿谈及自己的苦难身世和奋斗历程，以激励女儿自强不息的斗志。

居里夫人从整个科学生涯和人生道路上体会出一个道理：人之智力的成就，在很大程度上依赖于品格之高尚。因此，她把自己一生追求事业和高尚品德的精神，影响和延伸到自己的子女和学生身上，利用各种机会培养孩子形成良好的道德品格。在对孩子进行这些教育的同时，居里夫人也强调身体力行，以自己的实际行动感染和影响着孩子们。

居里夫人的大半生都是清贫的，提取镭的艰苦过程是在简陋的条件下完成的。在丈夫皮埃尔去世以后，居里夫人开始一人担负起抚养孩子的重担。当时她经济拮据，还得补贴一部分给科研。有人建议她卖掉与皮埃尔在实验室里分离出的那1克镭，这在当时价值100万法郎。居里夫人则认为，不管今后的生活如何困难，绝不能卖掉科研成果。她让女儿从小养成了勤俭朴素、不贪图荣华富贵的思想。最终居里夫人毅然将镭献给了实验室，把它用于研究工作。

1932年，65岁的居里夫人回到祖国，参加"华沙镭研究所"的开幕典礼。居里夫人从青年时代起就远离祖国，到法国求学。但是她时刻也没有忘记自己的祖国。小时候,她的祖国波兰被沙俄侵占,她非常痛恨侵略者。当他们夫妇从矿物中分离出新元素以后,她把新元素命名为钋。这是因为钋的词根与波兰国名的词根一样。她以此表示对惨遭沙俄奴役的祖国的深切怀念。后来她的孩子都成为对社会有用的人才,尤其是伊蕾娜夫妇,不仅继承了居里夫妇的科学事业,也继承了他们的崇高品德。1940年他们把建造原子反应堆的专利权捐赠给了国家科学研究中心。

教育名言

· 培养教育人和种花木一样,首先要认识花木的特点,区别不同情况给以施肥、浇水和培养教育,这叫"因材施教"。——陶行知

好父母都是学出来的

现在,农民都知道科学种田、科学养殖。养蜂、养花、养鱼、养兔、养猪等都要讲科学,基本没有人敢不学习、不看书或者不参加专业培训就从事这些工作。但是,不管在城市还是农村,只有一件工作父母都敢大胆地去做,那就是教育孩子!为什么父母们敢这么大胆呢?因为第一,孩子是自己的,没有人监管;第二,孩子比花啊、鱼啊等生命力强,在培育的过程中一般不会有生命危险;第三,孩子培养不好,短期看不出来;第四,孩子培养不好,父母可以把责任推到孩子身上,推到学校和老师身上;第五,可以埋怨苍天——你怎么赐给我一个不聪明、不争气的孩子,或者自叹命运不好……

进入了21世纪,信息社会对人的素质要求越来越高,任何岗位都要求培训、考核,但似乎只有生养、教育孩子不需要培训,好像自动就会上岗而且永远不会下岗,其实这种认识是错误的。每一个人在做父母之前都要学习相关的知识,进行相关的知识储备,越早越好。

没有天生的成功父母,也没有不需要学习的父母。成功的父母都是不断自我学习提高的结果。很多杰出的父母,没有一个轻易就能取得成功的。有人说:"只有父母好好学习,孩子才能天天向上。"这句话一点也不假。一位优秀的母亲在介绍自己的成功育子经验时说:"很多人都认为我很轻松,说你的孩子那么优秀,根本就不要你操心,殊不知,我连晚上睡觉其实都有一只眼睛

家庭是教育的主阵地

是睁着的!"好父母防患于未然,而不合格的父母是,孩子的问题已经很严重了,甚至老师都已经找家长谈话了,他还没有意识到问题的存在。

做人教育是家教的灵魂,家庭教育的重点不是知识教育,而是品德、心理、信心、习惯等方面的教育。这种教育重在有正确的观念,与父母的知识水平关系不是很大,几乎所有的家长都能学会。有的人文化程度很高,但并不代表他的教育思想正确,并不一定能把孩子教育好,因为这是两码事。有的家长很重视家庭教育,但是观念不对头,方法有问题,也收不到好的效果,甚至南辕北辙、事与愿违。家庭教育是一门科学,一定要按规律办事。也有极少父母是"不经意间把事情做对了",但这毕竟是极个别的情况。

现在的孩子与过去有很大的不同,现在的环境与过去也有很大的不同。现在的社会,主流价值观是好的,但是,社会正处于转型期,文化是多元的,社会上也有许多对孩子健康成长极其不利东西。因此,家庭教育的重要性越来越大,家长的作用越来越大。如果家庭教育跟不上,或仍用过去的方法、方式就很难把孩子教育好。家庭教育必须与时俱进。家长再也不能凭感觉、凭经验办事了。现在社会有许多不利于孩子成长的因素,甚至有许多陷阱。家长若不把这些不利因素、陷阱排除掉,仅靠学校的力量是不行的。教育孩子必须用科学的方法、科学的理念,而这些都是需要认真地去学习的。

孩子的成长是分阶段的,错过了一定的发展阶段,其造成的损失,是很难弥补回来的。现在有些孩子因家庭教育的缺陷而产生了许多问题,纠正起来非常困难。这样的家长正在痛苦地吞食着由他自己亲自酿下的苦酒。同样的学校、同样的老师、同样的课本,为什么孩子的差别会那么大呢?这背后到底有什么奥秘?学习了相关的家教知识,我们就明白了。

学习家教知识的途径很多,现介绍几种方法如下:

1.购书自学。现在家教书籍很多,比如卡尔·威特的《卡尔·威特的教育》、周弘的《赏识你的孩子》、董进宇的《培养真正的人》等。我们做家长的愿意为孩子付出一切,难道就不能阅读几本家庭教育的书籍吗?

2.参加学校举办的家长学校的学习,参加社会上举办的家庭教育知识讲座。现在不少学校开办有家长学校,为家长学习提供了很好的机会。不管父母的工作多忙,都要积极参加家庭教育的学习。

3.向成功的孩子家长学习,处处留心皆学问。做个有心人,虚心求教。现在有不少母亲为了买一件衣服,可能会跑遍全城所有的商店,甚至咨询很多人,费尽心思,但是又有多少母亲为了孩子的教育而到处咨询教育专家呢?

让我们永远记住:好父母都是学出来的!好孩子需要好家教,好家教培养好孩子。愿每一位家长都有一个好孩子,每一个孩子都有一位好家长;愿每一位家长都重视家庭教育,认真学习家教知识,做学习型父母,同孩子一起成长。

好家长的若干标准

1. 要有好脾气。允许孩子犯一点小错误而不发火,孩子犯错以后不立刻大发雷霆,而是耐心地跟孩子讲道理。

2. 不要只看重考试分数。如果孩子考得不好,家长应该细心地跟孩子分析卷中的错误,不要一听说没考好就发火。

3. 做个好榜样。要求孩子学习,家长自己也要学习,不仅言传,更要身教。

4. 营造良好的家庭氛围。不能在家里开展一些影响孩子学习的活动,比如说打牌、喝酒、打麻将等,因为这些不仅会给孩子造成嘈杂的学习环境,还会伤害到孩子的身心健康。另外,夫妻不能吵架,给孩子营造一个和谐的家庭环境。

5. 和孩子做朋友。不要总是摆一个长辈的架子,人为地制造代沟。要主动和孩子谈心,使孩子感到父母既是他亲爱的长辈,又是他可以信赖和依靠的知心朋友。

6. 不溺爱孩子。爱的不当就变成了溺爱。父母既要无条件地爱孩子,又要严格要求孩子,这二者并不矛盾。一定要让孩子从小就牢固树立规则意识。不能想干什么就干什么,要有底线。不能孩子想要什么就买什么,应该考虑孩子是否需要,家庭经济的承受力。其实,孩子的许多无理要求是家长娇惯出来的。

7. 给孩子留一个小空间。不要偷看孩子的日记、信件、短信。如果要看应该提前和孩子商量。

8. 欣赏自己的孩子。欣赏孩子的成长,赞美孩子的进步。积小善成大德,积小胜为大功。

9. 多和老师沟通,但要正确分析老师对孩子的评价,因为老师不一定对他的学生都了解得十分透彻。其实,自己的孩子自己最了解,但必须落实老师所反映的问题,不能大意。

家庭是教育的主阵地

教育名言

·我们每天高达90%的行为是出自习惯的支配。在我们的身上,好习惯与坏习惯并存,那么唯一能够有效改变我们生活的手段便是去有效地改变我们的习惯。习惯对我们的生活有绝大的影响,因为它是一贯的。在不知不觉中,经年累月影响着我们的品德,暴露出我们的本性,左右着我们的成败。——史蒂芬·柯维[美]

从来就没有什么救世主

有人这样说道:"从来就没有什么救世主,也不靠神仙皇帝,要教育好自己的孩子,全靠父母自己。"这也从一个侧面道出了家庭教育的重要性。在家庭教育与学校教育孰轻孰重这个问题上,我要给家长提个醒,真正的教育从零岁甚至是负一岁就开始了。可是,很多人并没有真正认识到家庭教育的重要性。一个从古到今的普遍现象是,同样一个学校,同样一间教室,同样一个教师,教出来的孩子却是千差万别。难道是学校对他们厚此薄彼吗?难道是老师没有尽心尽力吗?这些,正是我们要探讨的问题。我赞成这样一种说法:家庭教育大于学校教育,父母大于老师。那么,家庭教育为什么这么重要呢?

家庭对孩子是一种陪伴终生的教育,这是任何学校都不具备的优势。父母对孩子的教育时间最长,至少是在一个人成家立业之前的这段关键期内有着至关重要的影响力。当然,我们的父母并没有教过我们数学公式、物理概念和英语单词。实际上,真正的教育是很广泛的。

学校在教育的丰富性上无法媲美于孩子的父母。父母对孩子的教育,是习惯的教育,是信心的培养,是价值的判断,是责任心的提升。而学校教育,主要是知识教育。家庭教育就应该主要侧重于情商的培养。对一个人的成长来说,知识教育远没有情商教育来得重要。我们有很多这样的例子。

显然,只有父母才能与孩子朝夕相处、言传身教。学校不可能从零岁起就开始教育你的孩子。实际上,小学生在入学前,各方面水平就早已参差不齐了。

没有任何一所学校和任何一个老师,会像孩子的父母那样,能有那么多的教育机会和教育途径。因为,父母对孩子的教育既是立体的、全方位的,也是随机的、个别的和个性化的。而学校的教育是班级教学,一个老师要面对几十个学生,一个校长要面对几千个学生,他不可能对每个孩子都能做到因材施教。只有家庭教育,只有孩子的父母,才能真正做到个别教学。

从另一种意义上来说,老师可以选择,父母却不可以选择。家长的责任,是不可替代的。我想让家长知道的是,真正教育孩子的责任在于我们自己,不在于他人。因此,一个孩子最幸运的,不是遇到一所好学校或者一个好老师,而是遇到一个好妈妈、好爸爸,能有一个好的家庭环境。

现在的家庭教育比以往任何时候都显得更加重要了。各种各样的媒介信息一股脑儿地涌向了孩子们,他们所面临的困惑、诱惑以及不正确的东西,比以往任何时候都要多得多,特别需要家长的关心与呵护。因此,家长要为孩子设置过滤网,把不正确的信息过滤掉,让孩子学会是与非的判断。这种价值判断,仅仅靠学校是远远不够的。

我们知道,孩子的成长需要两种食粮,一种叫做物质食粮,是孩子成长的物质基础;另一种是精神食粮。可以说,物质食粮对绝大多数孩子来说已经得到了满足。按照马斯洛的理论,物质需求是人类需求的最低层次,更高层次的则是精神需求。家庭要常给孩子准备精神大餐,提供丰富的、正确的、阳光的、积极的、向上的精神食粮。可是,有些家庭提供给孩子的不是正确的东西,甚至还是一种精神垃圾。毫不夸张地说,有些家庭,既没有学习的氛围,也没有正确的价值观,只有酒桌、麻将桌和诸如此类的一些东西。孩子在这种环境中成长,不受负面影响是不可能的。所以说,良好家庭教育的一个最重要的标准是,能给孩子提供好的精神食粮,并能营造出好的家庭氛围。

家长还要学会尊重和敬畏。有些家长,对任何人任何事都缺少应有的尊重和敬畏,言谈举止都比较粗鲁,这对孩子影响非常不好。长此以往,会让孩子变得无所畏惧、没有理想甚至是无法无天。对于一个孩子来说,这无疑是非常危险的。此外,家长的人生观和价值观,爱心、孝心、诚信、责任感和阳光的心态,是支撑起孩子未来成功的基石,都能对孩子产生重大影响。而我们的一些父母,往往把这种潜移默化的家庭教育看做是细枝末节而不屑一顾,只看重孩子的学习成绩。由此一来,孩子原本有的一些好品德和好习惯,就因为被漠视而慢慢弱化,最终萎缩了。试想,一个孩子感受不到父母的喜怒哀乐,心中只有自己,即使学习成绩再好,到了社会上也可能是一个极端自私的人,那就很危险了。

我们的家庭教育,很多都是好心办了坏事。很多家长辛辛苦苦地做了,做的不是正教育,也不是零教育,而是负教育,还不如不教。有一位教育家谈到,我们有些家长是说得太多而做得太少,不如闭上嘴巴,效果反而会好得多。

家庭是教育的主阵地

家庭教育是一门学问,我们不能想当然地去办事,而需要认真地去探索规律。这样,孩子的命运,才真正会发生天翻地覆的变化。

郑板桥教子

郑板桥52岁时才得一子,起名小宝。他对小宝十分喜欢。为了把儿子培养成有用的人才,他非常注意教育方法。

郑板桥被派到山东潍县去做知县,将小宝留在家里,让妻子及堂弟郑墨照管。他意识到堂弟郑墨帮助照管孩子肯定比自己更娇惯。所以,他经常写信回家要弟弟严加管教小宝。

一次,郑板桥听说小宝在家常常对孩子们夸耀:"我爹在外面做大官!"有时还欺侮佣人家的孩子。郑板桥立即写信给弟弟郑墨说:"我52岁才得一子,岂有不爱之理!然爱之必以其道。娇子如杀子。"郑板桥认为"以其道"是真爱,不"以其道"是溺爱,溺爱不是真正的爱。所以,他要弟弟和家人对小宝严加管教,注意"长其中厚之情,驱其残忍之性"。弟弟和家人按照郑板桥的意愿对孩子进行教育,收效很大,于是就给郑板桥写信讲了孩子的长进,并说,照此下去,长大之后准是个有出息的人,能像你一样,当个官儿。郑板桥看了这封信后,觉得弟弟的教育思想有问题,这样做对孩子并没有什么好处。于是,立即给弟弟回信说:我们这些人,"一捧书本,便想中举、中进士、做官、攫取金钱、造大房屋、置多田产。起手便走错了路,将越来越坏,总没个好结果"。他还说:"读书中举、中进士、做官,此是小事,第一要明理做好人。"这里所说的好人,是品德修养高尚的人,是有益于社会的人。

小宝长到6岁以后,郑板桥就把小宝带在自己身边,他亲自教导儿子读书,要求儿子每天必须背诵一定的诗文,并且经常让小宝参加力所能及的家务劳动,如洗碗、扫地等。到小宝12岁时,他又叫儿子用小桶挑水,天热天冷都要把水缸挑满,不能间断。由于父亲言传身教,小宝的进步很快。当时潍县灾荒十分严重。郑板桥一向清贫,家里也未多存一粒粮食。一天,小宝哭着说:"妈妈,我肚子饿!"妈妈拿一个用玉米粉做的窝头塞在小宝手里说:"这是你爹中午节省下的,快拿去吃吧!"小宝蹦跳着走到门外,高高兴兴地吃着窝头。这时,一个光着脚的小女孩站在旁边,看着他吃。小宝发现这个用饥饿眼光看着自己的小女孩,立刻将手中的窝头分一半给了小女孩。郑板桥知道后,非常高兴,就对小宝说:"孩子,你做得对,爹爹真喜欢你!"

直到临终前,郑板桥还要让儿子亲手做几个馒头端到床前。当小宝把做好的馒头端到床前时,他放心地点了点头,合上了眼睛,与世长辞了。临终前,他给儿子留下的遗言:"流自己的汗,吃自己的饭,自己的事自己干,靠天靠地靠祖宗,不算是好汉。"这则遗言,是对子女的嘱咐,也是他对子女教育经验的总结和概括。

不要推卸责任

在现实中,确实有不少的孩子没有被教育好,也有不少家长朋友对教育孩子丧失了信心,认为没有办法把孩子教育好。

家长为什么会丧失教育好孩子的信心呢?我认为有以下几种原因。

1. 受"遗传决定论"的影响。认为孩子生下来就有聪明与不聪明、爱学习与不爱学习、听话与不听话、好教育与不好教育之分。孩子教育不好,只怪自己的孩子天生就不好,怨上帝给自己发的牌不好。

2. 把责任推到学校、老师身上。认为孩子教育不好,是学校和老师的责任,认为学校是专门的教育机构,负专门的教育之责,于是后悔自己没有把孩子送到更好的幼儿园和学校去。有的家长会埋怨初中、高中学校,说孩子在幼儿园、小学表现如何如何好,而到了初中、高中才慢慢变得落后了。

3. 为自己开脱责任。父母认为自己真是尽力了,什么办法都想了用了,孩子仍然教育不好,自己也没有办法。他说,孩子家长送的都是当地最好的学校,而且从小就给孩子请家教,不停地上这样那样的辅导班,还让孩子上奥数班、英语班、舞蹈班、围棋班、智力开发班等,目的是不让孩子输在起跑线上。你说,我们做得还不够吗?

4. 拿不成功的例子安慰自己。现实中,孩子教育不成功的例子真是太多了,并且,有些老师、大学教授的孩子也没有教育成功。不少家长重视孩子教育真是达到了无以复加的地步,倾其所能地为了孩子,而结果失败的案例比比皆是。反观不少农村出来的孩子,家庭条件很差,从小上的学校很差,父母并不识几个字,也不怎么管孩子。可是,这些孩子不是照样很优秀吗?于是,他们就安慰自己,孩子优秀也罢,不优秀也罢,这都是天生的……

这些家长们找的理由,表面上看很有道理,但实际上都是站不住脚的。我

们从表面现象中得出"孩子不是都能教育好的"结论是不科学的。我们必须进行正确归因,把事实澄清。下面,我主要从几个方面进行一些分析,证明一个道理,使家长朋友们坚定一个信念:孩子都是可以教育好的。

第一,孩子生下来确实是有差别的,而且在某些方面差别还很大。但是这些差别是有底线的、有范围的,比如不同的孩子在性格上、气质上、智能结构上等方面是有差别的。但是,这些差别不是他们能不能成为一个品质优良、能考上大学的原因,这种差别不能成为有些孩子不爱学习、考试不及格、不诚实、说谎话、甚至无法无天违法乱纪的理由。打个比方说,这种差别是他们能成为画家或是音乐家,成为文学家或是体育明星,考上名牌大学或是考上普通大学的理由,但这种差别不是现在你所看到的那种孩子间的差别。比如,孩子不爱学习、缺乏同情心和责任心、中招只考了三四百分(满分六百七十五分)等。这就是他们应有的差别吗?

第二,家庭教育出了问题。孩子有这样那样的问题,不能往学校老师那里推责任。学校、老师只是接了父母的接力棒再跑一段路而已,孩子在前一棒中跑得怎么样,形成了什么样的跑步姿势和跑步习惯,则是父母的责任。让我再打一个比方:如果把孩子比作一部汽车,孩子在学校的表现与他的发动机的动力部分有最大的关系,而这个发动机的性能、你给它提供什么样的燃油等是最主要的。如果一辆汽车的发动机出了故障,表面却油光发亮,鲜明如新,那又能怎么样呢?它能在学校为他提供的跑道上跑得快、跑得好吗?我们的家长应该在孩子的发动机上做文章,就是要开动孩子强大的思想机器。而有的家长却在那里做些表面的工作,就好像只考虑汽车的外观烤漆是否光亮一样,岂不怪哉!

第三,父母做得多,但不一定做得对,你可能从事的是负教育。负教育当然不如零教育,即做了还不如不做。有不少农民的孩子,父母忙自己的事,好像并没有对孩子进行什么家庭教育。实际上,这可以看成是无声的教育,此处无声胜有声。父母以自己的勤俭、朴实、诚实守信、勇敢坚强、不向命运屈服的实际行动感染着孩子,难道这不是教育吗?这种看似没有进行教育的教育,正是真正的教育!而有些家庭,确实进行了许多针对孩子的教育,只可惜把方向弄偏了,从事的是负教育或者是零教育,做得越多可能效果越差,造成了南辕北辙。

第四,孩子不好,这并不是孩子的错。我再强调一次,没有一个孩子是带着这样那样的问题来到这个世界上的,也没有一个孩子是不愿意学好的。有这样那样问题的孩子,其实他们也是受害者。假如他们遇到了懂教育、会教育

的父母,从小能给他们以良好的家庭教育,给他们打下坚实的思想基础,给他们全面的精神营养,他们还会是这样的吗?孩子刚生下来无所谓愿不愿意学习的问题,无所谓有没有自信心的问题。孩子之所以会不爱学习、没有好习惯等,都是他在环境里学来的,特别是五岁以前在家庭里学来的,是从父母身上学来的。

第五,孩子的可塑性非常大。有人说:"人是环境的产物",这话一点不错。从小给孩子一个人的环境,对他进行人化,他就可以变成人;若给他以狼的环境,对其进行狼化,他就可以变成狼。迄今为止,人们已经发现了几十个狼孩,就充分证明了这一点。

请相信,孩子都是可以教育好的!请不要推卸责任,也不要为自己找借口吧!

第二章
遵循教育的规律

遵循规律是关键

遵循规律是关键,育儿不能想当然。
环境就像大染缸,任凭染黑或染丹。
信得吃苦是进补,溺爱娇惯少英贤。
理念科学方法好,水到渠成并不难。

  孩子的成长包括三个要素:环境、教育和孩子自身的努力。环境是第一要素,对孩子起着潜在的、决定性的影响。与其说孩子是被教育好的,不如说他是被环境感染好的。孩子就像一块白布,环境就像个大染缸,"染苍则苍,染黄则黄"。
  现在的孩子都是在蜜罐中长大的,他们最缺乏的不是物质,而是精神。其实,吃苦就是一种人生财富,孩子最大的营养品应该是吃苦的经历。如果说现在需要给孩子"进补"点什么的话,那就给他补上吃苦这一课吧。孟子曰:"天将降大任于斯人也,必先苦其心志,劳其筋骨,饿其体肤,空乏其身……"其实,只要沿着科学的道路,采用正确的方法,把孩子教育好就是水到渠成的事。

家庭是教育的主阵地

问题孩子家庭造

  首先,我们不会否认这样一个事实:没有一个孩子是带着这样那样的问题来到这个世界上的!那么,孩子身上出现的问题,到底是什么原因造成的呢?

  在我们的概念里,仿佛孩子有问题,都是孩子的错,与家长没有关系。不少家长抱怨说,我已经尽力了,孩子学习不好,行为出了问题我也没有办法。所以,许多家长会不厌其烦地甚至理直气壮地跟人讲,他的孩子如何如何不听话,自己又如何如何地辛苦。其实,这是我们在教育上的一种认识误区,这样的误区误人太深了。

  孩子刚来到这个世界上,好像一张白纸,他什么都不懂;他也好像一块没有播种种子的田地。后来他长大成人,白纸上有了图画,这是成年人、社会环境给画上去的;他的心灵的田地上,种下什么种子,长成什么果实,也都是由环境和教育所为。想想看,又有哪些孩子甘愿学坏呢?又有哪些孩子不曾想学习好从而受到父母、老师和同学的赞许呢?

  孩子对待生活中一切问题的方式,都是从其身边的人身上学习得来的。谁离他最近,跟他接触最多,跟他接触最早,谁对他的影响就最大。在这点上,学校能和家庭相比吗?老师能和母亲相比吗?人的心灵田地有个特性,就是它的"首因效应",就是最先占据心田的处于支配地位、首席地位,它会排斥后来的东西。孩子一出生下来,直到上小学,几乎全天候地由母亲陪伴,在孩子"人之初"的岁月里,母亲对他的影响,父亲对他的影响,是他心灵田地里的永不可磨灭的烙印。孩子心灵田地里,是鲜花,是杂草,还是毒草,无疑都是由父母最早种下的。至于他后来上学,甚至走上社会,只不过是由别人在孩子的田地里进行了再耕作罢了。但不管是学校还是社会,都难以消除或太大地改变孩子最初在家庭里所形成的根基或者底色。

  正像大教育家卢梭所说的那样:"我们对待别人的态度,最初是由别人对我们的态度决定的。"孩子从他所生活的环境之中学到的东西,远比他在课堂上所学到的东西多而重要,而且他在环境中所学到的东西,绝对会制约着他在课堂上的学习态度和效果。这就是为什么在同样的学校、在同样的课堂里,由

同样的老师和教材所教,但是收获却差别巨大的深层次原因。

孩子是从他的生活环境中学到如何应对生活中各种事情的方法方式的。环境是影响孩子的第一要素,不要老是以为品德、行为、态度、习惯、毅力等都是课堂上教出来的,绝对不是!这些东西主要是孩子在环境中被熏陶出来的。如果一个孩子对人没有礼貌,那我们基本上可以肯定:第一,这个孩子曾被"没礼貌"地对待过;第二,没有人教会他如何礼貌待人。同样,一个孩子不愿意学习,那么我们基本上可以肯定:在这个孩子的生活经验里,第一,他没有体验过学习的快乐;第二,没有人教会他如何学习。

孩子的成长,除了一些极少的本能行为以外,绝大部分的行为方式都是从后天学来的。他心灵的田地如果不被庄稼占领,就必然会被杂草占领,绝不会空着。由于人的学习能力太强了,他从环境里可以轻易地学会一切东西。还有,由于孩子还不成熟,他不易分辨好与坏,不能过滤掉环境里对他不利的东西,因此,环境的影响是非常大的。当孩子在他的生存环境中没有得到正确的指导和影响时,他实际上是随机地从环境中选取样板,他会遇到什么就选取什么、模仿什么。什么东西能进入他的大脑,全凭他当时的注意焦点了。如果好的东西进入了他的视野,他可能学到好的东西;如果坏的东西进入了他的视野,他便会学到坏的东西。

经过这样的分析不难看出,我们必须给孩子提供一个好的环境,必须给孩子以正确的、耐心的指导。那些被人称颂的好孩子,其实都不是天生的,而是在好环境的熏陶下和成人精心的教育下慢慢成长起来的。我们要永远记住:如果孩子的教育出了问题,那百分之百是家庭教育出了问题,是父母教育孩子的方法出了问题!没有一个孩子是带着错误和毛病来到这个世界上的,他们身上的优点也罢,缺点也罢,都是我们家长所为,都是我们的环境所为,都不是从娘胎里带来的。

那么,我们的家长错在哪里了呢?有些是因为不懂教育规律所犯下的无心之过,有些是不懂具体方法,有些是受错误观念的驱使,有些是因为自己无法控制自己的情绪,有些则是自己只知言教不知身教。

相关链接

卡尔·威特父子

卡尔·威特是19世纪德国的一位牧师、法学家,他有一个儿子,人称小卡尔·威特。小卡尔·威特1800年7月出生。小卡尔·威特生下来表情呆

家庭是教育的主阵地

傻,不太招人喜欢。卡尔·威特心里说:"上帝啊,您怎么赐给我这么一个儿子!"邻居们常常表面上劝卡尔·威特不要为此而忧愁,心里却都认为小卡尔·威特是个白痴。但卡尔·威特没有气馁,而是认真地履行着做父亲的职责。他根据孩子的特点制订了一套完整的早期教育计划,并且踏踏实实地执行他的计划。通过卡尔·威特的精心培养,小卡尔·威特5岁时的聪慧已轰动乡里,他八九岁时就学会6国语言。1814年4月14岁的他被授予哲学博士学位,16岁时他又获得了法学博士学位,并被任命为柏林大学的法学教授。他23岁公开发表了《但丁的误解》,书中指出了当时研究但丁的学者们的谬误,为研究但丁的思想开辟了新的正确道路。小卡尔·威特在有口皆碑的赞扬声中讲学,一直到83岁逝世为止。

卡尔·威特根据自己的教子经验,写出了《卡尔·威特的教育》一书,这是最早的一本关于早期教育方面的书籍。卡尔·威特对儿子小卡尔·威特早期教育的成功是全世界迄今为止最著名、影响最大的一个家庭教育成功案例。

教育名言

·哪怕天下所有的人都看不起你的孩子,做父母的也要眼含热泪地欣赏他!拥抱他!赞美他!为自己创造的生命而永远自豪!——周弘

要给孩子提供精神食粮

父母在孩子的生命成长过程中,首先扮演的角色是物质食粮的提供者,让孩子有吃有喝,有个温暖舒适的环境,这样他才能活下来,并逐渐长大。就像所有的生物都需要物质供养一样,孩子需要物质食粮。

但是,人不是普通生物。孩子是一个人,是一个完整的生命体。这个生命体跟其他动物的区别是:人有精神需要。人的成长需要的食粮有两种:一种是物质食粮,一种是精神食粮。一个孩子刚生下来,只是个"生物人",他的成长的过程,就是一个由"生物人"向"社会人"转化的过程。

意大利教育家蒙台梭利博士说:"人作为一个精神的存在,要借由肉体把自己表现出来。"亚里士多德曾说过:"人在出生的状态,不是完整意义的人,经过二十几年的人化过程,才使他变成了人。"这些话都告诉我们,把孩子变成真

正的人需要教化,需要在他的肉体中注入精神,注入灵魂,即按照人的方式对其进行"初始化"。印度狼孩的出现,更使我们坚信了环境的重要性,更使我们明确了精神的重要性。人,生下来是个生物体而已,如果将他放在人的环境里,进行"人化",给他以人的养分,他就能成为人;如果将他放在狼的环境里、放在猪的环境里,进行"狼化"和"猪化",他就可能渐渐变成"狼"和"猪"。只有在人的环境里,才能有精神,才能叫"人化"。

　　我们家长,如果仅仅给孩子以物质食粮的话,那么,孩子的精神世界必然荒芜甚至空白!我们都知道,任何人其实都是由"两个人"组成的:即"肉体的人"和"精神的人"。决定一个人行为的根本原因是其"精神的人"这一层面,人与人的差别也在于"精神的人"这一层面。一个人是好是坏,是高尚还是卑下,是伟大还是平庸,主要取决于他的"精神的人"这一方面发展的状况,而与他的"肉体的人"这一层面基本无关。因此,作为父母,要想使自己的孩子成长为优秀的人,教育孩子的重点就必须是按照正确的方向和方法去培育"精神的人"。

　　现在,我们的家长朋友对孩子的培养大部分都存在着"两多两少"现象,即物质食粮多,精神食粮少;文化知识要求多,行为品质要求少。这样,在孩子的教育上,便出现了"剪刀差"现象:一方面孩子的物质食粮极度丰富,另一方面孩子的精神食粮极度匮乏。这样,孩子便成为一个缺乏精神的躯壳。

　　有的家长朋友可能会想,供孩子吃喝穿戴,父母的责任已经完成了,至于如何教育他,那是学校老师的事。这恐怕是很多家长的思想。要知道,孩子的精神成长的主阵地在家庭,孩子生命成长的真正老师和教练是孩子的父母,这是谁也无法替代的。如果没有家庭和父母的教育,再好的学校和老师也是无济于事的。不少孩子有这样那样的问题,如行为习惯差,缺乏学习动力等,其背后都是精神方面的营养不良。这种精神营养不良的直接后果是孩子的自我价值的严重缺乏,导致孩子外表跟人一样,但是他的精神世界里的人却没有发育好,或者发育畸形。

　　心理学家在对孤儿院的孤儿研究中发现,这些孤儿由于缺乏父母的关爱,尽管他们的物质生活一点也不差,甚至要好于那些家庭生活困难的有父母的孩子,可是他们明显存在行为、习惯、态度等方面的偏差,如注意力不集中,无法正常与人互动,情绪低落,不守规则,容易与人发生冲突等。心理学家招募女大学生作为自愿者,每周定期到孤儿院去给这些缺乏母爱的孩子洗脸、梳头、抚摸、拥抱、亲吻、讲故事等,尽量扮演母亲的角色。这样经过一段时间后,这些孤儿们的行为偏差得到了明显的改善。

　　孩子在学校表现出来的一系列好的或不良的倾向,都不是无缘无故的,都

家庭是教育的主阵地

与他背后的精神世界有关。我们成年人都往往只看到表面现象,譬如说:这孩子理智、听话、安静、爱学习,那个孩子调皮、多动、笨、天生不爱学习等。其实,这些都是孩子外在的自我,这些现象的背后,都与他的内部的精神世界有关,或者完全是被他的精神世界所支配。比如,孩子不停地动,频繁地转换注意力在不同的事情上,上课不能集中注意力听讲,不停地和同学讲话,做各种各样的小动作;课堂让他发言,他却唯唯诺诺不敢讲话,而私下里他却话语不断,调皮捣蛋胆大妄为;对别人缺乏尊重,没有自律精神,爱说谎话等。这不是先天的遗传,也不是他的神经系统出了问题。这些行为背后的真实原因是他没有被接纳,没有被承认,没有被关爱,没有被关注,没有被欣赏、赞美、鼓励等。这是因为在他生命的成长中,我们给他的精神营养太少,没能用精神支撑起他的肉体,从而造成了他精神的营养不良!

总之,父母不仅应是孩子身体的养育者,更应是他的精神的养育者、灵魂的养育者。父母所扮演的角色,应该是孩子的精神导师、生命教练和知心朋友!

"狼孩"是怎么生成的

由于人脑是与环境共同成长的,是与环境"嫁接"的结果,所以,有什么样的环境,婴儿就会成为什么样的人。因此我们就可以很好地解释"狼孩"等一系列令人百思不得其解的问题。

到目前为止,关于兽孩的记载大约有40起,其中以狼孩居多,占一半以上,其次是熊孩、猴孩、豹孩等。这些由野兽抚育大的孩子,他们完全不通人性,狼养大的只会狼嚎,吃生肉喝生水;猴养大的只会爬树摘果,翻腾跳跃……虽然有的后来被人训练,试图恢复其人性,但是效果极差。原因在什么地方呢?原来这些成为兽孩的孩子,大多是在3岁之前就被野兽叼走养育,他们的大脑在最关键的成长期(出生头三年)与野兽的环境嫁接在一起了,这样才最终完全成为脱离人类习性的兽孩。

相反,如果是一个10岁以上的孩子,他就很难变成兽孩。日本人横井庄一,在第二次世界大战中逃进深山,穴居了28年之久。1972年他被发现后,曾有人断言,他再也无法过人类的生活了。但事实上,只经过短短的81天,他就完全恢复和适应了人类的生活,并在当年结了婚。

教育名言

• 一个人可能很贫穷,但他可以在贫乏的物质生活中感受着生命的富有。一个人可能很富有,但是失去灵魂的他很可能不会真正享受生活的欢乐! ——甄世田

家长要善于和老师沟通

家长和学校、老师有效的沟通是教育好孩子的基础。家长需要了解孩子在校的表现,需要了解学校和老师对孩子的要求。老师需要让家长了解学校的教育任务和教育内容,也需要了解孩子在家里的情况。所以,家校如何进行良好的沟通是父母和老师共同的任务。下面我为家长介绍几种有效的家校沟通方法:

第一,积极参加家长会。学校召开的家长会非常重要。在家长会上,老师会对整个班集体做全面的介绍。会提出学校的教育要求、教育内容,介绍孩子在校的表现,介绍一些教育观念和教育方法。因此,如果父母没有特别的事情,都要认真参加家长会。有的父母连孩子的家长会都不爱去开,经常找借口请假,这是非常不恰当的。家长如果确实参加不了家长会,可以请他人代为参加。但一定要和老师说明情况,而且家长会前或会后一定找老师询问家长会的具体内容。

第二,主动和老师联系。有些父母有一种误解,认为家长主动联系老师会打扰老师的工作,担心老师会不欢迎家长主动来联系。其实,老师的职责就是教育孩子,父母主动来交流情况,商讨如何教育孩子,他怎么会不欢迎呢?父母主动联系,会给老师带来便利,也是老师所期盼的。因为一个班主任整天要面对几十个孩子,任务很繁重,工作时间一冲突,往往就把和家长的联系放下了。如果父母能主动联系,会及时得到孩子在成长过程中的重要信息,及时开展有效的配合。另外,父母主动联系,实际上也是一种表态,表明自己是一个负责任的家长,愿意拿出更多的时间和老师交流。因为有时老师也同样担心学生家长是否欢迎老师的联系。父母的主动会让老师感到你和他的愿望是一致的,老师往往会很高兴。

家庭是教育的主阵地

第三,经常和老师联系。家长可以针对孩子的点滴进步和细节问题定期和老师交流,不要等问题成堆再去和老师联系。经常定期和老师联系,还能使每一次联系逐渐变得越来越简短、有效率。由于是经常联系,就不必每次都介绍前面的情况,直接开门见山,只交流新情况,探讨新措施。经常联系还可以和老师增进了解,发展友谊。不少家长和老师通过教育孩子,工作上彼此支持,观念上互相启发,从而成为非常好的朋友。

第四,和老师联系要适时、适度。要因孩子的情况,确定联系的频率。一般以两到三周联系一次为宜。联系太密,也没必要。间隔太长,则失去了经常联系的意义。联系的频率,可以和老师协商,尊重老师的意见。

联系的方式,现在一般是打电话。何时打电话,要看各自的工作和生活规律。最好打通电话之后先问:"我现在准备和您交谈几分钟,您看方便吗?"有的父母就干脆征求老师的意见,协商出一个固定的联系时间,效果就更好。

教育是科学,不能想当然

教育是一门严谨的科学,需要父母认真地去学习。父母在给孩子买玩具、选学校、上辅导班上面舍得花钱、花精力,却不肯花钱、花时间去听家庭教育讲座,甚至家里连一本家教的书都没有。他们认为:教育孩子谁不会?我按照父母教育我的方法教育孩子就行了。中国著名教育家陈鹤琴曾说:

"栽花的人先要懂得栽花的方法,花才能养好;养蜂的人先要懂得养蜂的方法,蜂才能养好;育蚕的人,先要懂得育蚕的方法,蚕才能育得好;至于养牛、养猪、养羊、养马、养鸟、养鱼,都要先懂得专门的方法,才可以养得好。难道养孩子,不懂得方法,可以养得好吗?可是一般人对于自己的孩子,还不如养蜂、养蚕、养牛、养猪看得重要。对于养孩子的方法,事先既毫无准备,事后又不加以研究,好像孩子的价值不及一只猪,一只羊! 这种情形,在我国到处都可以看见,真是一件奇怪的事。"

在现代社会,什么都强调学习和考核。没有人敢不经过充分练习就走上舞台去演奏钢琴;没有人敢不经过学习、考核就把汽车开到闹市区去。但是,人们何曾有过为了教育孩子而去专门的家长学校里学习一番呢?

在今天,人类连手纸都研究到了分子的程度,但对孩子的教育却很放任、漠然。许多母亲为了买一件衣服、一件电器，几乎要将一个城市的卖场跑遍。去挑、去选，甚至上网比价。但是，这些母亲什么时候能对孩子的教育问题如此热心呢？我当校长期间，曾组织过无数次"家长学校"的讲座。发现不少家长是在"应付"，并不怎么认真听和记，回去也不认真地进行实践，过后都忘到脑后了。会后给他留下的咨询电话，也很少有人打过来。因为他们认识不到家教的重要，认识不到父母的责任和作用。孩子出了问题，很少有家长责怪自己，作自我批评，几乎都是埋怨孩子或是埋怨学校和老师。

过去，老传统观点是"庄稼活，也好学，人家咋着咱咋着"。现在，农民种地不可能这样了，讲科学种田。施什么肥？什么时候施？施多少？什么时候浇水？浇多少？都要讲科学，绝不能想当然。如果凭自己想当然地去种地、养花、养牛、养鱼、养蜂，百分之百会失败。这种失败，你可能会归结于自己。但是，孩子养不好，教育不好，又有多少家长会从自身找原因呢？因此，我们真的需要向医生、农民学习。医生从来不埋怨病人的病难治，不埋怨病人笨、得了这么难治的病。医生知道，有谁愿意得病呢？提高自己的医术才管用。农民种庄稼，庄稼歉收。他们一定会反思自己的耕作方法，逐一反思自己在耕种、施肥、使用农药、浇水、松土、除草等方面的方法是否对路。绝不会去打骂庄稼——"你咋这么'笨'呢？你为什么长得这么不好？你为什么不如张三、李四家里的庄稼长得好？"

苏联教育家苏霍姆林斯基曾非常痛心地说道："我们每个人应当懂得，尊敬的父亲和母亲们，凡没有受过教育的人、不学无术的人、一知半解的人，就像安装了个坏发动机的飞机起飞了一样，不仅是自身毁灭，而且也会给别人带来牺牲。"

不把育儿当成科学，不把家庭教育当成大事，不把母教当成最伟大的事业，还有一些原因，请看：

- 什么都有职称，高级按摩师、高级调酒师……唯独育儿不需要职称；
- 什么都是艺术，时装艺术，发型艺术……唯独育儿不是艺术；
- 什么都是文化，茶文化、酒文化、鬼文化……唯独育儿不是文化；
- 什么都是"节"，粽子节、啤酒节、牡丹节……唯独育儿没有节；
- 什么都有比赛，钓鱼比赛、下棋比赛、斗鸡比赛……唯独没有育儿比赛；
- 什么都有"星"，歌星、笑星、服务明星……唯独没有母亲星、育儿星！

还有，一位诗人斟酌一个字，可以花上几天的时间，甚至"两句三年得，一吟双泪流"，一名学者"板凳一坐十年冷"，一个武士要"十年磨一剑"，一个农民甚至要"十年树一木"……在这里，"十年"已经成为一个起码的年限。难道我们的孩子不如手里的书、剑和树木吗？难道我们的孩子不如家里的一件衣服、一件家具吗？难道我们的孩子的前途和命运，不值得我们绞尽脑汁地去研究吗？难道仅凭经验、想当然就能把孩子教育好吗？

作者感悟

育儿不能凭经验，科学养育最关键。
医生农民是榜样，归因先向自身看。
虔诚学习家教书，虚心求教勤实践。
规律方法握在手，孩子成材是自然。

相关链接

几种错误的家教模式

1. 唠叨式

很多孩子说，一听见爸爸妈妈唠叨就烦。你怎么不用功啊？你怎么不做作业啊？你怎么只知道玩啊？很多孩子说，我本来准备做作业了，父母一催我反而不想学了。因为唠叨的本质是对孩子的不信任，所以容易引起孩子的反感，并使双方产生不信任。

2. 训斥式

动不动就训孩子，这也不好，那也不对。"跟你说了多少遍了，你就是不听。"成天在父母的训斥下过日子的孩子容易自卑，甚至对未来充满恐惧。

3. 打骂式

目前，这类家长的数量不多，因为很多人学习过《中华人民共和国未成年人保护法》。打骂孩子，实际上是家长没有能力、没有权威的表现。

4. 达标式

"这次考试必须进入前几名，否则就……"我国自2006年9月1日开始实施的《中华人民共和国义务教育法》明文规定，义务教育阶段学校不得将学生的考试成绩排名。希望家长理解并予以配合。

5. 疲劳式

老师布置的作业还没做完，家长又给孩子加了几道题。甚至有的家长生怕自己的孩子比别人少学一门"特长"，四面出击，要孩子把"十八般武艺"全部学到手。

6. 包办式

有些家长自以为有学问,把本应该属于孩子的思维空间全部占领了。甚至有的家长从孩子读小学开始,亲自辅导语文、数学等课程,使孩子产生严重的依赖心理,结果到了辅导不了的时候"望洋兴叹",悔之晚矣。正确的做法是:重点培养孩子的学习习惯,有能力的家长适当指导,但绝不能包办。

7. 悲观式

家长一天到晚愁眉苦脸,时间长了,孩子就会觉得前途渺茫,哪有心思学习?另一种情况是:孩子的学习成绩稍有滑坡,家长就开始担忧,而不是和孩子一道充满信心,迎难而上。

神童的七个特征

人的智力高低可以测出来。人的智力水平,可以用智商表示。一般正常人的智商被定为100,智商超过120的,被视为智力超常,智商低于80的,被视为智力低下。你想知道你的孩子是否属于智力超常者(神童),可根据下面七个特征去判断:

1. 惊人的求知欲。当你发现你的孩子喋喋不休地向你提出似乎与孩子毫不相干的问题,或者对一个问题打破砂锅问到底的话,你就应注意,他有着过人的智力。

2. 过人的抽象概括能力。如果你的孩子两三岁时就具有抽象思维能力,或者三四岁时就能回答一些比较复杂的抽象思维问题,你应该高兴地想到:一颗神童之星降临了。

3. 非凡的语言能力。当你的孩子在一周岁就能说一些完整的句子时,你是否意识到这很可能是一位神童在向你招手呢?因为语言能力是测量孩子智力最重要指标之一。

4. 过人的计算能力。这一特征比较明显,不像个性特征那样不易被发现,表现在孩子对数量关系特别感兴趣,两三岁就能运算小学一年级的算术难题等。

5. 富有毅力和韧性。儿童的毅力、韧性的养成,即意志的培养,比智力和其他天赋有更大的后天可塑性。这一点应当引起家长的注意。

6. 音乐、美术的天赋。音乐、美术的才能和孩子的毅力与韧性不同,它更大程度上取决于天赋(先天因素)。家长的责任便是更准确地发现孩子确实存在这些天赋的萌芽,以便加以定向培养。

7. 大智若愚。儿童时代贪玩的人,长大后就会废寝忘食地从事自己的工作。因此,不要盲目指责孩子贪玩,把指责和叹息的时间花到引导和教育上来,你收获的就不是烦恼,而将是成功的喜悦。

你的孩子若有以上一个或者几个特征,那就要恭喜你了,你的孩子可能是个智力超常者。

相关链接

林伯渠送子"三用"

老一辈无产阶级革命家林伯渠(1886～1960)在延安时,是陕甘宁边区政府主席,他的儿子相特两岁便被送到延安农村托人照看。相特活泼可爱,模仿能力极强,经常背着双手学爸爸走路。有的同志逗孩子玩,叫他"小主席"。林伯渠知道了,严肃地指出,开这种玩笑不好,无形中会给幼小的心灵刻上超人一等的痕迹,并教导儿子说:"以后别人叫你'小主席'你不要接受。人家问你长大做什么,你说到基层锻炼去,当一个普通的人。"

相特到了上学年龄,林伯渠给他一个小小的土布包,装上几支铅笔和几个本子,语重心长地嘱咐他:"要好好学习,听老师的话,长大了,就应该懂事了。今天让叔叔送你去,以后你就自己走。"略一沉思后他接着说:"还要给你起个名字,就叫用三吧,用三就是三用:用脑想问题,用手造机器,用脚踏实地。"

天才儿童是早期教育的结果

天才儿童也是早期教育的结果。一个孩子的天资好,只是说明他具有成为天才的潜能。但是潜能能否变为现实,则完全取决于后天的教育。特别是家庭的早期教育。哈佛女孩刘亦婷的父母,向广大家长们推荐了一本书《早期教育与天才》,作者是日本著名的儿童教育专家木村久一。他们说,正是照着

书中的方法来教育孩子,才取得了成功,终于把自己的孩子送入了世界顶尖学府——哈佛大学。

早期教育的重要性不言而喻,早期教育的方法更为重要。老卡尔·威特说:"如果教育得法,大多数孩子都会成为非凡的人才。"如果方法不对,还不如不教育。因为方向、方法错了,将对孩子是一个致命的伤害。

人在幼年时所产生的印象,哪怕是极其微小到几乎觉察不出,都会对人生有极重大、极长久的影响。法国著名思想家卢梭在《爱弥儿》这部教育著作中指出:"最初的教育是最为重要的,而这最初的教育无可争辩地是属于妇女的事情;如果造物主要把这件事情交给男子,那他就会给男子以乳汁去哺育小孩。"针对当时母亲们轻视育儿这一头等责任的状况,卢梭极为痛心地指出:"母不母,则子不子。他们之间的义务是相互的,如果一方没有很好地尽她的义务,则对方也将不会好好地尽他的义务。"

伟大的学者爱尔维修说过:"即使普通的孩子,只要教育得法,也会成为不平凡的人。"也就是说,早期教育可以造就天才。但是,并不是各种随心所欲的不合理的灌输就可以造就天才儿童的,只有那些合乎科学规律的早期教育才能真正开启儿童的天才世界。

可以肯定地说,早期教育实施得如何,决定着孩子终身成就的大小。苏联教育家马卡连柯说:"教育的基础主要是在五岁以前奠定的,它占整个教育的百分之九十。在这以后,教育还要继续进行,使人进一步开花结果。而你精心培植的花朵,在五岁前就已绽蕾。"看重早期教育,并不否认遗传的重要性。只是想告诫人们:遗传对孩子的命运来说,绝不像很多人所想象的那样具有强烈的决定力。同时,希望人们树立一种信念:不要失望,不要相信遗传决定论,坚定不移地相信你的孩子亦有成为天才的可能性,只要进行科学的早期教育,奇迹就会发生。

父母要有造就孩子成为天才的理想。父母对孩子有许许多多的责任,但最为重要的责任莫过于将孩子培养成为一个不平凡的人。因此,当孩子还在摇篮之中时,父母就应替他们树立远大的理想。儿童教育家张鹤立说:"我认为人生学习的最佳阶段恰恰就是学龄前。这是上帝的安排,是人类的本能。错过了这个黄金季节,对于一个人的损失是相当严重的。"

学校教育效果是有限的,要知道在教育之中最为重要的部分是学龄前的家庭教育。有些家长过于依赖学校,认为对孩子的教育可以全部依靠学校,从而产生了忽视家庭教育的倾向,这是极端错误的想法。孩子的智能有赖于学龄前的早期开发。著名的日本教育学家铃木认为:"人的命运,几乎取决于学

龄前的环境和教育。"

早期教育并没有固定的方法模式。对孩子的教育是个艺术,如果一切照抄照搬,那是没法教好的。重要的是父母注意观察研究自己的孩子,动脑筋、想办法,找到适合孩子特点的特有的教育方法与教育内容。早期教育不完全是一个向小孩灌输知识的过程。而是应该在向小孩传输知识的同时,让孩子逐步掌握获取、发现知识的方法,培养孩子的好奇心、求知欲和学习的兴趣;同时,注重培养孩子的良好性格、习惯。卡尔·威特在总结他的育子经验时说:"在对孩子的教育上,我特别下力气的与其说是智育莫若说是德育。"若认为对孩子的早期教育,就是向他无休止地灌输大量的知识,那你就完全错了。

天才儿童既然是早期教育的结果,一旦停止早期教育,那么天才也会变成庸才。这里主要有两个方面的原因:一是父母以自己孩子的出色表现为荣,放松了对孩子的要求;二是孩子本身骄傲自满而放弃继续努力学习。因此,父母、教师在培育天才儿童的过程中要戒骄戒躁、再接再厉,谨防自己及孩子骄傲自满的情绪。否则,早期教育的结果都会因此而付之东流。

相关链接

智力开发越早越好

美国著名教育家本杰明·布鲁姆和他的芝加哥大学同事所做的研究论文指出:人的智力呈现先快后慢的发展趋势。根据他们对17岁青少年所测得的智力来看,大约50%的智力发展是在胎儿期到4岁之际完成的;30%是在4至8岁时完成的;大约20%是在8至17岁时完成的。换言之,智力在人生的最初4年中的发展等于随后13年中的发展。或者说,到了8岁,不管孩子上什么学校,处于什么环境,他心智能力可受影响的余地,只有20%。

教育名言

· 母亲耽误孩子六年,就会耽误孩子一生,这真是一日之计在于晨,一年之计在于春,一生之计在于童了。——王东华

从小培养儿童的创造力

儿童的创造力要从小培养。创造力与大脑的开发,特别是右脑的开发有关。开发右脑实际上是为培养创造力打基础的。关于大脑结构和大脑功能的研究成果,科学地揭示了神奇大脑的生理学基础,为创造力的培养提供了许多有价值的启示。必须促进左、右脑的协调发展,特别是重点开发右脑。中国的传统教育模式是偏重于左脑的训练,很不利于人的创造力的发展。建议从以下几方面做起:

1. 学会运用言语和非言语两种思维方式。传统教育模式只重视和鼓励以言语为媒介的逻辑思维能力的训练,而忽视了非言语形象思维能力的训练。要加强对孩子想象力的开发,鼓励孩子异想天开。爱因斯坦说:"想象力比知识更重要。"

2. 学会掌握言语和非言语两种学习方式。训练孩子善于用非言语方式进行探索、探究,并用言语描绘其过程和结果。对各种概念的掌握也要从言语和非言语这两个方面进行。

3. 要重视运动、艺术、绘画、手工、实验等操作实践类课程的学习。这类学习是锻炼右脑、开发创造力的重要课程。要力避那种"君子动口不动手"的教育模式。非常遗憾的是,目前,这类学习远没引起家庭和学校教育的重视,实践操作类课程都被言语化了,或者干脆被排斥掉了。

4. 在学习中,要借助表象进行记忆。发展直觉思维、抽象思维,减少记忆中的死记硬背,重视意义识记训练。

5. 多用左手。除写字外,不应该有意去纠正左撇子。左手用得越多,对右脑发展越有利。

最后,还要强调指出,创造力是大脑左、右脑的整体功能。至于我们强调右脑特别重要,是因为传统教育对此太轻视了。可以说,右脑是我们人类要重点研究开发的宝藏,开发右脑是培养创造力的起点。

相关链接

测测儿童的创造力

创造力是表现人类智慧的一个重要方面。不少国家的教育心理学专家都在着手研究用于测定创造力的方案。下面介绍的是人们使用较多的多兰斯标准。此标准认为以下项目是儿童富有创造力的特征：

1. 常常专心致志地倾听别人的讲话。
2. 说话和作文时常常使用类比和推断。
3. 能较好地掌握阅读、书写、描绘事物的技能。
4. 喜欢对权威性的观点提出疑问。
5. 爱寻根究底、弄清事物的来龙去脉。
6. 爱细致地观看东西。
7. 非常希望把自己发现的东西告诉别人。
8. 即使在干扰严重的嘈杂环境中，仍醉心于自己的学习与研究，不太注意时间。
9. 常常能从乍看起来互不相干的事物中找出相互间的联系。
10. 即使走在街上或回到家里，仍然反复思索课堂上学的东西。
11. 有较强的好奇心。
12. 常常自觉不自觉地运用实验手段进行研究。
13. 喜欢对事情的结果进行预测，并努力证明自己预测的准确性。
14. 很少有心不在焉的时候。
15. 常常将已知的事物和学到的理论重新进行概括总结。
16. 喜欢自己决定学习或研究的课题。
17. 喜欢寻找所有的可能性，常常提出："还有别的办法吗？"

切莫错过开发潜能的最佳时机

孩子的良好行为习惯要从小就培养。不要以为孩子太小了，什么也不懂，等他大了再培养吧。你若这样想那就大错特错了。殊不知，等他长大之后就不会听你那一套了，或者不等他长大已经满身毛病，后悔时已经太晚了。

孩子越小越好教育,越小越容易接受外界新鲜事物。研究证明,孩子的接受能力是很强的,并且常常超出人们的预料。那种认为孩子太小,说什么他也不懂,等他大了慢慢就会变好的想法是错误的。孩子小,他必然天天接受外界的信息,必然对外界有所反映。不接受正确的、善良的、高尚的东西,必然接受错误的、邪恶的、低级的东西。一旦他养成了不好的习惯,再纠正起来,可就困难多了。实践证明,纠正孩子错误的习惯比一开始就培养他养成正确的习惯要困难得多。相当多的家长对孩子是小时不管,长大了管不了,然后抱怨孩子天生顽劣,以推卸自己的责任。

所以,对孩子的教育必须尽早开始。开始得越早,取得的效果也就越显著,孩子越有可能成长为接近完美的人。卡尔·威特认为:"人如同瓷器一样,小时候就形成了他一生的雏形。"幼儿时期就好比制造瓷器的黏土,给他什么样的教育就会形成什么样的雏形。中国的谚语"从小看大,三岁看老",就是这个意思。威廉就曾说过:"幼儿是成人之母。"此言确实千真万确,我们谁也无法否认,成人的基础是在小时候形成的。威特还说:"在孩子两岁的时候,我就开始从细微之处培养他良好的生活习惯。即使在餐桌上,儿子也会受到严格的教育,我告诉他,盛入自己盘中的食物一定要吃光。这样能培养他勤俭节约的意识,同时又是一种磨炼。""如果卡尔想吃水果或点心,不论那种诱惑力有多大,我都会让他先吃完饭菜。我不会对他有丝毫的通融。"

为什么儿童的教育要从小开始,从零岁开始呢?因为儿童的潜能的实现符合"递减法则"。比如说生来具备100度潜在能力的儿童,如果从一生下来就给他进行理论的教育,那么就有可能成为一个具有100度能力的成人。如果从5岁开始教育,即使教育得非常出色,那他也只能成为具备80度能力的成人。而如果从10岁开始教育的话,教育得再好,也只能达到具备50度能力的成人了。

这就是说,教育开始得越晚,儿童的潜在能力实现得就越少,这就是潜在能力的递减法则。产生这一法则的原因是,每种动物(包括人类)的潜在能力,都各自有着自己的发达期。不管哪一种,如果不让他在发达期发展的话,那么就永远也不能再发展了。

例如,小鸡"追从母亲的能力"的发达期大约是在出生后4天以内,如果在这期间不让它发展,那么这种能力就永远不会得到发展了。所以如果不把刚生下来的小鸡在最初4天里放在母鸡身边,那么它就永远不会跟随母亲了。小鸡"辨别母亲声音能力"的发达期,大致在出生后的8天之内,如果不让小鸡在最初这8天内听到母亲的声音,那么这种能力也就永远枯死了。小狗"把吃

剩下的食物埋在土中的能力"的发达期也是有一定期限的,如果在这段时间里把小狗放在一个不能埋食物的房间里(如水泥地板),那么它就永远不会具备这种能力了。人类更是如此。权威人士研究认为,学弹钢琴若不从5岁前开始就不会有大的成就;学小提琴若不从3岁以前开始,即使再努力,方法再好,也难成大器。

自己的孩子自己带

一、普遍的"隔代亲"现象

当今,有不少的孩子与祖辈的关系十分密切,被称为"隔代亲"。这一现象比较普遍。这种祖辈对孙辈的亲密感情,仅用血缘关系来解释是不完全的,其中还有心理上的原因。祖孙生活在一起,幼者受到爱抚,老者得到欢乐,他们之间犹如旭日东升与夕阳余晖,感情上具有互补性,相得益彰。同时,父子辈在生活观念等问题上各有主张,从而容易产生隔阂,甚至冲突。而祖孙辈却由于年龄的关系而互不设防,彼此更容易交流和亲近,这也是形成隔代亲的重要原因。

隔代亲的确减轻了年轻父母们的生活负担,使年轻的父母们可以一心一意地投入工作。年轻的夫妇也图清静和安逸,甚至从经济上考虑,也巴不得让父母给自己看孩子。长辈对孩子的疼爱也是一种天性,孩子在一个充满爱的阳光环境中成长,也有利于孩子良好品格的形成。孩子在长辈身边,还可以解除老人的孤独感,增添家庭乐趣。但是,老年人容易过分地、不理智地疼爱自己的孙子、孙女,容易使孩子形成这样那样的不良品质。

二、孩子交给祖辈带的弊端

1. 祖辈的教育观念往往陈旧,导致教育脱节

祖辈们教育观、世界观形成于几十年以前,还有不少人接受教育的机会很少,文化水平较低,知识面狭窄。他们中不少人对社会生活、对教育的认识还停留在几十年前。他们的不合时代发展形势的旧观念无意中就会隔代传播,

对孩子的发展必然起到负面的作用。老年人喜静不喜动,容易使孩子活泼不足。特别是大部分老人对现代科技知识知之甚少,思维反应迟缓,这对孩子的智力发展不利。

著名幼儿教育家张鹤立,她的女儿张璇七岁多就通读《三国演义》、《西游记》、《水浒传》、《红楼梦》、《史记》等文学、史学书籍,令成年人叹为观止。小张璇的性格、品质也发展得非常好,被誉为神童。张鹤立这位母亲是怎样教育张璇的呢?张鹤立离异,只身带着女儿,但她再苦再累,也不把女儿交给她做了几十年教师的、退休的母亲带养。她是怕母亲受累吗?不是!她是怕母亲娇惯、宠坏孩子。她说:"虽然我妈是教师,她的教育方法会比一般老人好,但我相信,她的教育方法不会比我好。况且,老人容易娇惯孩子。我虽然累些,也只好这样了。"

2. 祖辈的过分宠爱,导致孩子幼稚心理期延长

老人对孙辈的爱往往是过了头,就变成了溺爱。这会严重影响孩子的正常的心理成长。老人包办孩子应该学做的事,实际上是无意间剥夺了孩子锻炼的机会。我们经常可以看到这样的现象——在公共汽车上,爷爷、奶奶会把座位让给小孙子坐,还会说:"你坐吧,爷爷不累,你坐着爷爷放心。"孩子去春游,爷爷、奶奶一大早就起床准备。鸡蛋、牛奶、火腿肠、巧克力等一应俱全。甚至有的孩子到了目的地,拿着茶鸡蛋看了好半天后问同学,这鸡蛋不剥怎么吃呀!考试得了好成绩,老人都要用钱来奖励,这导致孩子平时花钱十分大方,从不懂节约。穿衣、叠被、扫地等家务劳动更是不会干,他们像小皇帝那样,过着饭来张口、衣来伸手的生活。甚至,小朋友之间打架,老人也极端地偏袒护短,影响孩子认识错误。

有人对小学低年级学生进行了调查研究,并将由父母带大的孩子与由祖父母带大的孩子进行比较,发现由父母带大的孩子群体意识强,适应能力强,社交圈子大,自己能动手做一些力所能及的事情。而由祖父母带大的孩子则不然,适应能力很弱,且不合群,稍不如意就哭。这就是隔代亲带来的负面影响。

3. 祖辈的过分宠爱,容易导致亲子关系的疏远

祖辈的教育观念与年轻父母们的教育观念有一致的地方,也有很大的差别。都出于爱孩子的目的,但是祖辈偏于慈爱、宽容,而父母则偏于严格、理智。这种教育观念的分歧,容易导致亲子的隔阂。祖辈的过分宽容、慈爱,父母的严加管教,会使孩子在感情上形成错觉,他会认为爷爷、奶奶疼爱我,爸爸、妈妈并不疼爱我。往往是爸爸想管教要求孩子,奶奶、爷爷却在旁边为孩子讲情、开脱,护着孩子。这种矛盾的教育态度,极不利于孩子的健康成长,同

时,也影响家庭的和睦。

三、将孩子放给保姆带更不好

当然,现代社会生活较富裕的家庭,可以把部分家庭任务交给保姆,但要尽可能地雇一位有教养的妇女做保姆。但是孩子的教育必须由父母(特别是母亲)来承担,再好的保姆也不能完全代替母亲的工作。她仅能替母亲做部分工作,而不能让别人代替母亲教育孩子。我们坐车不会选择技术不过关的司机,就连动物都不会把自己的孩子委托他人代养。如果保姆整天对孩子说,不许做这个,不许做那个,这样一来,非但不能发展孩子的能力,反而使之萎缩。并且,孩子会形成各种不良习惯。

四、不能让孩子经常到亲戚家居住

有些家庭,亲戚朋友多,孩子经常到亲戚朋友家居住。这也是不足取的。孩子到亲戚家,亲戚会把你的孩子当做客人看待,大人小孩会尽量让着他、哄着他,由着他的性子来,很容易把孩子宠坏。

所以请记住:"自生自养、自教自带,隔辈娇纵,容易宠坏。"

父母的态度和要求要协调一致

在教育孩子的问题上,有的父母"你吹你的号,我弹我的调"。一个说往东,一个说往西。孩子做了错事,一个训斥,一个袒护,让孩子无所适从,难辨是非。以至于孩子做了错事也觉得无所谓。如此下来,且不说夫妻感情上会出现裂缝,更会给孩子的成长带来危害。父母当着孩子的面,因教育观点不一致而争吵不休,甚至大动干戈,孩子也许会因此窃喜,认为自己很能干,因为他的行为引起了父母的争论,他成了胜利者。

在教育孩子过程中,当父母双方意见不一致时,该怎么办呢?

1.私下交换意见。夫妻二人的成长背景不同,文化素质不一,对生活的理解有别,因此,在教育孩子的问题上,难免出现分歧。有了分歧,不要暴露在孩子面前,更忌讳在孩子面前互相指责对方、大吵大闹,需要的是冷处理。即使夫妻一方责骂、惩罚过火,甚至责罚方法过当,另一方千万也要克制。

《中国妇女》杂志曾介绍这样一个例子:一个孩子,因为下雪不去上学。父亲提着鸡毛掸子像是要打孩子。妻子急得光着脚从床上跳下来,想去阻拦。刚走到门口,转而一想,丈夫也是爱孩子的,此刻去阻拦,反而不好。何况丈夫并没有真打孩子,可能只是想吓唬他。她停止了脚步。果然,孩子怕挨打,就马上起床上学去了。到了晚上,她在房间里,悄悄地跟丈夫交换了意见,指出了丈夫态度不应该这样。丈夫见妻子态度温和,又无孩子在场,不失自己的面子,也就欣然接受了意见。试想,如果当时妻子上前阻拦,孩子觉得有人袒护,会更加任性;丈夫一见妻子阻拦、袒护,气不打一处来,说不定真会动手打孩子。若是这种结局,将对孩子造成什么样的影响呢?

2.让一方暂时回避。有个孩子,偷了学校里一个足球,对家长谎称是向同学借的。事情败露后,母亲气得要命,非得把孩子的手打肿了不可。父亲认为痛打难以消除思想上的锈斑,主张说服教育。眼看孩子就要回来了,丈夫就劝妻子暂时到邻居家坐一会儿,等自己教育过孩子后再回来。然后父亲就耐心地给孩子讲道理,慢慢地孩子认识到这种行为是偷窃行为,是可耻的,痛哭流涕,表示愿意把球还给学校。过后,丈夫把孩子的悔过表现悄悄地告诉了妻子。妻子听到孩子认识了错误,气也消了很多,就不再骂孩子,更别说打孩子

了。试想,如果不让在气头上的妻子回避一下,这场暴风雨该有多猛烈啊!

3. 要在培养孩子的目标上协调一致。在这个基本点上取得一致,其他方面也容易步伐一致。这里讲的一致,不是一致娇生惯养,也不是一致粗暴打骂,而是教育孩子的观点、方法在正确道路上的一致。育儿目标一致了,父母之间就可以形成一股合力,同唱一台戏,唱好一台戏,培养出拥有健康的身体、良好的品德、发达的智力、活泼的性格,适合时代发展需要的全面的儿童。人们常说,"严父慈母"。其实父亲要有严,也要有慈。不能把严理解为板面孔,让孩子望而生畏;母亲也是如此,既要有慈,也要有严,不能把慈理解为笑嘻嘻,不管孩子做什么错事都一味包容。否则,遇到孩子做错了事,一个压服,一个放任,两种截然不同的态度施加于同一个孩子身上,怎么会有好效果呢?

4. 在教育方法上协调一致。父母要统一思想,一起制定出教育孩子的一致原则。实现既有相同的期望,又有一致的教育方法,使孩子在健康的环境中快乐成长。

我国著名儿童教育家陈鹤琴先生说过:"小孩子是最容易接受暗示的,是喜欢别人赞许的。因此,对孩子的教育,积极的暗示胜于消极的命令,积极的鼓励胜于消极的制裁。"我们要多用鼓励的话,使孩子情感上得到满足,从而成为自我教育的动力,推动孩子自觉地形成和巩固某种良好的行为习惯。这样一来,教育的道路便畅通了。

教育名言

- 假若孩子在实际生活中确认,他的任性要求都能满足,他的不听话并未遭致任何不愉快的后果,那么就渐渐习惯于顽皮、任性、捣乱、不听话,之后就慢慢认为这是理所当然的。——苏霍姆林斯基[苏联]

千万不要给孩子过早下结论

小草几天老,栋梁总晚成。请家长朋友们不要着急,不要丧失能教育好孩子的信心。我们可以从下面这些名人的成长过程中悟出点什么。下面这些名人,都被认为是天才,其实,他们都无一例外地曾遭受着打击甚至是失败的痛苦。

贝多芬学拉小提琴时,技术并不高明,他宁可拉自己的曲子,也不肯做技巧上的改善,他的老师说他绝不是个当作曲家的料。

古希腊大哲学家苏格拉底,曾被人贬为"疯子"、"让青年堕落的腐败者"。

进化论的创始人达尔文当年决定放弃行医时,遭到了父亲的斥责:"你放着正经事不干,整天只管打猎,捉耗子捉狗的。"另外,达尔文在自传上还透露:"小时候,所有的老师和长辈都认为我资质平庸,我与聪明是沾不上边的。"

沃尔特·迪斯尼,是米老鼠和唐老鸭的创作者,他当年被报社主编以缺乏创意的理由开除。他在建立迪斯尼乐园前也曾破产了好几次。

爱因斯坦4岁才会说话,7岁才认字。老师给他的评语是:"反应迟钝,不合群,满脑袋不切实际的幻想。"他曾遭到退学的厄运。

伟大的物理学家、经典力学的创始人牛顿,上小学时的成绩是一团糟。

俄罗斯文学泰斗托尔斯泰,读大学的时候,曾因为成绩太差而被劝退学,老师认为他既没有读书的头脑,又缺乏学习的意愿。

二战时期改写了战争格局的英国首相丘吉尔,小学六年级时曾遭留级,他的前半生虽显示出惊人的才能,却充满了挫折与失败,直到66岁,他才当上英国首相。

看完这些真实的故事,我们不难知道,历史上许多天才的成功之路也并不是一帆风顺的,甚至是充满坎坷的。失败可能是他们成功、成为天才所应缴的学费。说到这里,我想起了"吃苦是财富,磨难是资本"这句话,也想起了孟子所说的"故天将降大任于斯人也,必先苦其心志,劳其筋骨,饿其体肤,空乏其身,行拂乱其所为,所以动心忍性,曾益其所不能"。

每个孩子都有他自己的成长轨迹,每个孩子都是独一无二的。教育者需要的是要有等待和坚守的情怀。

家庭是教育的主阵地

教育名言

· 你的教鞭下有瓦特,你的冷眼里有牛顿,你的讥笑中有爱迪生。你别忙着把他们赶跑。你可不要等到坐火轮、点电灯、学微积分,才认识他们是你当年的小学生。——陶行知

过度保护使孩子缺乏能力与自信心

一个人的自信最重要的支柱是什么呢?是相信自己有实现自己目标的能力。而这种能力的培养首先要以培养自立能力为起点。美国的科技先进,创新人才多,与美国的家庭教育有很大的关系。美国家庭注重对孩子独立生活能力的培养,反对过分保护孩子。相反,一味地认为孩子小、怕孩子受到伤害、怕孩子吃苦,从而对孩子无微不至地关怀,成天把孩子保护在自己的羽翼之下的做法,却是极其不利的。这样过度地保护,看上去是关爱孩子、心疼孩子,实则是害了孩子。过度保护,一方面剥夺了孩子的锻炼机会,从而使他缺乏能力;另一方面,由于父母过于紧张的保护意识,也会使孩子对生活产生恐惧感,使孩子认为外面的世界充满不可抗拒的威胁,从而形成谨小慎微的性格。

一位教育专家说:"我们不能保护孩子的一生,我们也不应试图这样做。"我们所面临的现实有时连成年人都难以应付,如何能保护我们的孩子不受伤害呢?我们的责任是培养孩子有自我保护的本领,使他们有勇气去面对生活中可能有的危险与困难。

将孩子护在怀中,便限制了他们发展能力的空间,使他们在未来的社会中束手无策。有这样一位母亲,她的眼睛无时无刻不投注在孩子身上。天气稍冷便不能出门,天气一热便怕炎热上火,端个饭怕烫着,跑几步怕摔着,和小朋友一起玩怕受欺侮,游泳怕淹着,骑自行车怕摔着……她的孩子长大后胆小怕事,唯唯诺诺,做起事来瞻前顾后,工作十分吃力。而这位母亲却经常叹息,抱怨儿子谨小慎微,工作没有魄力,畏首畏尾。但她不知道,儿子之所以这样,她这个做母亲的负有多大的责任啊!

家长不能将自己的责任延伸得太长太宽,更不能以关心孩子的名义,将孩

子管得死死的,让他们生长在父母的宽大的翅膀下,不做任何飞翔的努力。

"懒妈妈出勤快孩子",这是我们很早就听说过的一句话。反之,勤快妈妈出懒孩子。这里懒妈妈可能是有意识地懒,对孩子放手,不过度保护,给孩子提供种种锻炼的机会。我们在生活中看到有些家长懒懒散散,大大咧咧,表面上看对孩子不怎么关心,其实孩子倒是得到了许多锻炼自己、增长才干、增长勇气的机会。这就是"有心栽花花不开,无心插柳柳成荫",或者是歪打正着。

镜头一　妈妈在洗菜,她5岁的女儿娇娇去帮忙。妈妈说:"一边玩去,看把你衣服弄湿了。你还小,等你长大了再帮助妈妈吧。"

镜头二　妈妈在往冰箱里拾鸡蛋。她4岁的儿子胖胖也来干。"快放下,我的宝贝,你会把鸡蛋打碎的。"

镜头三　爸爸:"莎莎都5岁多了,让她学着刷刷碗,洗些小衣服什么的,锻炼锻炼。"妈妈:"算了吧！上次她帮我刷碗,弄了一地水、一身水不说、还打了一个碗。长大再学吧！"

积极地探索是加速成长的最有效途径。只有在探索的成功与失败中,孩子才能真正理解这个世界、理解自身。如果孩子的探索并不会带来任何危险,只是可能打碎几个鸡蛋、几个碗、弄脏几身衣服,为什么要制止他们呢？又为什么要让他等待呢？如果我们用太多的此类理由去阻止,保护孩子免遭意外,实际上是遏制了他的好奇心和探索精神,那么又要用多少只鸡蛋和多少只碗去弥补这种损失呢？

孩子能够做的事情,一定不要帮他去做。不要怕他做得慢、做得不好,一回生,二回熟,多练习几遍总能做好的。家长要有耐心和信心。像穿衣、叠被、系鞋带、扫地、收拾房间、刷碗、洗衣……都可从小就教孩子干。我们一定不要怕孩子做得慢、弄坏弄脏东西,怕累着孩子,怕耽误孩子玩而代替他、阻止他做。小孩需要在料理自己的事情中增长才干,增长自信心。

刚会走路的孩子摔倒,一种做法是赶快抱起来,一哄再哄,并拍打地面,埋怨地把孩子绊倒了,想减少孩子的痛苦。另一种是鼓励孩子自己站起来再走,提醒他当心。一个两岁多的小女孩在自己穿鞋,妈妈等得不耐烦就一把拉过来,三下五除二地穿好；另一位母亲在旁边耐心鼓励,或跟她做比赛穿鞋、系鞋带的游戏。显然,后一种做法比前一种要好。

我们过分保护孩子,不让他干这、干那,这样做的根本原因是不相信他们的能力。拒绝孩子帮我们收拾盘子,你可以保存好那个盘子,但是你的举动会

家庭是教育的主阵地

在他的信心上投下阴影,而且推迟了他的某种能力的发展。我们平常的每一句话,像"你怎么把房间搞得这么乱!""你怎么把衣服穿反了?"等都会向孩子显示他们是多么得无能,是多么得缺乏经验。我们这样做,使他们慢慢地失去了信心,失去了自己努力去探索、去追求、去锻炼自己的自觉性,忘记了只有通过各种锻炼和闯荡才能使自己成为一个有用的人。

我们在实际生活中,特别是在教育孩子的过程中,存在着许多出力不讨好的现象,有的甚至是事与愿违,产生的是负效果。我们学校一位退休老教师,三年来天天接送孙子上学、放学,而且总是替孙子拎书包。其实家里离学校不过200米,完全不必这样接送。这是典型的过度保护。

我们往往看见有形的结果,才会相信孩子得到了益处。对于那些不能马上见到成效的潜能的提高,便因缺乏耐心而忽视了它。家长可能会说:"会不会摆鸡蛋、会不会刷碗有什么呀?还是别给我找麻烦吧!等到孩子大一点再干吧!"这样孩子会渐渐失去探索、尝试的勇力和精神。有的家长可能会说:"只要孩子能好好读书,将来考上大学就行,其余都是小事。"这种说法不恰当!在学习上也是非常需要探索和尝试精神的,家长若不从小培养孩子这种精神,那只好临渊羡鱼了。有的家长可能说"等到孩子长大了再教这些,孩子就很快可以学会了"。可是要知道,等到孩子长大了,就晚了,他虽然很快学会了摆鸡蛋、洗衣服、刷碗,但是他的探索精神、尝试勇气却错过了最好的发展时期。另外,孩子大了,你再让他干这个,他很可能说"我正看电视呢"、"我正在打游戏呢"等。

总之,对孩子生活的周到照顾是我们做家长的责任,但不能无限度地去做。过度保护会使孩子缺乏能力与自信心。

作者感悟

如果他不做,永远不会做。
小时不让做,大了不愿做。
你要替他做,其实是剥夺。
从小模仿做,长大创造做。
自强自立长才干,过度保护出庸才。

相关链接

国外父母如何教孩子自立

在发达国家,父母普遍重视从小培养孩子的自理能力和自强精神,因为发达的市场经济要求人们必须具备这种能力和精神。

在美国,家庭教育是以培养孩子富有开拓精神、能够成为一个自食其力的人为出发点的。父母从孩子小时候就让他们认识劳动的价值,让孩子自己动手修理、装配摩托车,到社会上参加劳动。即使是富家子弟,也要自谋生路。美国的中学生有句口号:"要花钱自己挣!"农民家庭要孩子分担家里的割草、粉刷房屋、简单木工修理等活计。此外,还要外出当杂工,出卖体力,如夏天替人推割草机,冬天帮人铲雪,秋天帮人扫落叶等。

在瑞士,父母为了不让孩子成为无能之辈,从小就着力培养孩子自食其力的精神。譬如,十六七岁的姑娘,从初中一毕业就去一家有教养的人家当一年左右的女佣人,上午劳动,下午上学。这样做,一方面可以锻炼劳动能力,寻求独立谋生之道;另一方面还有利于学习语言。因为瑞士有讲德语的地区,也有讲法语的地区,所以一个语言地区的姑娘通常到另外一个语言地区的人家当佣人。其中也有相当多的人还要到英国学习英语,办法同样是边当佣人边学习语言。掌握了三门语言后,就去办事处、银行或商店就职。长期依靠父母过寄生生活的人,被认为是没有出息或可耻的。

在德国,家长从小就培养孩子自己的事情自己做的习惯,家长从不包办代替。法律还规定,孩子到14岁就要在家里承担一些义务,比如要替全家人擦皮鞋等。这样做,不仅是为了培养孩子的劳动能力,也有利于培养孩子的社会义务感。

在日本,在孩子很小的时候,父母就给他们灌输一种思想:"不给别人添麻烦。"并在日常生活中注意培养孩子的自理能力和自强精神。全家人外出旅行,不论多么小的孩子,都要无一例外地背一个小背包。要问为什么?父母说:"这是他们自己的东西,应该自己来背。"上学以后,许多学生都要在课余时间,在外参加劳动挣钱。大学生中勤工俭学的现象非常普遍,就连有钱人家的子弟也不例外。他们靠在饭店端盘子、洗碗,在商店售货,照顾老人,做家庭教师等方式挣自己的学费。

家庭是教育的主阵地

要纵向比，不要横向比

不少父母喜欢拿自己的孩子跟人家的孩子比，这叫横向比。如"你看某某这次考得多好！我不知道你是咋学的。你不会向人家学学！""你看人家张哲同学，这次数学又考了100分，你怎么又是刚及格！"等。我不赞成这种比法，因为这种比较往往是拿自己孩子的缺点跟别的孩子的优点进行比较，这样比来比去，不是自己的孩子如何如何好，而是自己的孩子如何如何不行。

父母这样的比较，往往有两种心理。第一，让自己的孩子向别的孩子学习。拿自己孩子的短处去和别的孩子的长处比，让自己的孩子有种危机感，让别的孩子做自己孩子的榜样。第二，用这种手段来刺激孩子的上进心。想用这种手段刺激孩子，使自己的孩子难堪，想达到让孩子知耻而后勇的效果。

对孩子进行比较是可以的，但是最好的方法是纵向比，而不是横向比。所谓纵向比就是拿孩子自己跟自己比，拿孩子的现在跟孩子的过去比。这种比法，也就是将孩子的今天跟孩子的昨天比。这两种比法有什么区别呢？

横向比，越比越泄气。因为每个孩子都有自己的特点和长处，父母往往是拿孩子的短处跟别的孩子的长处比，这样时间一长，孩子就可能认为自己不如别人，自己天生就比不上别人，自己本来就不行，自己本来就不是学习的料等。这样做会刺伤孩子的自信心，使孩子慢慢变得自卑起来，造成的后果跟父母当初的愿望大相径庭。而且往往还会加重孩子的抵触情绪，孩子认为父母不相信自己，从而造成逆反心理：你们让我向某某学习，我偏不！甚至破罐破摔，和父母对着干。

纵向比，越比越有信心。这种比法，让孩子跟自己比，只要有进步有提高就要肯定和表扬。这种比法的着眼点在于发现孩子的进步和长处。将孩子的今天跟他的昨天比，哪怕孩子有一丁点儿进步，父母都要及时发现，及时肯定和鼓励。这样孩子就因此而感到惊喜，会感到欢欣鼓舞，他就会产生一种继续把长处发扬下去而且争取更大进步的冲动，因为他体验到了成功的快乐，从而慢慢变得积极起来、自信起来。

想想我们成年人不是这样吗？我们是愿意听到来自别人的鼓励还是批评呢？成功教育大师卡耐基说过，人是一种喜欢被别人赞美的动物。不是吗？

如果你单位的领导老拿你跟别人比,说你不如本单位的某某优秀,你应该向人家学习,你能不反感吗?你肯定会认为领导是在挑刺儿:谁没有缺点呀!你怎么老拿我的缺点跟他的优点比呢?你为什么看不到我的优点呢?哪个部门的领导如果这样去做,就是不懂得人的心理。

　　我们不难看出,这两种比法,关键在于父母的心态。横向比,拿孩子跟别人比,父母持的往往是消极的心态,恨铁不成钢,看到的尽是孩子的缺点,于是总是怀着一种抱怨的心理。纵向比,让孩子自己跟自己比,拿孩子的今天跟昨天比,父母往往是积极的心态,着眼点是孩子的进步而不是和别人的差距。只要孩子有进步,只要现在比过去强,就要赏识和鼓励。这样孩子就会感到温暖,感到父母的信任和期待。

　　其实,每个人都有自己的特点和长处,没有优点的人和没有缺点的人都是不存在的。真正的教育就是顺应人性的特点。教育的成功往往是着眼于优点,着眼于肯定和鼓励,使之不断强化,而不要做得相反——盯住缺点,不断批评。我们看到马戏团里的驯兽员,他们手里拿的是动物喜爱吃的食物,当动物做对事时及时给予食物的奖励,而不是在它做错的时候给予一顿鞭打!

　　人就是这么神奇,孩子更是这么神奇!父母若盯住孩子的优点,及时肯定和鼓励,他的优点就会越来越多;父母若是盯住孩子的缺点,不断地批评,他的缺点可能不会像你想象的那样逐渐减少,而是越来越多。横向比,可能越比越糟;纵向比,可能越比越好!

第三章
用智慧面对问题

巧用智慧化难题

家庭教育有误区,观念陈旧出问题。
空洞说教鼓励少,批评抱怨效果低。
常将末节认根本,总把分数当唯一。
观念方法不对路,南辕北辙枉心机。

  孩子在成长中会遇到很多问题,需要家长用智慧去面对。任何一个孩子成长的道路都不可能一帆风顺。当今社会环境给了孩子许多负面的影响,诸如网络、电视、手机、电子游戏、书籍等,其中的不少内容是含有毒素的。孩子的心理和世界观还没有成熟,很容易被这些负面的东西污染。这些问题都需要家长们用智慧去解决,需要走进孩子们的心灵,采取循循善诱、因材施教的方法。家庭教育中的误区有很多,不少在习惯上自认为是正确的方法,其实是违背教育规律的。因此许多家长做得很多,却收效甚微,甚至出现"负教育"的情况,致使效果南辕北辙。

走出家教的四类误区

教子成才是天下父母的共同心愿,家庭教育的重要性越来越受到人们的重视。然而,家庭教育也存在不容忽视的问题。目前,家庭教育一般存在以下几种误区。

一、拔苗助长

有相当多的家长对孩子的智力发展急于求成,过度、过早地对孩子进行强迫教育。在孩子还很小的时候就让他们认字、算数、背诗词、学画画、弹钢琴……凡是家长能想到的或是社会上时髦的,都让自己的孩子去学,把孩子的时间排得满满的,片面地认为早期教育就是让 2 岁的孩子学写字、让 3 岁的孩子学小学一年级的课程……将高年龄段的教育内容放置到低年龄段,甚至将儿童教育成人化。如果孩子不爱学,就用物质奖励来刺激孩子,有的甚至用打骂、体罚来强迫孩子学习。其实早期教育的内容很丰富,它带给孩子的应该是愉快和欢乐。早期教育的目的是培养孩子的兴趣和能力,而不是要认多少字、背多少诗。过度教育不仅不能开发孩子的智力,有的还会影响孩子的智力发育,导致孩子心理畸形发展,对孩子的健康极为不利。研究表明,儿童的发育是有关键期的,有些知识和技能到一定年龄阶段便能自然而然的掌握或学得很快,提前学习则效率很低,有时还会影响孩子的自信心。

二、盲目攀比

近年来,关于神童的宣传颇多,诸如"某某 3 岁识几千字","某某 5 岁上大学"等。有的甚至公然宣传如果按照某某方案去做,孩子就能成为神童。于是,家长们竞相以神童的标准和方法来培养自己的孩子,整天陪着孩子学这学那。不管自己的孩子是否喜欢,也不管孩子的能力如何,认为别人的孩子能做到的自己的孩子也一定能做到,也应该做到。事实上,天下神童哪有那么多!教育绝非万能,任何方案都不可能将所有孩子培养成神童。教育要因人而异,绝不能盲目仿效。

三、重知轻能

许多家长在教育子女时非常重视知识的传授,却忽视了对孩子能力的培养。人们不难发现,今日的父母不再认为孩子能吃好、睡好、身体好就足够了,还要对孩子进行早期智力开发。这是社会的进步,也是社会发展的需要。遗憾的是很多父母只知道教孩子认字、算术、弹琴,不注意培养孩子的观察力和思考能力,更不注意对孩子自理能力的培养。孩子整天忙于接受知识,却不会运用。在家里,一家人围着孩子团团转,百般侍候。孩子过的是"饭来张口,衣来伸手"的生活,什么也不会干,什么也不用干。结果孩子缺乏解决问题的能力,生活自理能力极差,与社会交往困难。

四、重智轻德

重视对孩子的智力开发是必要的,但有些家长却只注重智力的开发,忽视了对孩子的品德教育。一些孩子以自我为中心,不关心他人和集体,不尊敬师长,劳动观念差。家长错误地认为只要孩子学习好,品德好坏没关系。其实这种孩子也许在小时候"不吃亏",但在以后人生道路上会遇到更多的困难。没有好的品德,终究是要吃亏的。

教育是科学,需要按规律办事,绝对不能凭经验、想当然。在这方面,我们不少家长真是应该向农民学习。农民知道按规律种庄稼,比如施肥、浇水,并不是越多越好,更不是施什么肥都行。种庄稼,起码要保持氮、磷、钾三种肥料的平衡。如果某种肥料过剩或不足,都不能保证庄稼的健康成长。孩子的成长更是这样,要做到德、智、体、美全面发展,缺一不可。

不要怜悯孩子

"可怜天下父母心。"做父母的对孩子所遭受的挫折表示出同情甚至怜悯是很正常的,也是容易理解的。但是如果你知道轻易表达怜悯对孩子的害处,你可能就会有意识地压抑住对孩子怜悯情绪的表达了。

例一 17岁的小强参加全市中学生篮球比赛时扭伤了脚,不能

参加决赛了。他是学校篮球队的主力,这次决赛对他来说很重要,因为这次比赛的表现可以帮助他进入一所著名大学的球队。决赛时,小强在看台上看到别人在场上跑,他的心都快要碎了。妈妈替他着急。

方法一　妈妈拍着他的肩膀说:"强强,我知道你心里难受,我也为你难过。真是太不凑巧了,太不公平了。"妈妈的眼泪几乎流了出来。

方法二　妈妈拍着他的肩膀说:"强强,男子汉坚强些。你的伤很快就会好的。下次还会有机会。大学球队进不去还可以进其他专业队,或从事其他活动,人生有许多选择。只要你努力去做,前途是无限美好的!"

方法一就是怜悯,这对孩子有害。后一种方法是鼓励,这对孩子有益。

在孩子的成长过程中,他们对许多事情的态度都是在父母的影响下形成的。如何面对挫折就是一个典型的例子。当孩子遇到挫折时,如果我们对他表示怜悯,认为他真是可怜,孩子就更加为自己感到难过,更伤心、更痛苦,容易怨天尤人,感叹命运不公,甚至对生活失去信心。有的父母甚至愿意做一些额外的关心和让步,作为对他们不幸的补偿。这样往往会使孩子错误地认为命运对他不公,生活欠了他一笔债,应当由父母或其他人来偿还,自己理所应当受到安慰和补偿。这样,再遇到困难和挫折时,他们不是面对困境想办法克服,而是坐以待毙,或向他人转嫁自己的苦恼。

因此,如果我们怜悯孩子,他们将无法学会如何面对挫折和失败。一个人受伤之后,去医院治疗,医生越把病情看得仔细、讲得复杂,他就越认为自己病得不轻。孩子也同样,身边的人越是怜悯他,他就越认为自己是最可怜的人,越容易悲观失望。

例二　一次车祸使11岁的芳芳失去了一条褪。从医院回来后,她用拐棍帮助行走。芳芳在医院理疗科学习了很长时间怎样照顾自己。医生还特意嘱咐让妈妈鼓励芳芳自己照顾自己,不为她做过多的事。而妈妈却为女儿伤心,在别人面前常眼泪汪汪地诉说女儿的不幸,替女儿担忧。她总想替女儿干点事,从感情上弥补自己对女儿的不足。她把能干的事,全替女儿干了:帮她收拾房间、洗澡、洗衣服,有时还帮她梳头,并把饭菜端到女儿的房间里。妈妈干得越多,芳芳就干得越少。芳芳干得越少,就越对自己没有信心。她慢慢地就只呆在自己房间里,什么都无心干。就这样芳芳从一个总是笑嘻嘻、勇气十足、自己帮助自己的孩子变成了常常发脾气、唉声叹气、对未来悲观绝望的孩子。

芳芳身体上的缺陷显然已无法弥补，但精神上的残缺比身体上的残缺更可怕。一个有着健康的心理、战胜困难的毅力与决心、不自怜自惜的孩子长大后，必然会比在父母怜悯、事事照顾下成长起来的孩子要有能力和幸福得多。家长若能不在具体的事情上怜悯孩子，而是给他们一个强有力的精神支柱，这才是更深远、更有价值的爱。

作者感悟

如果我们怜悯孩子，
他们就更有理由怜悯自己；
如果我们怜悯多了，
孩子就更有可能丧失毅力；
请把笑意写在脸上，
把怜悯埋在心里。
孩子最需要的不是怜悯，
而是鼓励、乐观和勇气。

相关链接

狮子育儿法

狮子是森林之王，但它们仍不敢放松对小狮子的教育和训练。公狮子经常把刚出生不久的小狮子推下悬崖，再让小狮子自己寻找出路。而公狮和母狮只是站在旁边，保持一种相对安全的距离，只要小狮子没有生命危险，它们绝不伸出援助之手。

"狮子育儿法"目前已在韩国、日本和以色列等国家开始流行。比如，孩子摔倒了，只要没有大的危险，孩子的父母一般是不会去扶他们的。

身教胜于言教

父母以自身为孩子做榜样,就是身教。俗话说:"一个行动胜过一打说教。"身教更适合小学阶段的孩子。在这个年龄阶段,孩子亲眼看到的更容易对其行为产生影响。

1. 身教更直观。六岁至十二岁阶段的孩子,很大一部分行为是从直观上去模仿成人的,向他喜欢、崇拜的人直接学习。父母是孩子的第一个崇拜偶像。如果能抓住孩子的这种特点,父母在孩子面前用行为表示:我欣赏的行为是什么样的,我要求你做的事情我也喜欢做……孩子就能够从父母的行为中直接感受,这对他的影响是最直接的,也更容易学习。而父母所讲的道理,对他来说更间接,如果要产生行为,则需要一个过程。

著名的童话大王郑渊洁说:"孩子不孝顺肯定是家长抠门。"郑渊洁在做客湖南卫视时,有一期节目郑渊洁谈的是如何让孩子孝顺的话题。他说有的家长向他诉苦自己的孩子太自私、太抠门,压岁钱都有好几千了,平时的零花钱还向父母要。郑渊洁说那肯定是家长自己平时就抠门,估计是孩子的爷爷奶奶病了都不舍得掏钱的主儿,明明有5万元的存款只告诉家人有5千元。要想让孩子大方地孝顺你,首先你自己要做好示范,孝顺孩子的爷爷奶奶。他说,他较早的时候出了一次国,获得了一次买平板电视的机会,他带着儿子郑亚旗一起去买,买了就直接运到孩子的爷爷奶奶家,孩子很不高兴。郑渊洁对儿子说:"爷爷奶奶年纪大了,咱们肯定能比他们活得长,到时候,咱们就能看到'原子电视'了,但爷爷奶奶肯定看不到了。"于是孩子就心甘情愿地把电视送给爷爷奶奶了。后来爷俩儿一块吃饭,有两只大对虾,那年头这对大对虾的稀罕不亚于大彩电,本来父子一人一只,但郑渊洁不舍得自己吃,把自己的那一只虾给了儿子,没想到儿子把自己那只虾也往他对面一推说:"你吃吧,我将来吃原子弹虾的机会都有。"我们从以上实例不难看出,人皆可为尧舜,人皆可为孝子。天下无不孝的儿女,只有不孝的父母。所以父母榜样的力量是无穷的。

2. 模仿就是学习。观察学习是人类学习最主要的形式之一。身教如果发生在家庭中,我们发现,如果家长的行为表现比较明显,孩子也能产生很多行为;而家长如果说得多,做得少,孩子可能模仿很多语言,懂得很多大道理,但产生行为却比较困难。

一个勤奋、努力的父母能够刺激孩子努力学习,获得成就;一个耐心细致的父母正是孩子克服马虎的好老师。在身教的过程中,父母要不断引导孩子学习、模仿。一个会身教的母亲决不只是做一个任劳任怨的家庭主妇。

3. 做孩子的表率。当家庭环境这个外在因素进入孩子的认知世界时,其就会影响孩子的心灵与行为。父母应当重视环境育人的作用,给孩子创设一个好的家庭环境。一个鄙视知识、缺乏学习风气的家庭环境,很难使孩子养成自觉的学习习惯。"其身正,不令而行。其身不正,虽令不从。"(《论语·子路》)一位家长说得好:对孩子的教育可以简单到"从自身做起"这样一句话。

有一个朋友告诉我,他的家庭中电视基本是摆设,因为全家都没有觉得电视是娱乐的唯一方式。每天晚上除了新闻,爸爸妈妈都把阅读和运动当作最大的乐趣。这样环境下的孩子从来没有觉得不看电视是多么痛苦的事情,看完动画片孩子也能够主动关闭电视。有时候孩子因为一本感兴趣的书,甚至可以牺牲看电视的时间。这是我们多少家庭渴望自己孩子做到的啊!

相关链接

如此"身教"

2006年6月1日,武汉市某幼儿园举办六一联欢会。在演出之前,园长向全体家长做了一个热情洋溢的欢迎词,然后宣布为感谢各位家长对本园工作的大力支持,特准备了一份小小的纪念品。令这位园长万万没有想到的是,她的话音刚刚落下,坐在前排的一位家长便伸手去拿主席台上的纪念品,其他家长也一拥而上,哄抢纪念品,结果造成有些家长拿了几份纪念品。有些家长一份也没拿到,小朋友哭的哭,叫的叫,会场秩序一片混乱,使得原本气氛和谐的联欢会变成了一场闹剧。

教育名言

· 习惯对我们的生活有绝大的影响,因为它是一贯的。在不知不觉中,经年累月影响着我们的品德,暴露出我们的本性,左右着我们的成败。—— 史蒂芬·柯维[美]

家庭是教育的主阵地

培养良好的学习习惯

一、坏习惯害人一辈子

什么叫习惯？简单地说，习惯是指因不断重复或练习而形成的固定化的行为方式。即一个人的行为长此以往形成行为模式。习惯的力量是巨大的，人一旦养成一个坏习惯，就会不自觉地在这个轨道上运行。"习惯决定性格，性格决定命运。"如果是好习惯，则会终生受益，如果是坏习惯，可能就会在不知不觉中害你一辈子。

大哲学家柏拉图有一次就一件小事毫不留情地训斥了一个小男孩，因为这个小男孩总在玩一个很愚蠢的游戏。小男孩不服气："您怎么为一点鸡毛蒜皮的小事而谴责我？"柏拉图回答说："你经常这样做就不是一件鸡毛蒜皮的小事了。你这样做会养成一个终生受害的坏习惯。"

二、教育就是培养人养成好习惯

叶圣陶说："教育是什么？往简单方面说，只需一句话，就是养成良好的习惯。"家长和老师指导和帮助学生养成良好的学习习惯是非常重要的。可是实际上，我们的家庭和学校常常忽视了受教育者良好学习习惯的培养，致使他们在学习习惯上表现出许多不足。这突出表现在：儿童缺乏学习的自觉性和创造性。如有些小学中高年级的学生，还没有养成主动、自觉的学习习惯，需要外力的作用与监督，做家庭作业时，时时要靠父母的督促，父母一松懈，就自由放任，使许多家长苦不堪言。长期的应试教育，使学生的头脑变成现成知识的贮存器，形成了求同性和收敛性的思维习惯。平时学生以能记住、理解老师传授的知识为满足；临考时，死记硬背标准答案。这怎么能培养出创造性的人才呢？

我们应该知道，教育不仅是教学生知识，更重要的是培养学生自觉学习的习惯。学海无涯，家长和教师传授的知识仅是沧海一粟。而一旦使学生养成自觉的、良好的学习习惯，就会使他们在知识的海洋里遨游，去搏击时代的浪潮。

三、好习惯要从小培养

在生长发育期,人的可塑性最大,容易受引导。因此,孩子各种良好的行为习惯,包括自觉学习的良好习惯的培养,越早越有效。因为好习惯不养成,坏习惯必然养成。待坏的、不良的习惯养成了,纠正起来就难了,比一开始就培养好习惯不知要困难多少倍。愈是幼小时养成的习惯,愈难于改变。有些家长常抱怨说,现在的孩子太难管,大人的话就是听不进去。一旦孩子养成了坏习惯,纠正起来确实非常困难。这也是自食其果。有些家长说:"现在孩子还小,无所谓,等他大了再管教吧。"殊不知,好习惯要从小培养,越早越好。要知道,孩子大了,坏习惯养成了,就不听你那一套了。

四、从小培养孩子创造性思维的习惯

尤其应该注意的是,仅能自觉地学习、勤奋地学习是不够的。一个人如果没有创造性,就会变成书呆子。只有把自觉的学习习惯和创造性的思维习惯结合起来,才会使我们的下一代成为既有丰富知识,又有开拓创新能力的人才。家长和教师要经常启发和引导学生从不同角度去思考问题,鼓励学生开阔思路,创造性地解决问题。注意培养孩子的质疑精神,敢于向权威挑战,对现有的观点、理论提出不同的看法。通过这些思维形式的训练,有助于孩子创造性思维习惯的培养。

一个人在学习中如果仅限于背教科书上的知识,就不会举一反三,不会开拓创新,不会养成好的学习习惯和自学能力。即使他在学校成绩优秀,出了校门也很难在竞争中立于不败之地。在小学阶段,主要是培养和训练良好的学习习惯,如读书、写字的姿势、课前预习、课后复习、按时完成作业等。良好的习惯一旦养成,顺理成章,习惯成自然,对以后的学习大有裨益。一开始首先要训练孩子能够坐得住、静下心、学得进。这些都是相互联在一起的,坐得住了,才能静下心,学得进;孩子能学进去了,有了收获,尝到了趣味,就容易坐得住了。让孩子学习,一般性督促不行,训斥和强制效果会适得其反。这需要家长耐心、细心地诱导与具体地指导。

可是,现在许多家长,包括一些老师,并不明白在小学阶段,教孩子掌握学习方法、养成良好的学习习惯是首要任务,而是只盯着那点知识,抓住几百个汉字,几道加减乘除算术题,让孩子反反复复地抄呀、写呀,写错了还要罚写几遍甚至几十遍。弄得孩子成天趴在桌子上,头昏脑胀地应付,实在是本末倒置、得不偿失。说严重点,这哪里是在教育?简直就是在摧残孩子!

家庭是教育的主阵地

教育名言

· 一个人种下去的是思想,收获的是行为;种下去行为,收获的是习惯;种下去习惯,收获的是性格;种下去性格,收获的是命运。——威廉·詹姆斯[美]

如何应对青少年的逆反心理

父母要与孩子建立充分信任的亲子关系、师生关系。家长和老师要怀着一颗平常心,正确认识叛逆期的特点和不可逾越性。缓解和消除逆反心理,重点在于加强和孩子的情感沟通,善于换位思考,无论孩子做了些什么事,我们都要理解他、尊重他、接纳他。现在孩子的叛逆,好多都是孩子对教育者的不信任造成的。他们已经不是小孩子了,思想上是独立、成熟的。对老师和家长的话已经不再是唯命是从,而是要尽心思考。在我们成年人看来,这就是一种抵制。如果亲子关系、师生关系是融洽的,这种不信任就会少一点,叛逆也会少一点,教育效果就会好一点。这就是所谓的"亲其师,信其道"。

第一,建立民主、和谐的交流方式。经常听人说,"命苦不能怨政府","心累不能赖社会"。这句话也可以迁移到我们的家长和老师身上,一些孩子的行为可能会让你深感郁闷,难道能把责任全都推到孩子身上吗?你可以怨孩子不尊重你,但在他的行为背后,我们的教育方法真的就那么经得起检验吗?青少年心理上要求独立、自由,而现实上又不得不受到家庭、学校的种种限制,因而便会产生矛盾。研究发现,越是民主的家庭,亲子关系就越和谐,孩子的叛逆性就表现得越弱;越是专制的家庭,孩子的逆反心理就越严重。还要明确两个关系:家庭民主不等于对孩子放任自流,家庭民主不等于对孩子的要求没有底线。

第二,帮助孩子树立远大的理想与宽广的胸怀。目标越高远,就越不易计较目前的得与失。坚持正面引导、表扬、赏识为主的教育方式,坚决反对粗暴简单!我们的表扬一定要多过批评,鼓励一定要多过指责。

第三,身教和榜样的力量很重要。俗话说,孩子是大人的影子。孩子模仿的对象,首先是父母,然后是老师。家长不尊重他人的一个行为,足以抵消你对孩子一百次尊敬别人的说教。因为,你最多只做对了教育的一半,即只有言教,没有身教。

第四,冷处理,不能硬碰硬。遇到情况一定要冷处理,不要火上浇油。处于叛逆的孩子,一般都是明知道自己错了,仍然在那里蛮不讲理,你该拿他怎么办呢?还是得冷处理,釜底抽薪显然好于火上浇油,千万不要和孩子较劲。老师和学生,家长和孩子一旦较上了劲,结果就不可收拾了。往往是孩子死不认错,家长不依不饶。孩子为了挽回面子,甚至不惜离家出走,把你的家庭逼上绝路。所以,一定要给他一个台阶,给他留有面子。同时,也要换位思考,孩子跟你对着干,他也是很苦恼的。因为他是在叛逆期,他不是故意的,他是在情绪的惯性作用下停不下来,他也无法控制住自己。

让孩子知道他处于叛逆期。前一段时间,我听了一个日本学者的讲座。他说,在日本的学校,老师们经常会说:"孩子们,你们现在正处于叛逆期,而叛逆期又是怎么形成的呢?叛逆期并不可怕,老师当年也有叛逆期。现在,老师的责任就是帮助你们很好地渡过这个时期,尽量减少叛逆期的负面作用。老师能够原谅你、理解你。"我们看,日本人就这样把问题摊在了桌面上讲。

教育名言

· 是行为衍化为习惯,是习惯形成性格,是性格决定命运。——威廉·詹姆斯[美]

· 没有正常的生活,就没有真正卓越的人生。——乔登[美]

当心奖励的副作用

我们谈了这么多鼓励,因为它确实太重要了。我们在实际生活中,运用鼓励时,却往往不知不觉地陷入了奖励的陷阱。

例子:妈妈下班回家后,一进门发现10岁的女儿佳佳已经把房间打扫得干干净净,地板也拖了。她感到非常高兴,因为她并没有要求女儿这样做。妈妈对女儿说:"你简直太好了,我真喜欢你。这样吧,为了鼓励你今天的表现,我奖励你5元零花钱。"

妈妈在这里犯了三个错误：

第一，将佳佳本身的好坏与所做的事情联系起来，将是否爱她和她所做的事联系起来。这会让佳佳认为父母的爱是有条件的。

第二，对孩子所做的好事大加赞扬，而不是鼓励。佳佳会自己感觉良好、充满自信，认为自己的每一点努力都应得到别人的夸奖甚至奖励，否则她就感到不舒服。但在我们的实际生活中，大多数情况下，是没有人时时刻刻站在那里表扬你的。即使你做了很好的事，可能都不会有人来表扬你。孩子面对这样冷淡的现实，又会是怎样的感受呢？他们会认为生活不公平而顾影自怜。

第三，给佳佳5元零花钱作为奖励，这更加剧了不好的效果。这一举动教给佳佳，如果她做了额外努力，就会得到报酬。这样似乎在告诉佳佳她做好事就是为了报酬。她会很有意识地去期望什么人给她物质奖励。

给孩子奖励，以此激励他做得更好，会让孩子以为每做一件事都会有人奖励他。但事实上，我们不可能因自己所做的每一件事、每一件额外的好事都受到奖赏，即使在家里。如果妈妈因为忙忘记了奖励，佳佳会怎样反应呢？她的积极性会不会受到打击呢？这样我们实际上是为他们的将来设置了障碍。所以必须让孩子们准备好，过真正的没有人拿着糖果奖励的生活。今天孩子会因为你的奖励而笑逐颜开，明天却会因为现实的冷酷而灰心丧气。这就是奖励有害处的原因。

鼓励和奖励的效果为什么会不同呢？

这是因为鼓励不像奖励那样，它是把注意力放在事情本身上，而不是放在孩子身上。鼓励把注意力放在孩子需要做的事情本身，以及当他做这些事情的时候所能得到的满足和成就感。像在刚才的例子中，妈妈可用这样的话来鼓励她："这件事你做得真是太好了，你真是长大了，有能力干自己认为该干的事情了。"这样，我们就既鼓励了孩子，又避免了奖励带来的缺陷。孩子受到这样的鼓励后会想：他们注意到我的努力了，我做了一件对父母、对家庭有帮助的事情，这证明我是一个有用的孩子。我有能力做事，我感觉太好了！这种积极的感受，是对孩子的最大鼓舞！如果我们用物质、金钱来奖励孩子，会将他们的注意力转到物质的享受上去。这会阻碍他们从贡献和参与中得到精神上的满足。

在学校和家庭里司空见惯的"奖励"现象：

1. 妈妈病了，躺在床上。餐桌上放满用过的盘子、碗筷，没人来收拾。爸爸匆匆去上班,临走时他看见12岁的儿子豆豆在看电视。"豆豆,你能不能把桌子收拾一下?""你给多少钱?""两块钱。""行,我就来。"

2.妈妈让娜娜安静待一会儿,她要给朋友打电话。"静一点,别说话,我一会儿给你买个冰淇淋。""什么样的?"3岁的娜娜问。"带巧克力的。"

不难看出,豆豆和娜娜是怎样养成了为了报酬而劳动的习惯,这种习惯是通过物质奖励训练、培养起来的。这样长此以往,孩子所关心的只是"我能得到点什么",而不是做这件事本身的正确性。他们已经习惯得到物质奖励。如果没有奖励,孩子会拒绝合作。"我们为什么要替他们干事情?他们能给我们什么报酬?"物质主义就这样膨胀起来了。见利忘义这种卑劣的人品往往由此而产生。

3.大扫除时间,三年级某班第2组同学值日。今天第2组有2名学生请假。班长:"冬冬,你去帮忙把教室窗户玻璃擦擦。""可今天不是我们值日呀!""算你做好事,我给你加1分。"(该班有操行评分制度)

4.华华已经6岁了,但是她很少在早晨按时起床。每天早上,妈妈总是费好大的劲儿把她从床上拉起来。在朋友的启发下,妈妈采用了一个"评星"制度:如果每天早上华华能按时起床,她就可以得到一颗星,10天内,如果她能得到10颗星,就可以到玩具店里买一个玩具;如果她能得到8~9颗星,就可得到一份爱吃的点心。这个规则执行起来容易,受到华华的热烈欢迎,并收到了很好的效果。

请问:妈妈这样做正确吗?

用"评星"或者其他的奖励方法,也许会在短期内很见效,但是家长需要为孩子的长远利益着想。事实上,这种方法也不会长期有效。在这种理念的驱使下,孩子的好行为是建立在奖励的基础之上的,他们所关心的是下一个奖励、不断的奖励。如果某一个行为没有得到奖励,或对现有的奖励失去兴趣,孩子便会不满,表现就会退步。因此,孩子们仅仅能从父母和教师的奖励中学到:"我这样做,因为我要得到奖励。"

亲爱的家长朋友们,请记住:多用鼓励,慎用奖励;滥用奖励,弊大于利。

相关链接

赞美孩子的原则

日本的一项研究表明,经常受到家长赞美和很少受到家长夸奖的孩子,前者成才率比后者高5倍!但是赞美孩子要有原则,否则不仅起不到激励的作用,反而给孩子一个错误的导向。

第一,是非分明,坚持原则。有些父母对孩子的错误行为也加以赞美,造成孩子是非不清、骄横跋扈的坏习惯。这不是赞美,而是怂恿。

第二,及时赞美,真心实意。尤其是当孩子的行为比以前有进步时,及时赞美他们,这样就可以使孩子不断进步并形成习惯。赞美要真心诚意,否则会适得其反。

第三,就事论事,不要夸大。不要直接赞美孩子整个人,而应该赞美孩子的具体行为。也不要夸大其词,否则会使孩子沾沾自喜,自以为了不起。如:孩子对七巧板十分感兴趣,常常拼出一些新颖的图案,"这孩子真聪明!"这种赞美就显然不恰当,而应当就事论事,可以这样说:"这个图案真不错!"否则,言过其实的赞美会给孩子播下虚荣的种子。

第四,亲近孩子,胜过语言。赞美不一定用语言,当孩子有了进步或表现很好时,亲吻或搂抱一下,都会给孩子以奇妙的力量。

粗暴体罚贻害无穷

天下父母谁不爱孩子?爱孩子是人的天性。俄国著名作家高尔基说过:"爱孩子,这是母鸡也会的事。可是要善于教育他们就不是容易的事了。这需要才能与渊博的生活与知识。"让家庭充满爱,给孩子一份理智的爱,是孩子健康成长的基础。明智的父母,爱子必须有度,也要爱得有方。

随着社会竞争压力日趋增大,一批"虎妈"、"狼爸"相继出现。崇尚对孩子进行严格教育,甚至"军事化管理"。家长严格要求孩子是对的,但对孩子要严而有度,严而有格。不用粗暴代替严格,从一个极端走向另一个极端。粗暴的主要表现就是训斥、责骂和体罚等。虽然父母的动机是好的,是出于对孩子的

爱,但这种棍棒教育,会带来严重的副作用。

1.粗暴会使孩子形成不良品德。孩子因为怕挨打,当面不为,背后为之;为后说没为;当面规矩,背后捣蛋等。长此以往,容易形成阳奉阴违、虚伪、说谎等不良品德。

2.粗暴会造成孩子性格扭曲。常挨父母打的孩子,在外面常常会欺侮比他小的孩子,长大后也往往对人粗暴无理。家长在家用棍棒教育孩子的同时,却已经为孩子树立了粗暴待人的"榜样"。有一位哲人说过:"在爱中长大的孩子,学会仁慈;在皮鞭下长大的孩子,只会产生仇恨。"经常挨揍的孩子,只能有两种结果:一种是怕挨揍,成为驯服的羔羊,变成没有个性、只有奴性的奴才;另一种是激发了他们的逆反心理,变成桀骜不驯、破坏性很强的人。

3.打骂会严重伤害孩子的自尊心。家长大打出手时,必定是咬牙切齿,目露凶光,龇牙咧嘴。这种凶神恶煞的面孔已然是对孩子感性上的蹂躏,挨打更让孩子遭受人格上的凌辱。当孩子挨打都不在乎时,羞耻之心便荡然无存,留下的只是憎恨、对抗,对孩子的世界观和人生观的形成百害而无一利。

4.体罚会严重影响孩子的智力发展。据美国教育家的研究,体罚会降低孩子的认知能力,影响他们的智力发展。也就是说,经常挨打的孩子会变得不聪明,甚至迟钝。

5.对孩子粗暴的结果是对抗。卡尔·威特说:"我对孩子的严格完全取决于道理。"要想让孩子做某件事,或要制止其做某件事,都要说明原委,以商量的态度对待,切莫粗暴与强制。因为孩子尚小,是非尚不明白,大人对孩子的粗暴常会引起孩子本能的对抗。幼小的孩子采取的对抗行动,有时是莫明其妙的。例如,有一次,我亲眼所见,一个3岁多的小男孩,蹲在地上正玩得出神。他的母亲拿着湿毛巾,走到孩子跟前,未与其打招呼就粗暴地一把拉起孩子,强制地给他擦脸,三下两下就擦完了。此时孩子顿足大哭,哭了一会儿,抬头瞪大眼睛看看妈妈,在地上摸起两把土,拼命往自己脸上抹,然后仰着大花脸向妈妈示威。一面嘴里狠狠地说:"就不洗脸!就不洗脸!"因此,对待孩子千万不能粗暴。粗暴是教育的大敌。

6.粗暴有可能造成亲子关系破裂,将孩子推向深渊。让我先讲两个真实的故事。

一个小女孩,小学时成绩一般。升入初中后,功课难度加大,学习成绩不理想,常遭爸妈训斥、挖苦,甚至打骂。她烦躁地说:"你们只知道数落我、责骂我,为什么不帮帮我呢?我愿意考不好吗?"但她

家庭是教育的主阵地

的话没有引起父母的注意。有一次,她的作业没完成,老师当着全班学生的面将她训斥了一顿,并讽刺挖苦说:"看你白长一张漂亮的脸蛋,脑袋却是一瓶子糨糊,你还上什么学?不如回家睡觉去。"孩子接受不了这样的羞辱,于是便开始逃学了。在街上晃荡了几天,碰上两个与她一样逃学的男孩,三个人在一起胆子就大了。再后来,又碰上了几个比他们更大的辍学青年,有男有女,一起吃喝、一起游玩,很是开心。当父母知道她逃学,并和不三不四的人混在一起时,便气急败坏,妈妈骂道:"小流氓,不要脸!给我滚,滚得远远的,永远不要回来!"爸爸回来,抬手就打。狠打一顿之后,把孩子的衣服剥光,光剩下内衣,反锁在房间里。女孩一面踢门一面喊到:"你们以为你们凶,我就怕你们了吗?"当父母上班后,小女孩打破玻璃,从窗户里爬出来,穿着一套晾在院子里的男人衣服逃跑了。她才13岁,只有去找那些无业青年。他们给她吃喝,带她玩。她真的成了小流氓,终于进了派出所,被送去劳教了。妈妈整日抹眼泪,后来得了精神病,住进了医院。

有个12岁的小男孩非常喜欢家里养的一只羊,他时常独自一个人牵着羊去山坡上玩耍,每当他看到心爱的小羊吃山上的嫩草就感到快乐,觉得和羊一起在山坡上晒太阳是最幸福的事。可是有一天,孩子躺在山坡的阳光下睡着了。当他醒来时发现羊不见了。这只羊从来都不会走远,但今天确实是不见了。孩子焦急地走遍了整个山坡,仍然没有找到。天快黑了,他赶紧跑回家。他想把这件事告诉父亲,请他来帮助找回羊。没有想到,他得到的却是一顿暴打。父亲说:"不把这只羊找回来你就永远别回来……"说完,父亲就把他推出门外。孩子难过极了。他独自在黑暗的山坡上奔跑。他怎么都想不通:父亲为什么会打我呢?我又不是有意丢失了羊。为了羊,父亲叫我永远不要回家,难道我还不如一只羊吗?不久,孩子看见远处有个小白点。当他走近时,他看见了那只羊。它正在悠闲地吃草呢。这时,受到粗暴对待的孩子一反常态,他没有像往常那样去抱这只羊,而是举起了一块大石头流着泪向羊身上砸去。第二天,人们在山坡的一块岩石后发现了那只已死去的羊。而那孩子也永远没有再回家。是谁把这个小男孩推向了深渊?是羊吗?肯定不是。而是他的亲生父亲!

目前，体罚孩子的现象仍比较普遍。有的家长公开主张对孩子该说的时候说，该打的时候打，说什么"孩子的耳朵是长在背上的，只有打他，他才肯听话"。其实粗暴和体罚是家长教育无能的表现。有的父母打孩子纯粹是自己不快心情的宣泄。孩子做了同一件错事，他们高兴时视而不见，不闻不问；不高兴时就大发雷霆，痛打一顿，把孩子当出气筒。教育孩子，靠的是说服教育。孩子小时候还有可能被打骂吓唬住，越长大，越吓唬不住。一旦孩子不再怕了，你便毫无办法。因此，体罚是无能的表现，说服才是教育的根本。

相关链接

做一个具有良好情绪的家长

孩子是父母的一面镜子，父母要注意自己的行为，给孩子以表率。另外，不要过分溺爱孩子，要尊重孩子，正确评价孩子，为孩子创设良好的精神环境，使孩子从小就能体会到人与人之间细腻的情感。细腻的情感是爱、相互体贴、相互关心，是一种同情。

家长首先要相信孩子，孩子都愿当个好孩子，愿意得到父母的喜爱，也都有自己的优点和长处。相信每个孩子都是在发展的。那么我们应该和蔼、微笑、欣赏地去倾听他的声音，要抽出时间和孩子玩，沟通情感。在玩乐中我们不应过多干涉孩子，要欣赏他的独立性。当然，孩子有不足，我们家长对待不足不要生气。因为要相信人人都有缺点和相信缺点是暂时的，是可以改正的。总是相信他鼓励他，就会越做越好。

引导孩子感知别人的爱。幼儿时期的孩子，理解能力有限，如果缺乏正确的引导，孩子会误以为周围人对他的爱和奉献是应该的。只有通过正确的引导，孩子才能体会到责任、义务和奉献，明白自己将来要做一个对社会，对他人有用的人。

教育孩子要学会站在别人的角度上考虑问题。要让孩子明白，每个人都有自己的需求，能够站在他人的角度考虑问题，孩子就会理解、同情、关怀他人，养成愿意帮助他人的习惯。

培养孩子用微薄的力量，给别人带来快乐。让孩子能够感知别人的爱，知道每个人都有自己的需求，用那颗幼小而善良的心去关爱别人，从而使孩子有种责任感、义务感，懂得尊重关爱别人。

家庭是教育的主阵地

教育名言

· 用三个好习惯代替三个坏习惯,你将没有做不成的事。——赵菊春[中国高效行为建设第一人]

发现孩子偷拿别人东西怎么办

偷东西的行为在孩子幼年时可以说并不鲜见。这里有许多不同的动机藏在背后:可能是看见自己喜爱的东西,父母不肯给买;也可能是为了品尝偷东西的刺激心理;而大多数却是因为不清楚这种行为是不好的。总之,儿童偷拿东西跟成人的心理有很大的不同。发现这种情况,一不要大惊小怪,二不要简单草率地处理。

在对孩子进行此方面的教育时,要特别注意方式方法。不要伤害孩子的自尊心,更不能激发他们的对抗与报复心理。明智的教育既能使孩子改正自己的不良行为,又能树立他们正确的道德观,保持良好的心态。

张太太发现她9岁的儿子亮亮开始从商店里偷东西,这种行为让她大吃一惊。她仔细地想了想该怎么办。一天,当家里只有妈妈和亮亮两个人的时候,张太太把亮亮喊进来,她用很慈祥的目光看着儿子,将他抱在膝头。然后告诉他,她听说昨天有人从商店里偷东西的事了。她接着讲自己五年级时,曾从店里偷过橡皮。她知道这是小偷行为,心里很后怕。这样做后,很长时间都觉得惭愧,有犯罪的感觉,所以认为这样做很不值得,不应该,以后便不这样做了。开始亮亮试图为自己辩解:"可是店里有的是泡泡糖,拿一点也没关系。"张太太仔细地与儿子讨论起来:店主要卖很多泡泡糖及其他商品,才能赚足够的钱进货,还要付房租,付雇员的工资,养家糊口,经营者也不容易。再说这个店也不是我们的,是别人的,拿别人的东西是不对的。不经允许就拿别人的东西,就是偷窃行为。他们又接着谈到亮亮和妈妈也不同意别人从自己家里偷东西。最后亮亮同意,他再也不会偷东西了,同时他要为偷来的泡泡糖付钱。

张太太没有指责、训斥或简单地进行说教,更没有打骂。这样做没有使亮亮感到自己的行为显示自己是一个坏人。他们一起探讨了为什么不该偷东西,偷东西对社会利益与他人利益的损害,使亮亮在良好的心理状态下接受了道德行为的教育。

父母可以身作则,树立高期望值。对大多数孩子来说,他们的成就在很大程度上应归功于父母对他们的高期望值,及对他们潜能的坚定不移的信心。一味地鼓励孩子成功,而自己工作懒散的父母对儿童的成功影响很小。既对孩子期望值很高,自身又很有成就的父母对孩子的成功影响则很大。父母在工作上马马虎虎、懒懒散散,逃避责任,工作之余打麻将、酗酒、看电视、上网等,对孩子将产生十分不利的影响。在这种情况下,父母对孩子的影响力就会弱很多。

孩子是父母的影子,父母是孩子的榜样。母亲爱打扮,女儿也必然是爱打扮的;母亲多嘴多舌,女儿也不例外。同样,父亲好喝酒,儿子也会喝酒;父亲爱赌博,儿子也会参加不健康的娱乐。这已成为社会上的定律。正如有人所说:"孩子的心是一块神奇的土地,播上思想的种子,就会获得行为的收获;播上行为的种子,就会获得习惯的收获;播上习惯的种子,就会获得品德的收获;播上品德的种子,就会得到命运的收获。"因此,孩子的命运掌握在父母的手中。

请家长们记住:言传身教,上行下效,教子怎样,己先做到。

寻找学习的动力

很多家长,包括老师,都在抱怨学生缺乏学习动力。孩子学习提不起劲甚至厌学并不是个别现象。在这背后,隐藏的是孩子学习动力不足的问题。教育是一个系统工程,有多重力量同时作用于孩子身上。任何事物要想前进,没有动力一切免谈。

我们都知道兴趣是最好的老师,但在具体的学习过程中,学生不可能对所有科目都产生兴趣。学习是个漫长的过程,如果没有持续的动力,要想保持学习的热情和高效率是不可能的。那么,到底学习的动力在哪里呢?根据多年的教学经验,我认为学习的动力有七个源头:一是目的,二是自尊,三是自信,四是鼓励,五是感恩,六是改变现状的愿望,七是成功的体验。

家庭是教育的主阵地

第一，明确的学习目的会激发学习动力。这个学习目的不一定是远大的理想，即使是很小的、很实际的目标，都能激励人、鼓舞人。一个人为了自己的尊严奋发图强甚至不惜背水一战，是能创造出奇迹的。所以，孩子自身的动力才是最根本的问题。但是，要注意为孩子设定阶段性目标，不要好高骛远。不要用大目标、大道理去说教，用一些比较实际的目标去激发动力和积极性。哈佛大学前校长曾经讲过一句话："一切教育的失败，都源于没有给受教育者分配适当的任务。"不适当的任务会妨碍、阻挠甚至剥夺孩子们获得成功体验的快乐。

第二，自尊心是孩子进步的动力。自尊是一种高级的心理需要，我们家长要好好保护孩子的自尊心，让孩子明白自强就是自尊，有知识、有内涵就是自尊，拼搏才有尊严。千万不能损伤孩子的自尊心，这是一条我们必须坚守的底线。教育就是一种影响。孔子曰"亲其师，信其道"，要教育孩子、影响孩子，就要亲近他，让他真正感受到。不要以为孩子小，啥也不懂，话说重了也没关系。你伤了他的自尊心，他就会产生抵触情绪，就会关闭和你交流沟通的大门。

第三，要特别重视孩子自信心的培养。要相信"自信之心，进步之根"。重要的是要让孩子相信自己。许多孩子总是认为自己不行，思想上先败下阵来。"哀莫大于心死"，一旦孩子迷失了方向，作用力越大风险也就越大。有的孩子经常被批评、抱怨和指责包围，自信心一点点损伤殆尽。他的努力、潜能与进步，连最亲近的父母和老师都不认可、不肯定，他还会对自己有什么希望？

第四，鼓励是一种感动心灵的力量。鼓励是孩子成长的阳光雨露，是激发孩子自信心的金钥匙。我们的家长和老师都要当好啦啦队，常常对孩子说"加油，加油，再加油"，"你行，你行，你就行"。值得强调的是，鼓励和表扬是有区别的。表扬是有条件的，只在孩子做对、做好事时运用。但鼓励就不同了，在任何情况下都可运用。如：孩子这次考试考了倒数第一，你还能表扬他吗？但是，仍然可以用鼓励的方法，譬如说："我不相信这就是你应有的水平！让我们一起来分析这背后的原因吧。"

第五，特别值得一提的是感恩之心。感恩心与学习有关系吗？绝对有！一个孩子应该有感恩之情，感激父母，感激老师，感激社会。如果孩子怀有一颗感恩之心，内心就会充满阳光，工作和学习也会劲头十足。反之，一个孩子如果不知道感恩，老觉得父母对不起他，同学对不起他，老师也跟他过不去，看谁也不顺眼，他的心理就会越来越阴暗，易于消沉，甚至堕落。"滴水之恩当涌泉相报"，那是多大的动力呀！懂得感恩，是人的高贵品德；不懂得感恩、不知道孝顺、不考虑别人的感受的人，一定是个极端自私的人，在学习和工作中也难以焕发出勤奋向上的热情。况且,一个不感恩父母、不感恩老师、不感恩社会的人,将来能幸福吗?能为社会作出贡献吗?

第六,改变贫穷现状的愿望。"穷人的孩子早当家。""贫穷是一笔财富。"世界上不少成功者都出身贫寒。改变贫穷的现状是许多出身贫困家庭的孩子刻苦学习的最大动因。法国豪富巴拉朗,出身贫寒,后来从推销装饰起家,最终成为法国首富。临终前,他说不想把自己成为富人的秘诀带走,就立下遗嘱:"谁若能答对'穷人最缺少什么'这个问题,就可以得到他留下来的100万法郎专项基金。"此事一经媒体公布,许多人都寄来了五花八门的答案,有金钱、机会、技能、关爱、帮助……结果谁都没能拿走那100万法郎,因为没有人回答正确。那么,穷人究竟最需要什么?巴拉朗在他的遗嘱中留下的答案只有两个字:"雄心。"改变贫穷的雄心,才是生命的永恒动力,才是点燃奇迹的火种。富裕的家庭环境,往往容易使孩子缺乏学习进步的动力,导致有些人成为纨绔子弟。但富裕不会必然导致一个人缺乏动力,这还是取决于你的选择。

第七,学习的动力也来自于成功的体验。这种体验非常之重要,它更是产生学习动力的重要源泉。许多小的成功体验会积累成巨大的成功体验,小欢乐就会变成大欢乐。请记住:"成功才是成功之母!"有些孩子为什么缺少成功体验?就因为我们常为他制定无法完成的任务,完不成还要批评他,他哪来的成功体验?为什么有些孩子老是失败?就是因为,他失败的太多了,每一次失败,都是他再一次失败的"母亲"。我们要让孩子成功,就要想方设法帮助他成功。譬如,把大问题分成几个小问题,分成小步子、小台阶,多给他一些具体方法的指导等,这样他就容易成功。一旦成功,就要及时地肯定他、赞赏他,使他体验成功的愉悦。就是说,要沿着"确立小目标,设置小台阶,取得小成功,及时给鼓励"的路线走。这就是先找到一个成功的"母亲",才能继续"生"出成功。就这么简单!

相关链接

台湾杰出青年赖东进

台湾第37届"十大杰出青年"赖东进,父亲双目失明,目前重度智障,除他与姐姐之外,几个妹妹、弟弟全是瞎子。由于太穷了,他们一家人只好在乱坟堆里居住。他一边讨饭一边上学。他上中专的时候,一个女孩子爱上了他,和他处上了朋友。当他的女朋友带他去见女方的父母时,他被女朋友的父母赶了出来。女朋友的父母说:"我的女儿不能嫁到一个瞎子窝里。"在他至今

44年的生涯中,得到过120余张奖状,当选过台湾孝亲楷模、模范青年及1999年度台湾十大杰出青年。赖东进尝尽常人无法想象的人间苦难,受尽屈辱和歧视,但始终未向命运屈服。靠着自己的毅力,努力求学,发奋工作,终于苦尽甘来,由一名乞丐成长为企业厂长。他每次回家,总是跪着给双亲喂饭。他的抗争不屈精神,他的孝顺美德感动了几乎所有人,因此被评为台湾第37届"十大杰出青年"。回顾这段悲苦岁月,赖东进写下了一本书《乞丐囝仔》。他骄傲地说:"还好我没有被命运打倒,坚持到今天,不曾放弃过人生。"

教育名言

• 教学的艺术不在于传授本领,而在善于激励、唤醒和鼓舞。——第斯多惠[德]

如何疏导孩子的不良情绪

有位名人说:"美丽的情绪之花,必然结出丰硕的智慧之果。"说明人的情绪对智慧、对认知、对学习都是非常重要的。就是说,一个学生的情绪会绝对地影响到他的学习成绩。所以,学校老师、孩子的父母不能不关注和研究学生的情绪。

情绪,是人类对各种认知对象的一种内心感受或态度。它是人们对外部环境的一种情感体验。对于外部世界的变化,每个人都会有所体验和感受,也会有着不同的反应,这种内心的感受和反应就是一种情绪。

每个人都有各种各样的情绪。不管何种情绪,只要一经产生,便会影响整个认知过程,使整个认知过程都染上情绪的色彩。情绪积极时,认知过程也积极;情绪消极时,认知过程也消极。情绪影响着认知过程的质量和效率。因此,情绪是心理学重点研究的领域。

情绪属于人的非智力因素,主要是后天形成的。它影响着智力的开发、学习及工作的效率。孔子曰:"知之者不如好之者,好之者不如乐之者。"就是说"爱好、感兴趣、以此为乐"是学习成功的重要原因。家长和学校、老师绝不能只注重学生的学习成绩,而不关注学生的情绪。而要学会对孩子的情绪进行培养、调节和控制。

情绪是可以衡量的,它的商数便是情商,用 EQ 表示。我们曾听到这样一种说法:一个人的成功,智商只占 20%,情商却占到了 80%。这也说明,一个人的情绪或是他的情绪商数,对他的学习乃至成功,都是非常重要的。

情绪有好、坏之分。积极的、乐观的、兴奋的、高兴的情绪是正面的,是好的;反之,被动的、悲观的、郁闷的、憎恨的情绪是不健康的,是不好的。所以,家长和老师都应学会调节好孩子的情绪,这不仅关系到孩子的学习效率和效果,而且关系到孩子健全人格的形成。青少年只有在高高兴兴、快快乐乐、无忧无虑的环境下,才能学习好、成长好。孩子的情绪容易写在脸上,家长和老师是很容易发现孩子的情绪状况的。

许多孩子很聪明,为什么学习不好呢?不少就是情绪出现了问题。情绪是一种非常重要的心理感受,主要是后天形成的。虽然与人是否聪明关系不大,却在左右着人对才智的运用。比如说,一个人高兴、快乐、积极主动、奋发有为,这是积极的情绪;另一个人却表现得悲观厌世、忧伤痛苦,这当然就是一种消极情绪。积极的情绪必然产生积极的学习效果,消极的情绪必然会产生相反的效果。有些家长只是一味地向孩子索要好的学习成绩,并不关心自己的孩子是否情绪健康。如果孩子正在经受痛苦和煎熬,他怎么可能学习得好?我们不能只问结果,不问原因。因为情绪的好坏,都不是无缘无故的。

那么,家长应怎样培养孩子的良好情绪呢?

1. 首先要做到无条件地爱孩子。许多家长爱孩子却是有条件的。家长的脸色就像是个晴雨表,跟着孩子考试成绩的好坏变化。爱孩子如果带有附加条件,往往会让孩子感到无所适从。我们要明确地告诉孩子:我喜欢你,这是无条件的!但是,我不喜欢你的坏习惯、坏毛病!

2. 满足孩子"安全感"的需要。使孩子感受到环境,特别是新环境对他是安全的。学生可能担心:老师喜欢不喜欢自己?同学喜欢不喜欢自己?同学愿意不愿意跟自己玩?特别是因自己学习成绩不好,身上有缺点甚至有缺陷时,老师、同学还会喜欢自己吗?——这会严重地影响到孩子的情绪。

3. 引导孩子克服以自我为中心的价值观,让孩子学会"目中有人,尊重别人"。许多孩子的烦恼都源自于以自我为中心,一切跟他的心思相悖的事情,都会影响到他的情绪。教育孩子能正确地认识客观世界,现实中许多烦恼都是源于自己。"世上本无事,庸人自扰之。"我们总是讲素质教育,什么叫素质?其实人的思维方式是最重要的素质。

4. 克服只抓智育、只重视考试分数的应试教育观念。坚持德、智、体、美全面发展的教育方向。其实,对于孩子的成长,有许多东西比分数要重要得多,

比如道德品质、价值观、爱心、孝心和责任感等。需要特别指出的是,孩子对美的感受,对真、善、美的向往,是促使其情感与情绪形成的积极力量。要知道,孩子不是考试的机器。如果我们只关注分数,就是把孩子当成了考试的机器,在这种机械培养模式下成长的孩子,性格必定会出现缺陷。

5.多与孩子交流。孩子的情绪也有交流和宣泄的需要,我们需要采取民主的教育方式。如果孩子没有一个倾诉的对象,在家里连话语权都被剥夺了,想张嘴立即就被家长一句"闭嘴,赶紧学习去"的话给堵回去了。长此以往,孩子一旦出现情绪失控,后果不堪设想。有些家长想跟孩子沟通,往往会遭到孩子的拒绝。出现这种状况的主要原因在家长,因为他从来不讲民主,不会倾听。我就听到过好几位家长对孩子说:"你不缺吃、不缺穿,我天天辛辛苦苦供你上学,你还有什么不高兴的?"物质条件的丰富并不能填补孩子精神上的贫乏。负面的情绪人人都会有,这与吃和穿都没有关系。现在的孩子,真正觉着特别高兴的时候少之又少,因为他们从小被要求学这学那,就是没有时间放松地去玩。现在的孩子都很苦恼,却说不出来。跟老师说吧,不敢,老师也没有时间听他讲;跟同学们说吧,同学们也都是未成年人,缺少建设性的意见;跟家长说吧,大人懒得去倾听,弄不好还要挨骂。在这种处境下的孩子,你说他苦恼不苦恼?物质很丰盛,精神却很匮乏,两极分化的后果是自我封闭。孩子的问题大多出在这里。不交流就不易发现问题,不民主就不能进行交流,不会倾听就不叫交流。有效地交流就能排解孩子的不良情绪。

6.要善于走进孩子的心灵,做孩子的心理保健医生。当孩子情绪不好了,跟他们交流、谈心,找出病因。让孩子从小学会正确归因,多改变自己,少埋怨别人。

7.学会"冷处理"。当孩子情绪非常激动、暴躁时,不要针尖对麦芒。要知道,这时他自己也无法控制。可以缓冲,"冷处理"。以自己的情绪感染孩子的情绪。

8.多运用赏识、鼓励的办法。要知道,每一个孩子都有他精彩的地方,即闪光点。对孩子的闪光点应毫不吝啬地赞赏、肯定,使之发扬光大,即"多用糖果,少用鞭子"。这样孩子的闪光点就会生长出更多的闪光点。大家都看过马戏团训练动物吧,他们对待动物是鼓励多,还是鞭子多?这对我们教育孩子难道没有有益的启示吗?不能期望值太高——达不到以后,容易破罐破摔。设置适当的目标,即最近发展区。让孩子"跳一跳,摘到桃"。

9.另外,家长要教孩子如何控制情绪,不使外露,或发生大的问题。克制冲动,想发怒时,先默数20个数、深呼吸、沉思,使自己激动的心沉下来。有些孩子控制不住，甚至大打出手酿成大祸的不少。

　　学过心理学的人都知道，人的情绪大门和记忆大门是相通的，只有当一个人的情绪愉悦的时候，记忆大门才能打开，才能完成对接，才能学习好。

　　一个孩子考上了名牌大学，别人问他的家长："孩子这么优秀，你是怎么培养的？"这位家长说："我不想说，因为说了你们也做不到。"在别人的坚持追问下，这位家长说："我和儿子其实是哥们儿的关系，无话不说。"这种家长和孩子亦父亦友，亲密无间。作为家长，一定要尊重、理解孩子，当孩子出现问题的时候，一定要想到，事情的发生总是有原因的，不能动不动就对孩子劈头盖脸地先训一顿，这对孩子是非常不利的。

　　现在的社会，孩子可以从多种渠道获取知识，他有判断是非的能力。如果你不讲方法，不讲民主，只靠父母的身份去强制压制，往往会出问题。正确的做法是把命令、指导和协商完美地结合起来，才能建立起良好的亲子关系。

责任心缺失谁之过

　　中小学生由于普遍缺乏责任心，引起了越来越多家长的抱怨，也引起了社会有识之士的强烈关注。

　　孩子一生下来，肯定不存在责任心的问题，也就没有了缺失不缺失的问题。为什么等孩子长大了，我们又开始抱怨孩子没有责任心了呢？我觉得，这是我们的教育出了问题。有人形容孩子们缺少责任心，用了四句话："对人不感激，对事不尽力，对己不要求，对物不珍惜。"既然事态已经这么严重了，也该引起我们的重视了。

　　责任心是后天形成的，因为人一出生就像是一张白纸。许多问题，包括责任心缺失，实际上是我们成年人，包括家长和老师辛辛苦苦"培养"的结果。

　　责任心属于情商的范畴，与智商无关。有鉴于此，就要反思我们的教育方法。家庭教育才是第一位的，因为责任心不是说教出来的，而是体验出来的。家庭的溺爱和包办，很大程度上剥夺了孩子们体验的机会，剥夺了孩子锻炼和体验责任心的机会。

　　在这个传媒发达的时代，孩子们的信息接收量远远超出我们的想象，其中

不乏负面甚至是有害的信息,传达出许多不负责任的言论,很容易让孩子们变得满不在乎,甚至是缺少良知。这都是责任心缺失的表现。然而,究竟什么是责任心呢?责任心就是自己好好活着,也让别人好好活着。难道不是这样吗?不顾及别人的感受,是不是也属于责任心缺失?现在的孩子目中无人,心里只有他自己,他完全不顾及别人的感受,也不管别人活得怎么样,他只关心自己是不是好好活着。我认为,这才是问题的症结所在。没有责任心的人,往往都是以自我为中心的人,极端自私,突出的表现就是随心所欲、不计后果,从不会去关心别人,不会考虑别人的感受。

  一个12岁的美国小孩,玩球的时候不小心打破了邻居家的玻璃,赔一块玻璃需要12美元,孩子只好求助于家长。这位富有的家长只对孩子说了两句话:"你拿这12美元去赔人家的玻璃,并且亲自向人家道歉,因为这事跟我没有关系。要记住,这钱是我借给你的,一年内你要还给我。"果然,孩子一年后把12美元还给了父亲,这钱完全是他自己靠做零工、捡废品挣来的。这个美国孩子叫里根,后来成了美国总统。里根入住白宫后,在很多场合都讲过这个让他终身受益的故事。他非常感谢自己的父亲,从小就给他上了关于责任的精彩一课。

  孩子在外边闯了祸,有些家长会把责任先兜起来。12块钱?毛毛雨!拿去装玻璃吧!也许回头他会打孩子几巴掌,让孩子下次注意,把心思用在学习上。甚至还会教孩子:"你咋不跑呢,让人家知道是你干的?你傻呀?"经历此事的孩子,从此就会变得耍滑使奸,没有责任感可言。

  如何把坏事变成好事,是一件充满智慧的工作。里根的故事告诉我们,他的父亲是一个智慧的人,首先教会了他什么叫做担当、什么叫做责任、什么叫做原则。上面说到的家长,可能也很有智慧,但他把智慧用在了如何推卸责任上,他甚至启发孩子做了坏事赶快跑掉。

  所谓教育,其实就是言传身教、点滴在心。千万不要以为教育是件堂而皇之的事情,拿着课本,你念一句孩子跟着念一句。这不是真正的教育!身正德高,能走进学生心灵的老师才能成为教育家;言传身教,才能培养出好孩子。孔子是师门鼻祖,他的为人师表为后人景仰,因此他才是"夫子"、"圣人"。

  "责任心缺失症"的潜伏期很长。有的孩子到了初中、高中,也就是到了青春期,这种症状才在他身上表露出来,那时再矫正就为时已晚了。有些家长

说:"我的孩子一直就是很乖、很好、很爱学习,为什么一到初中、高中就成这样了?他怎么会变成一个毫无责任心的人呢?"言外之意,他是把这个责任推给了别人,推给了学校和老师。

一味推崇知识的教育,会造成孩子心灵的荒凉与苍白。现在的孩子穿得好、吃得好、受过良好教育,个个仪表堂堂、人高马大,但他们的心灵怎么样?缺乏自信心、缺乏责任感、缺乏爱心、缺乏孝心、缺乏同情心、缺乏怜悯和慈悲之心,几乎像是死气沉沉的荒漠。好在我们已经做出了调整,比如现在的新课程就增添了新的教育内容,由原来单一的知识和技能,变为现今的知识与技能,过程与方法,情感、态度与价值观。可见我们已经意识到情感、态度、价值观是最容易出现问题的薄弱环节。

学校教育要调整教育方向,切实实施素质教育,我们当家长的一定要支持!特别是在家庭教育中,我们更要进行素质教育。说到底,孩子责任心缺失,都是应试教育惹的祸!家庭才是素质教育的主战场,身为父母,不注重在潜移默化中有意识地去培养孩子的责任心,就是最大的失职,将来是要为这一过错埋单的。

忠言也要顺耳

当孩子做错事或学习成绩不好时,家长往往会很生气,忍不住要批评孩子。由于在气头上,张口就来,什么话解气、什么话能发泄自己的不满、什么话能深深地刺激孩子,就说什么话,并且这些话主要是针对孩子本身的恶语批评。譬如:"我算是看透你了,你就是改不了!""你真是笨死了!""你看某某多争气!你就不感到丢人?""你要是能改好,那太阳就要从西边出来了。""我的脸算是让你给丢尽了。"……这种批评,伤及孩子的自尊心和人格,对孩子的精神有极大的杀伤力。

俗话说:"良药苦口利于病,忠言逆耳利于行。"在日常生活中,人们普遍认为只要是良药,苦口一点没关系;只要是忠言,逆耳一些没什么。其实,良药也可以包一层糖衣,忠言可以讲究方式,不让它那么逆耳,甚至不难听。

也就是说,批评要讲究方式。若不讲方式,批评就很难取得应有的效果,甚至把事情搞砸。所以讲究批评的方式十分重要。不要以为出发点是好的就

可以不讲方法了。医生治疗疾病,也要讲究方法,尽量减少病人的痛苦。如一个人得了疮,总不能拿刀就剜吧!应尽量不留伤口、少留伤口,打点麻药。总之,医生为病人好,治病要讲究方法;父母为孩子好,教育他更要注意方法。

批评孩子一般要注意以下几点:

1. 从爱护孩子出发。批评是为了纠正孩子的不良行为,所以出发点是爱,要让孩子体会到你的好意与关爱之情。要让孩子知道,父母不喜欢的是你的缺点而不是你本身,父母对你的爱是无条件的。这样,孩子相信父母无私的和无条件的爱,他就会珍视父母的爱,他就会自信而有勇气去面对困难,改正错误。若一开始就把孩子推向了对立面,让孩子产生了逆反心理与对抗情绪,批评就很难取得应有的效果。

2. 批评要注意方式和策略。就事论事,不要翻历史旧账。说话要有分寸,不可无端指责,不要夸大事实、上纲上线。批评孩子有时要直截了当,有时不妨委婉一点。如:可以借助寓言、故事、童话等,从侧面对孩子进行启发诱导。不可意气用事,更不能与孩子怄气。冲动时难免偏激,不利于把问题讲明白,也容易引起孩子的反感。

3. 指出孩子的缺点,要选择适当的时间和地点。最好是在比较充裕的休息时间,如在聊天、散步、假日、游园时,在比较轻松的气氛里,在优美愉悦的环境心情下,用亲切平和的口气,以交流谈话的方式进行。不分时间、地点,随意数落,往往事与愿违。

4. 批评过后要适当肯定与鼓励。及时表达为人父母的慈爱之心,这会使孩子感到温暖,有利于他改正缺点,增强上进的勇气与信心。

5. 给孩子留面子。不要当着外人、众人的面训斥孩子,这样会让孩子难堪,伤害孩子的自尊心。"扬善于人前,规过于密室"这是古人的育子秘诀。有的父母认为,只有在大庭广众之下教训孩子才会树立父母的权威,令孩子心服口服。我认为这种做法是极端错误的。因为这种做法直接的危害就是伤了孩子的自尊心。

6. 不要进行破坏性批评。批评是为了解决问题,不要让批评产生副作用。批评产生副作用的主要表现就是破坏性批评。破坏性批评对孩子的危害极大,孩子经过艰苦努力建立起来的自信心,很可能因为父母的一顿破坏性批评而丧失殆尽。孩子的自信心像非常娇嫩的幼苗,需要父母加倍精心地培育。千万不要图一时痛快而不讲方法,把孩子非常珍贵而脆弱的自信心残忍地摧残掉!

我认为,父母教育孩子时必须维护孩子的荣誉感。任何人都需要得到别

人的肯定和赞扬,这是人之常情。孩子在这方面表现出来的欲望往往比成年人更强烈。对于孩子来说,得到别人特别是父母的承认,对孩子的心理健康发展具有重要意义。一个失去了自尊心和荣誉感的孩子是很可怕也是最难教育的。如果当着众人,特别是当着客人和小伙伴的面数落孩子,会让他感到丢尽面子,羞愧难当。这非常容易使他在伙伴面前感到自惭,经常自觉低人一等,也会成为其他孩子羞辱他的把柄,久而久之会形成不良的心理障碍,影响孩子的健康成长。所以,对孩子的不足之处,要讲究适当的方法,分时间、分场合进行处理,千万不要简单蛮横。

因此,父母不要以为只要出发点是好的,是为孩子好,就可以随心所欲地批评、训斥孩子;不要以为一经训斥、批评,孩子就会知错必改。批评孩子要讲究艺术,批评里有大学问!

不讲条件地欣赏孩子

周婷婷出生后双耳失聪,她的父亲周弘运用赏识教育彻底改变了女儿的命运。周婷婷10岁时发表6万字的幻想小说,11岁被评为全国十佳少先队员,16岁成为中国第一位聋人少年大学生,18岁主演电影《不能没有你》,20岁赴美留学。

无数事例证明,儿童最需要鼓励。不管是什么样的孩子都需要鼓励,尤其是那些我们认为学习成绩不好的、表现差的。而我们不少家长做的正好相反。他们恨铁不成钢,他们不知道鼓励比批评更管用,他们不知道孩子需要的是信心、是赞美、是赏识!他们把什么都给了孩子,但是他们送给孩子的礼物中,就是没有鼓励、赏识和信心。周弘说:"哪怕天下所有人都看不起你的孩子,做父母的也要眼含热泪地欣赏他!拥抱他!赞美他!为自己创造的生命而永远自豪!这爱是那样的纯粹,不含一丁点儿杂质,不管付出多大的代价,不管这种付出有没有结果,爱是不变的,爱是不能中断的,爱是不讲条件的。"

家庭是教育的主阵地

与孩子共同面对失败

生活中不可能没有失败和挫折,一帆风顺、万事如意等祝福只是人们的美好愿望。失败、失望与挫折是人生不可避免的,也是人生重要的一课。家长应该让孩子们懂得这一点——生活中充满失败与挫折;失败不可耻,只要肯努力;失败是成功之母,努力是成功之父。

庄纳思·恩克是一个伟大的科学家。他发现了小儿麻痹症的疫苗,使许多人避免了小儿麻痹症的病痛折磨。而他的发现结果是通过201次的试验才得到的,有人问他:"你的最终发现是最伟大的,那么你是怎么看待前面的200次失败呢?"他回答说:"在我的生活中从来没有过200次的失败。在我的家庭里,我们从来不认为我们做过的任何事情是失败的。我们所关心的是,我们通过自己所做过的事情得到了什么样的经验?学到了什么知识?我在第201次试验中成功了,我如果没有前面200次的经验,就不会得到第201次的成功。"他是多么乐观地看待失败呀!

我们的孩子难免要犯错误。父母对待孩子犯错误、失败的态度很重要。中国的孩子缺乏探索、冒险的精神,这无不与我们的传统教育,特别是父母的教育观念有关。往往孩子一出差错,家长就训斥、恐吓、谴责。其出发点是害怕孩子再犯同样的错误。这种想法可以理解,但这样做会起到很大的副作用。孩子们或因害怕受责备而不敢冒险、不敢尝试,从而失去学习新技巧的热情与胆量,变得唯唯诺诺,谨小慎微。卡尔·威特说:"任何人都有成功,也有失败。失败往往比成功更多。孩子失败了,父母绝不能说'我就知道你不行'之类的话,而是要帮助他从失败中走出来,要多加鼓励。"

家长有责任让孩子明白,不必害怕犯错误,重要的是学会从错误中汲取经验教训。我们不应视错误为坏事,也不需要因犯错误而沮丧、气馁。要在不断的错误中积累经验与勇气,将犯错误转变为最佳的学习机会。

威尔逊要到山里去参加为期两天的野营。校方为他们介绍了营地情况,为他们的准备工作提出了建议。妈妈问威尔逊是否需要帮忙,他骄傲地说自己能行。在走以前,妈妈检查了他的行李,发现他没有带足够的衣服和手电筒。因为山里比平原冷得多,手电筒也是野营时经常要带的东西,显然威尔逊忽略了这些。但是妈妈并没有说更多的话。威尔逊高高兴兴地走了。过了两天,等他回来的时候,妈妈问:"怎么样?这次玩得开心吗?"威尔逊说:"我的衣服带得太少了,而且没有带手电筒,每天晚上都要向别人借手电筒才能够走出去,这两件事搞得我很狼狈。下次再去,我就知道该如何做了。我想,我下次野营时应先列一个单子,则像爸爸出差前列单子一样,这样就不会忘掉东西了。"

这里,妈妈虽然知道威尔逊带少了衣服和手电筒,会影响本次出游。但她并没有立刻指出来,这就给他一个机会通过亲身体验来总结经验。这种方法有利于孩子从实践中增长才干。

因为下大雨,莎莎没能够如愿以偿地去参加一个宴会。莎莎生气又难过地哭了。妈妈很心疼,于是抱着她,向她保证说:"莎莎,好孩子别哭,我知道现在你心里很难过,我明天带你到玩具店,你可以挑一件你最喜欢的玩具,什么样的都可以。"于是莎莎逐渐安顿下来不哭了。

孩子对事物的态度和反应在很大程度上是受父母的态度的影响的。在这个例子中,妈妈对莎莎表示了怜悯,孩子就愈加感到自己可怜。这实际上降低了孩子对失望与挫折的承受力。我们应当锻炼孩子承受失败的能力,培养孩子接受生活中的失望的勇气,而不是依赖于别人的怜悯和宽慰。妈妈提出的补偿办法使她形成一种概念,那就是她在生活中所遇到的任何失望的情景都应当由别人来给她补偿回来。孩子会认为,如果任何事情不是按她的愿望实现的话,她就会感到生活亏待了她、虐待了她。如果我们不在孩子们面前表现出我们对她的惋惜和怜惜的话,孩子就会学会如何接受失望的现实,调节自己的情绪。今后就能够更容易地接受失望,迎接希望与挑战。

家庭是教育的主阵地

作者感悟

在人生的征程上，
失望和挫折不可避免，
请不要表示惋惜和怜悯。
要增强孩子对失败的承受力，
让孩子学会笑迎挫折、笑迎挑战！
你不必哭泣、不必埋怨，
生活中坎坎坷坷在所难免。
把每次失败当作一次尝试，
每次尝试会收获可贵的经验。
请不要在乎失败和挫折，
重要的是要信守百折不挠的理念。
手没了，我可以用脚，
脚没了，我可以用嘴说、用眼看。
哀莫大于心死，
希望和信心是前进的动力源。
曹雪芹在穷困潦倒中写成《红楼梦》，
司马迁受酷刑后写出《史记》不朽名篇。

相关链接

父母离异容易导致孩子心理失衡

冬冬在5岁以前和其他小孩一样，有爸爸的关心、妈妈的疼爱，是一个健康活泼、人见人爱的孩子。但他5岁那年，他的父母突然离婚了，冬冬判给了他的爸爸，仍然住在原来的房子里，而他的妈妈离开了他另外组织了家庭。就从那时候开始，冬冬的性格开始变化。以前见人就打招呼，有说有笑，但自从他的父母离婚以后，整天低着头，见谁都不说不笑。他在幼儿园里也像变了一个人似的，经常为一点小事发脾气，要么就一个人跑到没人的地方生闷气，其他小朋友开始疏远他。幼儿园的阿姨也对他的行为感到头疼，不知所措……

其实，冬冬的变化在离异家庭中具有一定的代表性。有一所学校对父母离异的学生做过一次全面的调查，调查显示：该校学生1300人中，父母离异者69人。这69人中，表现不好、成绩较差者32人，占总数的46.3%；表现可以、成绩中等或中等以上11人,占16%;其余26人,基本属于中等生之列。

令人深思的是,表现不好、成绩较差的32名学生中,在父母离异前就表现不好或不够好的仅8人,父母离异后退步甚至大幅度滑坡者竟达20人。

另据某研究机构对1000个离异家庭子女的心理学调查表明,其中45%的孩子有自卑心理,40%的孩子性格孤僻、情感脆弱,25%的孩子情绪波动、起伏不定,24%的孩子心理早熟。

心理学家认为,单亲家庭的孩子往往因缺少父爱或母爱而导致心理失衡。如果这种心态得不到及时矫正,时间一长,孩子就会性格扭曲、心理变态,严重影响其情感、意志和品德的发展。

说得很多,为什么不管用

没有天生就会教育孩子的父母,但从为人父母那一刻起,亲子之爱就赋予了我们无尽的潜能。它能指引父母走上教育之路,不断寻找最适合孩子的教育方法。做父母也需要学习,不论身教还是言教都会起到教育作用,关键是如何教,如何抓住孩子的特点采取适当的教育方法。教育离不开说教,但是关键是教育者是否掌握科学的方法。那么说得很多,为什么不管用呢?

一、教育是沟通,不是说教

教育孩子到底应该用语言更多些,还是应该用行动更多些?这个问题困惑着众多的中国家庭。尽管中国有句老话"身教重于言教",但家长们有着自己的苦衷:"我工作了一天,还让我和孩子一起学习?""我的工作性质就是要在外面跑,交朋友,孩子的任务就是学习,我努力做我的事,他不应该努力学习吗?"

这些问题困扰着家长,使得语言教育成为更多父母的教育优选方法。当家长们为孩子的学习和小毛病费尽口舌、苦口婆心,但却屡战屡败时,家长就郁闷了:"我们到底该怎么办?"

语言最重要的作用在于沟通,而不是说教。语言是用来表达爱和关心,并且进行信息沟通的。但现实生活中我们会发现,家长与他们的孩子之间的言语表达更多的是指令,甚至责备。"你应该……""一定要""你怎么又犯错误

了?"这样的句子在我们的家庭教育中比比皆是。当希望孩子达到自己设定的一个目标时,父母就反复地讲道理,并不管孩子怎么想,只希望孩子言听计从。小学低年级的孩子,尽管可能不情愿,但大多数仍会听从父母的话。而当青春期到来时,说教这个武器会渐渐失效。

二、父母和孩子的沟通为什么不顺

1. 父母的情绪影响沟通。其实,父母本身的心态往往影响着和孩子的沟通效果。想想看,你是否经常感觉很累,所以没有时间和他说话?你是否因为自己的情绪不好,而拿孩子做出气筒?你是否对他的话题不感兴趣,所以和他无话可说?你是否为他的某些行为感到生气,所以要教训他?当我们看到孩子的不良行为,觉得一股无名火直往头顶上蹿时,我们要先辨明:是孩子犯了不可饶恕的错误?还是有自己的不良情绪在其中?

我们知道,当人在情绪激动时,处理问题是很容易失去公平的,而两个情绪激动的人碰撞在一起就可能引起大战。这时候我们可能已经背离了教育的目标,而变成了征服。这可能伤害了孩子,让他和你的距离越来越远,而教育的作用也将失效。中央教育台一套《博雅观察——师说》栏目,心理咨询师张勤在《性格》一文中曾谈到:人的性格可以用红黄蓝绿四种颜色来表示。如:《西游记》中师徒四人的性格,可依次用红(悟空)、黄(八戒)、蓝(唐僧)、绿(沙僧)来表示。红色性格的人大多很强势。当两个红色性格的人相遇,就往往会出现顶牛情况。所以我们在教育孩子的时候,可以尝试着掌握一些有关性格特点方面的知识,以便更好地与孩子相处。所以平时在开始说话前要调整好自己的心态,调整自己的情绪是语言成功的第一步。

2. 追求完美的心态影响沟通。很多家长说自己的孩子在学习上太懒,不能经受挫折。可是我们想想:为什么孩子在游戏时从来不懒惰?原因可能是兴趣的问题。但兴趣又是从哪里来的呢?答案是:成功的体验。那么,在学习上,我们是否关注孩子成功的体验呢?家长更多地关注成功的结果,孩子于是变得越来越怕犯错误。而避免犯错误的最好办法就是什么也不做。因此有的孩子行动力很差,实际是怕自己做错,而根源则在于父母。在这里我们可以学学著名教育家魏书生的教育方法,多表扬,多鼓励,善于发现孩子的闪光点。

孩子的成长就像小猫学爬树、小豹子学捕猎一样,可能从树上摔下来,也可能让到手的猎物又跑掉,但只有在不断的尝试中才能练会生存的本领。心理学家艾里克森说,在小学这个阶段,作为一个人,他的发展任务是获得勤奋感,克服自卑感,获得能力。这些能力的获得一定需要尝试。在孩子成长过程中,允许孩子尝试和犯错比追求完美更重要。

3. 家长身份的定位影响沟通。有一个迷恋网络的孩子说:如果我考了前十名,我爸爸的下一个目标就是要求我达到前五名,如果我又达到了,我爸爸的下一个目标就是要求我达到前三名;如果我达不到,他就会说:"你有能力,就是努力还不够。"他说:"我的能力永远满足不了我老爸的胃口。所以我不能考得太好!"家长的语言,有时候表面上是表扬和鼓励,但是添加了太多的附加条件。这样的表扬起不到鼓励的作用,反而给孩子不信任和更大的压力。周弘通过赏识教育把自己的又聋又哑的女儿培养成才,给我们以极大的信心!

三、和孩子有效沟通的方法

《圣经》里说,上帝赐给我们两个耳朵一个嘴巴,就是让我们多听少说。卡耐基建议家长们今后在和孩子说话时多听少说,多想想孩子和我们说话时想表达什么,在他们故事中的喜怒哀乐是什么,而不要急于发表评论,做一个好听众是获得良好沟通的基础。

当你在抱怨"孩子不愿意和我沟通","孩子总是把事情闷在心里"时,请反思一下:孩子为什么不愿意和我沟通?事实上,每个孩子都是愿意和父母沟通的,为什么不能沟通或者沟通不畅呢?根源还是父母无意间把沟通的大门关闭了。我认为,亲子沟通的主动权在父母一方,解铃还须系铃人。下面给大家提五条建议:

1. 要有主动倾听的意识;
2. 要以发展的眼光看待孩子;
3. 要不断换位思考;
4. 要善于倾听孩子的委屈;
5. 要专注倾听,用眼神或语言鼓励孩子说下去,不要插话和急于表态。

先有人格,才有画格

李苦禅(1898~1983)先生,是我国当代著名的国画家和美术教育家。他的儿子李燕想子承父业,也迷上了绘画,但李苦禅在儿子学画之前却反复教育儿子先学会做人。李苦禅便经常对儿子说:"人,必先有人格,尔后才有画格;人无品格,下笔无方。秦桧并非无才,他书法相当不错,只因人格恶劣,遂令百代世人切齿痛恨,见其手迹无不撕碎如厕或立时焚之。据说留其书不祥,会招

祸殃，实则是憎恶其人，自不会美其作品了。"

李苦禅自己说到做到，率先示范。1937年北京沦陷了，伪"新民会"妄图拉拢社会名流为其装点门面，派人来请李苦禅出山："您要答应了，有您的官做，后头跟个挎匣子（枪）的，比县长还神气哩！"李苦禅不为所动，凛然拒绝。此后，他断然辞去教学职务，以卖画为生。

李苦禅教育儿子从艺，不是就事论事，而是"先苦其心志，劳其筋骨，饿其体肤"。他对儿子说："干艺术是苦事，喜欢养尊处优不行。古来多少有成就的文化人都是穷苦出身，怕苦，是出不来的。"接着，他结合自己从艺过程，说："我有个好条件——出身苦，又不怕苦。当年，我每每出去画画，一画就是一整天，带块干粮，再向老农要根大葱，就算一顿饭啦！"在父亲的教导下，李燕不怕风吹日晒，不畏跋山涉水，长期坚持野外写生。

在李苦禅的苦心教育下，李燕在画坛脱颖而出，也颇有造诣。

第四章
寻找正确的方法

因材施教寻妙法

状元成长有基根，素质全面能高分。
亲子沟通渠道畅，做人教育是灵魂。
从小培养好习惯，千金难买责任心。
兴趣远比知识贵，不靠压力靠内因。

　　成功都是有原因的。状元的成功秘诀能给我们很多的启示。研究发现状元成功的共同点在于，他们都很幸运，遇到了称职的父母，受到了良好的家庭教育。状元的家庭教育经验可分为六个方面，第一，做人教育是灵魂；第二，从小培养好习惯；第三，多给孩子以鼓励，培养其自信心；第四，把培养学习兴趣放在重要的位置；第五，不给孩子施加过多学习压力；第六，采用民主的家庭教育方式。家长们要在实践中寻找适合自己孩子的正确方法，走出家庭教育的误区，这样才能事半功倍。

培养状元的秘诀

中国科学院心理研究所王极盛教授的一项家教调查结果令人担忧——我国竟有2/3的家庭教育方式不当。而王教授最近披露的另一项调查结果——北京大学、清华大学的60余名文理高考状元的家教情况,则给人许多启示。那么,状元的家庭成长环境如何呢?

1. 父母的文化程度不高,但有人格力量

学会做人的教育是家庭教育的核心。孩子人格的好坏,直接受父母的影响很大,父母的人格力量是潜移默化地通过模仿、暗示和感染的机制而影响孩子的。60多名状元中许多人坦言,高考的成功来源于良好的家教带来的精神力量。

2. 只要你奋斗,你就行

信心教育能挖掘孩子的潜力。北京文科状元王璞的父亲说:"孩子如考试没考好,我不会责备她,而是与她一起分析问题,问题出在哪里? 进而鼓励她,别人能做到的,你也能做到!"

3. 走自己的路,别重复别人

创新教育是素质教育的灵魂。王教授认为,家长不要过度保护孩子,给孩子自己的空间,就体现了创新教育。王璞的父亲是这么做的:他从不在一道题上去具体指导什么,而是从大方向上去鼓励孩子,让王璞树立大学习观,课内、课外、社会活动等都是学习的范畴。因而王璞不仅学习成绩好,班长也当得好,还参加了学校的广播站活动,并编辑刊物。

4. 学习是一种乐趣

找到学习的乐趣是培养自觉性的关键。调查发现,这些状元都感觉学习是一件愉快的事,因而他们都有学习的自觉性。

5. 不仅不施压,而且还减压

具有良好的心态才能在考场上发挥出高水平。王教授问这些状元,高考前父母怎么对你们讲的? 回答大多数是:"以平常心态去考试,尽力而为即可。"状元们认为父母的这种态度使他们能轻装上阵,发挥出最佳水平。

6. 父母和孩子是朋友

状元的家庭都较民主,父母常与孩子讨论问题,以心交心,尊重孩子的选择,但也注意引导。河北文科状元孙铮说:"高二时我有机会到新加坡学习,当时我想去,但父母不赞成,我们就一起分析讨论。父母认为,出国学习适于理科,而我的发展方向是文科,后来我听取了父母的意见。最终顺利考上了北京大学经济学院。"

虽然我们的孩子不可能都能成为状元,但是状元的家庭成长环境、状元的父母对孩子教育所表现出来的智慧,对我们还是有很大启发的。无疑,状元的学习成绩都是顶尖的,他们取得了学业成绩的巨大成功。关键的是,我们要寻找孩子学习成绩背后的真正原因。有果必有因,有因必有果。我们对状元的成功要正确地归因。我们会发现这些家庭无一例外地都给孩子提供了一个"绿色"的家庭成长环境,这就是做人第一的环境,就是注重孩子情商培养的环境。

现在,有些家长则是把教育孩子的方向弄偏了,把学习成绩、考试分数放在了第一位,从小就让孩子上这样那样的辅导班,选择当地所谓的名校,认为这样就可以万事大吉了。种下一棵树,收获的却是一棵草,投入不少,却没有预期的收获。不按规律办事,肯定会滑到揠苗助长的歪道上去。

意志力比智力更重要

人生的旅途充满着艰难,要有作为,一定要不畏艰难。法国作家巴尔扎克说:"苦难对于一个天才是一块垫脚石,对于能干的人是一笔财富,而对于庸人却是一个万丈深渊。"日本有个才华横溢的人报考某公司,结果没有录取,他不能忍受失败,自杀了。不久,事情真相大白,原来是计算机统计失误。人们为他可惜,但公司总经理认为,也不可惜。因为,一个心灵如此脆弱的人即使到了公司,也难以有所作为。

有了恒心,还要有坚强的毅力。因为在通往成功的道路上,充满了无数困难、坎坷和曲折。没有顽强的毅力,就会半途而废。毅力是攀登理想高峰的手杖。很多人有美好的理想和为之奋斗的热忱,但他们缺乏毅力,开始是天天下网捕鱼,不久便三天打鱼两天晒网。他们想收获,却不能持之以恒地耕耘,他们总想一蹴而就,却忘记了成功的道路自古以来就崎岖而漫长。

有这样一个传说:一位仙女深居独处,凡人难得一见。一天,仙女听到一阵悦耳的敲门声,正想略等片刻再去开门,那声音很快归于沉寂。几天之后,又有人敲门,灰心的仙女懒得去开门了,那人却敲门不止。仙女终于被他的执

家庭是教育的主阵地

著所打动,第一次打开了门,那人终于见了仙女,得了道法。

教育名言

·即使是普通的孩子,只要教育得法,也会成为不平凡的人。——爱尔维修[法]

家庭是创造力培养的起点

孩子创新意识和创新能力的培养始于家庭。当今时代,是创造的时代,最需要创新人才。我国的教育方针把培养青少年儿童的创新精神和实践能力作为重要目标之一。那么,创新能力只是学校的责任吗?

创造力是人最重要和最有价值的一种能力。一个孩子将来有多大成就,关键就在于他的创新能力如何。前国家主席江泽民曾说过:创新是一个民族进步的灵魂,一个没有创新能力的民族,难以屹立于世界先进民族之林。实际上,一个缺乏创新精神和创新能力的孩子,将来是难以担当大任的。

大家公认,我们中国人很聪明,近十几年常常在国际中学生奥林匹克竞赛中几乎囊括所有金牌。但我们得到诺贝尔奖的人却很少。原因是我们中国人的智力结构中,创造力是个薄弱环节。在智力竞赛中,我们领先,在创造力竞赛中,我们却远远落后。眼下,教育界的有识之士越来越重视对学生创新能力的培养,这是十分可喜的。其实,作为家长,也应该重视对孩子创新能力的培养。因为家长是孩子的第一任老师,而且家长与孩子相处的时间最长、接触的生活面最广。所谓创新意识,通常表现为一种创新理念、创新思维、自主意识、变革态度等。孩子的创新意识又通常表现为异想天开或是独特的思维方式与行为特征,这些都是形成创造能力的重要基础。由于创新意识所表现出来的基础性、广泛性与个体性特征,决定了家庭对孩子创新意识的培养有着独特的、不可取代的重要作用。

历史证明,家庭对孩子创新意识和创新能力培养的重要程度,可以影响到一个民族的生存与发展。例如,犹太民族虽然经历了历史上最深重的苦难,但却创造了令世界赞叹的成就。犹太民族的人口仅占世界 0.15%,却为世界文明贡献了一大批杰出的天才,如马克思、达尔文、爱因斯坦等。在世界诺贝尔

奖获得者中,犹太人占 15.47%;在美国的诺贝尔奖获奖者中,犹太人占 28%。美籍犹太人赫伯特·布朗在回答为什么犹太人获诺贝尔奖比例这么高的问题时说,这完全得益于犹太人对孩子的良好教育,特别是家庭教育。他说,他的祖父和父母鼓励他自己提出问题,自己找出理由,然后引导他自己去思考为什么。

由此可见,家庭对孩子的自主意识、创新理念的培养,不仅对其一生的发展起着至关重要的作用,而且对民族、对社会的发展也起到了极其重要的推动作用。由于中国传统家庭教育观念的根深蒂固,家长对孩子的教育,经常是自觉或不自觉地压抑他们的创造才能,使原本独具创意的孩子,常常变得循规蹈矩、墨守成规,应变能力差。

在 21 世纪初期的重要时刻,家庭教育也面临着观念、内容和方法的历史性转换。作为家长应把培养孩子的创新意识作为现代家庭教育的重要使命,自觉地为培养他们的创新意识提供更广阔的教育空间,使他们的潜能得以充分的开发。那么,家长应怎样培养孩子的创新能力呢?具体可以从以下几方面着手。

一、营造宽松愉悦的家庭氛围

有利于孩子创新能力培养的家庭氛围,必须是宽松、愉悦、和谐的。孩子与其他家庭成员的关系应该是民主的、平等的、自由自在的,而不应该是紧张的、压抑的,甚至是恐怖的。就目前而言,孩子与其他家庭成员的关系有两种,一种是溺爱型,"小子说了算";一种是粗暴型,"老子说了算"。这两种家风都不利于孩子创新能力的培养。

在中国传统的家庭教育中,不少家长往往一味要求孩子听话,强制孩子接受家长的愿望、兴趣、思维和意志。孩子在家里要听家长的话,在幼儿园和学校要听老师的话,不许越雷池一步,动辄得咎。他们无需操心、思考和操作,一切都已经被大人安排好了。这样会泯灭孩子独立思维、创新的意识和自主自立的能力。处于一种民主平等、宽松自由的家庭氛围当中,孩子才能积极开动脑筋,从而形成创新意识和创新精神。

二、经常带领孩子接触新鲜事物

没有知识,对外界的事物一点儿也不了解、不熟悉,即使智商很高,也是不会有创新能力的。家长要根据孩子年龄的大小和生活环境,经常利用节假日带领孩子接触各种新鲜事物。认识事物越多,想象的基础就越宽广,就越有可能触发新的灵感,产生新的想法。那种只想把孩子关在家里,只想让孩子写

字、画画、背书的方法,只会把孩子培养成为书呆子,绝不可能培养成为有创新能力的人才。

三、家长应积极支持孩子的探究行为

由于孩子自身的特点,其探究行为通常带有明显的探奇性、兴趣性、想象性、尝试性等特点。例如,可以将一些废旧的物品和工具有意识地提供给孩子,以便其进行观察、分解与操作,从而满足其求知与探究的需要。此外,家长还可参与孩子的拆卸活动,共同探究,以鼓励他们的探究精神。

四、启发、鼓励孩子多角度思考问题

在日常家庭生活中,要经常引导孩子多角度看待事物和分析事物,逐渐养成换一条思路想想的好习惯。如:鱼有几种吃法?码头有多少种用途?方桌砍掉一个角还剩几个角?树上有十只鸟,打掉一只还剩几只?晚上过生日点着十支蜡烛,风吹灭了一支,第二天还剩几支?茶杯除了喝茶外,还能说出别的用途吗?其实,社会生活和家庭生活中的每一个事物,都可以作为启发孩子多角度思维的内容。多角度思考问题,实际上就是进行发散思维的训练。培养发散性思维是培养创新能力的前提。因此,家长要注意尽可能早地引导和培养。

五、有意识培养孩子的想象力

想象是创造之母,没有想象能力就没有创造能力。在日常生活中,家长应有意识地培养孩子的想象能力。训练的方法一般有:

1. 多给孩子提供一些富有幻想色彩的书籍,如童话、神话、寓言、科幻作品等。

2. 给孩子讲故事时,不妨讲到一半时,戛然而止,让孩子根据前面的故事情节续接故事。

3. 看文字画画,或看画说故事。

4. 鼓励孩子直接编创故事。

另外,父母还应该解放孩子的双手和大脑,允许孩子异想天开,鼓励标新立异、按照孩子自己的想法活动。

相关链接

四位博士的母亲

已退休的李振霞是中央党校的兼职教授,但人们更感兴趣的却是她作为四个博士的母亲这一身份。李振霞教授已经去过17个省市,都是被邀请传授家庭教育的经验,社会上也已经有一本书和一套影碟来专门介绍她和她的博士孩子们。

李教授的3个儿子,一个是美国麻省理工学院的博士,一个是英国剑桥大学的博士,一个是中国航空研究院的博士,而大女儿金莹则是美国约翰·霍浦金斯大学的博士后。

李教授多次强调:"老实说,我们并没有刻意要把孩子培养成名成家,我们只是用爱心、信心、恒心、苦心织了一张网,谁料到它竟给我网回了四个博士。"她还说:"没有教育不了的孩子,只有不会教育的父母;我并不刻意教育我的孩子一个个成为博士,我只是让孩子从小就明白要做一个对社会有用的人。我们给女儿取名叫'莹',希望她像萤火虫一样,能自己照亮自己就够了。"结果呢,金莹上学时书读得好,下乡时猪养得好,做医生时手术做得好,出国后又逐步成为霍浦金斯大学基因工程研究的骨干。

身教重于言教。李教授非常喜欢列宁夫人克鲁普斯卡娅的一句话:"家庭教育对父母来说,首先是自我教育。"在四个孩子眼里,父母嗜书如命、忘情工作,给他们留下了深刻印象,孩子和书是父母生活中的主角。孩子们成了博士,而他们的父母也因为本职工作干得非常出色,双双获得国务院特殊津贴。无言的行动有力地传达出做人和做学问的真谛。金莹说:"小时候,我们家很清贫,在物质上,父母给予我们的不丰厚,但他们给予了我们一个求学与做人的根本,那就是一颗健康的心灵。"

碰到孩子有错时,李教授的原则是:不在饭桌上说,不在客人面前说,不在心情不好时说,不在全家人面前说。这方法看似普通平凡,其中却包含着多少爱心、苦心和耐心。一位家长听了李教授的讲课后,深有感触:"多少家长舍得为孩子花钱,却舍不得花时间花心思跟孩子沟通,教孩子做人。"

教育名言

• 脑不是一个要被填满的容器,而是一把需被点燃的火把。——普罗塔格[希腊]

要求要具体，目标要适当

一、要求要具体

"要把字写端正、写好。"这句话老师不知说过多少遍了，可是学生直至小学快毕业了，还不能把字写端正、写好。原因是什么呢？其中有一个原因就是要求不具体。字什么叫端正？怎样叫好？老师没讲清楚、没讲具体。只说要写好，尽管说了几百几千遍，因为要求不具体、不清楚，效果几乎等于零。

比如写字，可以这样要求学生：(1)使用正确的握笔姿势和写字姿势；(2)用米字格书写，把字写在正中间；(3)掌握每一笔画的起落笔位置、走势；(4)要搞清字的笔顺笔画，如特别分清捺和长点的区别。

另外，要注重培养学生对汉字的鉴赏能力。字好看，好在什么地方？不好，又为什么不好？这实际上也是一种审美能力。

"双休日不能贪玩、看电视，要拿出点时间学习做作业。作业写完了，要好好复习复习。"这样的要求也不具体。

"双休日这两天，你早上按时起床，吃饭前背30—40分钟书。每天高效率学习5个小时（上午3小时，下午2小时）。每天记一篇日记，一页小楷。"这样的要求比较具体。

二、目标要适当

设置的目标，要能"跳一跳，摘到桃"。如果把球篮离地的高度提高至5米、10米，恐怕就没有人打篮球了。家长望子成龙心切，提出的目标往往过高，孩子认为反正达不到，便会放弃努力。这样不切合孩子实际的过高目标，还不如不提。

目标制定的原则："目标具体，符合实际。恰如其分，循序渐进。"教育上最需要讲实事求是、循序渐进。这次孩子考了班上第 n 名，下次考第 n－1 名就是进步。要求孩子定一个追击目标，就是名次比他靠前，他认为有把握超越的那位同学。当代教育改革家魏书生要求学生养成每天记日记的好习惯。学生

刚开始怕写日记,他就要求每天可以只写一句话,慢慢加至2句、3句话,100字、200字。学生兴趣上来了,自然会欲罢不能。一年多下来,多数学生养成了每天写一篇几百字、上千字的日记的好习惯。有一个学生初中三年写下了二十万字的日记!一篇日记就是一篇作文。

而我们的家长往往提些不切实际的、一厢情愿的目标和要求。孩子对这些达不到的目标和要求都麻木了,只好望"标"兴叹。如果一个孩子现在学习还比较差,我们硬要求他考全班第一或前三名,门门功课考满分考九十多分,这现实吗?

经常批评会挫伤孩子自信心。我们生活在一个竞争性很强的时代。无论在幼儿园或在公园里的小沙堆上,孩子们都可轻易地感觉到竞争的存在。在一个竞争性很强的环境中生存的人,会不断地体验到两件事:成功和失败。许多孩子竞争力发挥不好的原因常常能够追寻到父母的身上。因为他们给孩子的标准和要求设得太高,如每次作业必须得优,每次考试必须得100分(或90分以上),课余还得学钢琴、绘画、外语,不许打球,不许看电视,不许看课外书,把孩子压得透不过气来。浙江高中学生徐力杀母事件,就是个因压力过大而走向极端的例子。经常地批评、责怪孩子,认为孩子这也不行,那也不行,这样容易使孩子的自信心受到损伤;要求过高,压力过大,孩子会承受不住,甚至会导致思想崩溃。

动物学校的考试

有一个关于动物的故事对我们很有启发。动物们办了一所学校,开设了跑步、游泳、飞行、爬树、跳远和挖洞等课程,并按同样的方法教它们,用同样的标准考试它们。

兔子是跑步、跳远的高手,但在一次游泳课上差点被淹死;老鹰是飞行高手,但是挖洞课上显得笨手笨脚,被老师罚站;猪擅长拱土,但是学不会飞行和爬树。诸如此类的事情,也发生在其他动物身上。动物们都有自己的优点和长项,而动物学校却用同样的方法和标准去对待它们。如果我们无视孩子的优势潜能,不能因材施教,不能利用他们的天赋激发他们的学习兴趣,那么孩子就不会有兴趣,就谈不上有什么学习效率。

愉快地学习才能事半功倍

脑科学研究证明,情绪大门与记忆大门相联通。学习是一种高级的神经活动,学习效率与学习者的情绪关系极大。兴趣盎然地、积极地、愉快地学习,与被迫地、强制地、消极地学习效果截然不同。记忆力、理解力都由中枢神经支配,而中枢神经则是由情绪调动的。换句话说,人脑中情绪大门是与理解、记忆的大门相联通的。当人的情绪不好、情绪大门关闭时,理解、记忆的大门将也关闭起来。这就是情绪影响学习效率的科学根据。高昂的情绪会使中枢神经兴奋起来,从而使学习事半功倍。因此,为孩子创造一个良好的学习环境,尽量减少干扰因素,千方百计地使孩子保持愉快、高昂的学习情绪,是家长的重要责任。

情绪好,才能学习好。大量的科学研究证明,愉快积极的情绪,对学习效果具有神奇的作用。教育要成功,必须使孩子在愉快、主动的心理条件下接受知识与道德观念。所以,有人指出,有些学识必须苦心钻研,而另一些学识则可以在轻松心情下习得。一味严肃死板的教学方法,经常把学生弄得紧紧张张的,会破坏儿童的情绪。一味板着面孔训学生会局限孩子们对知识的吸收能力,使学生产生紧张心理,甚至失去信心。要问你的孩子学习效率高不高,可首先看看他的情绪好不好,愉快不愉快。如果你的孩子经常精神紧张,情绪低沉,极不愉快地在学习,那他肯定不会学习好。

愉快气氛,能使学习效率大大提高。据称,保加利亚心理治疗医生、心理学博士洛扎诺夫,是"超级记忆法"的创始人,这位天才的科学家一直就认为,人类的学习和记忆力是无限的。他用一种充满愉快气氛的教学法,可以把记忆的效率提高10倍,教学时,学生进行游戏、唱歌、听音乐、扮演各种角色、对话和表演等。这种方法,大大地提高了学生的学习效率。如2000个英文基本词汇,通过72个课时就可以轻松掌握。

理论与实践都证明:重视多次的学习虽然必要,但机械、被动、令人厌烦的死记硬背,永远事倍功半。顽强的学习精神固然可贵,但已到疲劳极限、昏昏欲睡时,还硬撑着继续坚持,无疑是自欺欺人。

相关链接

什么是洛扎诺夫的暗示教学法？

"暗示教学法"就是运用暗示手段激发个人心理潜力，提高学习效率的一种教学理论和方法。其创始人为保加利亚心理治疗医生及教育家洛扎诺夫。虽然说暗示教学法是针对学生进行教育的法则，但对家庭子女教育与智力开发同样奏效，尤其是对幼儿外语的学习效果更佳。20世纪50年代中期他曾用暗示疗法使一名疲劳沮丧、记忆力衰退的病人恢复并提高了记忆力。后经9年实验研究，证实"暗示超常记忆力"的存在，从而建立这种理论。

洛扎诺夫认为学习者的理智和情感、分析和综合、有意识和无意识均不可分割，当它们处在最和谐状态时，是人活动最有效的时刻。因而主张教学要从这些因素相统一的角度加以组织。我们知道，对幼儿的教育主要是兴趣培养，然后顺着兴趣加以引导。没有兴趣仅凭对他们讲道理是没有用的。需要靠潜移默化来影响和引导他们，使其无意识地进行学习，以致掌握学习的内容，达到有意识的反应。这就是洛扎诺夫暗示教学法的教育理念。

人脑接受信息的方式可分为有意识和无意识，有意识接收是人脑对事物的刺激有知觉地接收，无意识接收是人脑对周边事物的刺激不知不觉地接收。有意识的心理活动比较容易理解。比如，有意识地去看、去听、去注意、去思考与想象，这是人们学习和生活中无时无刻不存在的心理活动。无意识又叫"下意识"或"潜意识"，是指人类对自身或外在环境变化尚无知觉的现象。无意识心理活动，一般是在精神放松、情绪安宁的状态中进行的。如一个不识歌词、不懂曲调的儿童，通过一次又一次地听唱，终于记住了一首歌的唱法。这个儿童听唱的过程，是无意识心理活动的过程。从不会唱到会唱，他开始没有"我要学唱"的意识，但他会了之后再唱那首歌，就属于有意识心理活动了。开始他的意识全在娱乐上，并没有在记忆上下工夫。然而，这种放松的精神状态，使他对歌曲产生了记忆。所以，无意识心理活动是在人们没有准备记忆的状态下发掘的记忆潜能。这种无心理准备记忆，却受环境的影响不知不觉产生了记忆的心理活动，叫无意识记忆。我们可以利用无意识记忆来达到学习事物、认识事物的目的。

家庭是教育的主阵地

会爱孩子,还要教育孩子会爱别人

《红楼梦》里有一首《好了歌》:"世人都晓神仙好,唯有儿孙忘不了。痴情父母古来多,孝顺儿孙谁见了?"父母爱孩子是天生的、自发的。而孩子爱父母之情却不会因血缘关系而天生具有,需要启发诱导,需要培养训练。你千万不要以为,你只要爱孩子,对他好,他将来长大了就一定会对你尊敬、孝顺。现在人们遇到不肖子孙,往往会说世道变了。其实,说世道变了,还不如说是家风变了。孩子不尊敬、不孝顺父母,应多从父母自身的教育方法上找原因。

众所周知,中国父母为孩子付出之多,是世界上其他国家所不可比的。但是中国的父母们在自己的孩子心目中的地位如何呢?

据报载,一位儿童教育专家对美国、日本和中国的初中学生作过一个调查,题目是"依次写出你最尊敬的 10 个人"。答案显示:在大部分美国孩子心目中,排名第一位或第二位的是自己的父亲或母亲;日本孩子最尊敬的前几位是大科学家、大作家等,在第三、四位后,出现了父亲的名字,再后面是母亲;而中国孩子所尊敬的前几位,大都是歌星、球星、富豪、总经理等,后面是工程师、专家、老师等,一直到第十位,也未见有父母的名字。

这不能不说是中国父母的悲哀。现在孩子不知孝敬父母的现象很严重。许多父母不仅承担着把孩子养大成人的责任,甚至结婚生子,老人还要一包到底。可是到头来却不为孩子所尊敬。为什么?这难道不值得我们深思吗?

作为父母,要教育孩子从小就学会爱别人。一位美国专家认为,对孩子施以较高层次的关怀与帮助,平等基础上的交流与协商,理智指导下的关爱和亲情,才能赢得孩子的尊敬和爱戴。看看我们做到了多少,就可以知道孩子对你有几分敬爱。

我们中国的父母非常爱孩子,为孩子付出的很多。但是在教育中,我们却很少教育孩子怎样去爱别人,包括怎样爱自己的父母。家庭成员之间的爱,不能只是单方面的付出,而应当是相互的。父母在爱孩子的同时,也要从小培养孩子对父母的关爱。孩子首先应该爱自己的爸爸、妈妈,长大了才能随着其接触范围的扩大,去爱老师、爱同学、爱朋友、爱社会。进而热爱自然,热爱生活,做一个充满热情、积极而幸福的人。而这样的性格是长大成人以后,组织美满家庭与事业成功的基础。

孩子的爱心需要家长细心培养。要让孩子从小知道怎样表达爱意。在西方国家,孩子们得到父母的恩惠时,会十分自然而亲昵地对自己的父母说"我爱你"。中国人不大习惯这么说,但也可以用我们习惯的方式,表达应有的爱意。比如说,"妈妈你真好","妈妈你辛苦了","爸爸你也多吃点",或者"奶奶您也别太累了"。当得到别人的帮助时,要真诚地道一声"谢谢"。如果父母一味慷慨给予,溺爱孩子,而不要求和不培养孩子对其他人的爱,这样久而久之,就会关闭孩子心中爱的源泉,扼杀美好爱意在孩子心中的成长。

爱心的培养要从小事抓起。如:让幼儿向去上班的妈妈招手表示再见;稍大时让他给下班的父亲拿双鞋、拿只小板凳;给爸爸、妈妈捶捶背、端饭、端茶;上学后叫他抽空提盒点心去看看奶奶;居住近时,让孩子把做好的饺子给奶奶送去。这些都是很好的爱心教育。让孩子根据其年龄做一些力所能及的家务事,给孩子向家人表示献爱心的机会,意在提醒孩子自己也对这个家庭有义务。孩子的爱心需要发掘。孩子尚不懂事时,父亲给一个苹果,妈妈让他分给奶奶一半;有意给孩子几块糖果,让孩子给每个家人分一块;吃西瓜时,父亲叫孩子把最大的一块送给母亲;爸爸下班回来了,妈妈让孩子倒上一杯水,说声爸爸辛苦了,坐下歇歇……通过日常小事,让孩子逐渐懂得爱是相互的,自己也应该这样对待别人。在家庭里,家庭成员之间互相关爱、温暖友善,对孩子都将是一种无声的教育。爱心的表示要持之以恒地培养,从而渐渐养成习惯,由习惯而成为一个人内在的稳定的性格。

教育名言

- 在没有明智的家庭教育的地方,父母对孩子的爱只能使孩子变成畸形发展。这种变态的爱有许多种,其中主要的有:1. 娇纵的爱;2. 专横的爱;3. 赎买式的爱。——苏霍姆林斯基[苏联]

家庭是教育的主阵地

要求孩子做到"三要三不要"

我们不要把教育的外延给缩小了，不要把教育等同于教学，不要把教育等同于教知识、学文化。教育最主要的内容是做人教育，其重点是情商的培养。现在不少孩子学习成绩不好，原因不在智商而在情商。在家庭教育中，父母应教育孩子做到"三要三不要"。

1. 要勤奋诚实，不要耍小聪明。现在，社会上尽管有许多不诚信的现象，甚至出现了所谓的诚信危机。这是不良的社会环境，对孩子的健康成长不利。父母应该格外小心，防止孩子被这些不健康的东西所污染。家长在教育孩子诚实方面，要注意两点：一是转变观念，认识到诚实是做人的基本品质，诚实的人终究是不会吃亏的，要教育孩子诚实做人；二是为孩子树立一个诚实做人的好榜样。不客气讲，孩子身上的许多毛病都是后天学来的。还是那句话，要想让孩子成为什么样的人，父母自己首先就要做这样的人。

还要让孩子知道，勤奋是成功的不二法门，天道酬勤，一分耕耘，一分收获。现在许多孩子学习不好，普遍存在两个原因，一是不勤奋，二是耍小聪明。要教育孩子，学习和做人是一样的道理，不能抱有投机取巧心理。最好经常喊响这样的口号："不要小聪明，要用大智慧。"所谓小聪明，就是把聪明没用到正确的地方，只想投机取巧，不愿付出就想取得成功，我们周围聪明反被聪明误的例子太多了。所谓大智慧，就是抓紧每一天，不让自己的生命虚度，实实在在做人，最后肯定拥有大智慧。

2. 要改变自己，不要埋怨环境。有的人失败就失败在好埋怨上。学生埋怨学校不好、老师不好、校风不好，总是不反思自己的问题。父母要教育孩子，环境是客观的，短期内是无法改变的。譬如中国目前的高考制度，就是大环境，我们只能适应它，而不能让环境来适应我们。不仅是孩子，现在也有不少家长也好埋怨，而且把这种好埋怨环境的思维方式和习惯潜移默化地传染给孩子。孩子好埋怨环境的思维，完全是后天学来的，而父母就是他最好的"学习榜样"。有人说，孩子是父母的影子，这话一点也不假。对于一个人来说，除了他自己以外，其他任何人和物都是他的"环境"，父母、学校、同学、老师、天气等都是他的环境。埋怨别人就是埋怨环境。许多家长总是埋怨孩子这不好那不好，就是不反思检讨自己的教育方法，不注意改变自己。

埋怨环境是一种很不好的思维方式和思维习惯，一定要教育孩子从小就摒弃它。改变自己，不埋怨环境，是一个人十分重要的素质，家长要重视对孩子进行这方面的教育，让孩子从小就养成不埋怨环境的思维习惯和行为习惯。特别是要身体力行地做给孩子看，给孩子做示范。清代书画大师郑板桥有句名言："流自己的汗，吃自己的饭，自己的事情自己干，靠天靠地靠祖上，不算是好汉。"这句名言说明一个道理：做人成功重在自己，人要不断反思自己、鞭策自己、历练自己，坚守自己的责任使命，追求自己的价值理想，不能逃脱责任，把问题推到别人身上。

3. 要全面发展，不要片面发展。我常给家长朋友们讲两个问题，一是好成绩是怎么得来的？二是仅有好成绩行不行？我引导家长朋友们深入分析好成绩背后的真正原因。抓孩子学习成绩没错，关键是怎样去抓。最后得出的结论是：学习是个综合因素起作用的过程，只有孩子的全面素质提高了，学习才能真正好起来；只有全面发展，才算真正的发展；如果不抓全面素质，即使学习成绩抓上去了，也难以长久，这样的高分是"泡沫分数"，将来很有可能会化为虚有的。而且，一个人若没有好的品德，即使他考出了好成绩，考上了好大学又能怎么样呢？家长朋友们一定要致力于培养孩子德、智、体、美的全面发展，绝不能单抓智商，单抓学习成绩。

我们现在常讲素质教育，其实素质教育不是一句空话，也不是一句官话。素质教育的主阵地在家庭，特别应该在家庭教育中贯彻素质教育的理念。在家庭教育里抓好"三要三不要"就是家庭实施素质教育的具体行动。

相关链接

谁是最优秀的？

在美国盐湖城冬奥会期间，中国代表团到当地的一家小学参观，代表团团长送给小学生们一对玩具小熊猫，分别系着蓝领带和红领带。团长对校长和小学生们说："一只送给最优秀的男孩子，一只送给最优秀的女孩子！"

但这给校长出了个难题，因为校长不知道用什么标准来判断谁是最优秀的男孩，谁是最优秀的女孩。因为他们中有数学最好的，有棒球最好的，有最爱讲笑话的，还有义工服务时间最长的。最后校长把这两只熊猫放在学校的展览室里，领带上分别写着：送给最优秀的男孩子们，送给最优秀的女孩子们。

在学校里，"最聪明的＋最健康的＋最幽默的＋最有爱心的＝最优秀的"；

在办公室里,"最有能力的+最具鼓舞性的+最具亲和力的+最有统筹精神的=最优秀的",那么,你准备在哪个方面使自己更具竞争力?

你不是最优秀的,但你的团体却可能是最优秀的。

教育名言

• 许多人的生命之所以伟大,都来自他们所承受的苦难。最好的才干往往是从烈火中冶炼的,都是从坚石上磨练出来的。——斯潘琴[美]

吃苦是进补,磨难是资本

好多家长说:我们小时候吃够了苦,那时候条件太差了,我们也没有办法。现在条件好了,再也不能让孩子吃苦了。"可怜天下父母心",这种心情可以理解。但是对于吃苦,我们也要辩证地看。

俗话说"常吃糖,糖也不甜;不吃苦,不苦也苦"。苦难,并不一定是坏事。没有经过苦难的人生,不是完整的人生。要知道,享乐惯了的孩子,决不会是那些出身贫贱孩子的对手。卡耐基说:"苦难和障碍不是我们的仇人,而是我们的恩人。苦难和障碍就像凿子和锤子,能把生命雕琢得更加美丽动人。"

现在,有一种提法,叫做"磨难教育"、"挫折教育",就是提倡人为地为孩子创造一些苦难的情境,要他们经受磨难。"自古雄才多磨难,纨绔子弟少伟男。"英国的贵族学校,让学生自己种菜、洗衣服,还专门为学生准备了水井,让学生自己动手打水;美国、日本等发达国家的父母,比较注意培养孩子的自立能力、吃苦精神,对我们都是很有益的启发。

人往往越是在艰难困苦、穷困潦倒的环境下,越能磨炼出顽强的意志,激发出无穷的斗志。司马迁在遭受酷刑、身心受到重创之下,完成了堪称"无韵之《离骚》"的《史记》。司马迁对磨难出英才有着更深的认识,他说:"盖西伯拘而演《周易》;仲尼厄而作《春秋》;屈原放逐,乃赋《离骚》;左丘失明,厥有《国语》;孙子膑脚,《兵法》修列;不韦迁蜀,世传《吕览》;韩非囚秦,《说难》、《孤愤》;《诗》三百篇,大抵贤圣发愤之所为作也。"不仅中国的圣贤是这样,外国的名人也是如此,《鲁滨逊漂流记》、《堂吉诃德》等都是在监狱中写成的;贝多芬在他双耳失聪、穷困潦倒之时,创作了他最伟大的乐章;奥斯特洛夫斯基在他

双目失明、多种病魔缠身条件下,写成了不朽名著《钢铁是怎样炼成的》。

现在孩子缺的是什么?是吃、是穿、是钱?都不是。他们最缺乏的就是吃苦精神。所以,现在孩子吃点苦不算什么,甚至我们应该给他们创造些吃苦的条件。这不是狠心,而是良苦用心。要知道温室里的花草经不起大自然的洗礼。

有些父母对孩子是只管花钱式的爱,不会教育、不严格要求自己的孩子,千方百计地满足孩子的要求。如给孩子零花钱不加限制,就易养成孩子乱花钱的习惯。有人提出口号:"再穷不穷教育,再富不富孩子。"俗话说"天将予之,必先苦之"。家长怕孩子吃苦,千方百计呵护、溺爱,"虽曰爱之,实为害之"。《状元与乞丐》这部戏讲了两个人的不同故事。一个人在蜜罐中长大,不知什么叫吃苦,被算命的判为状元,后来变成了乞丐。而另一个被算命的判为乞丐,吃苦受难,最后则苦尽甘来成了状元。所以说,"宝剑锋从磨砺出,梅花香自苦寒来"。自古有"成人不自在,自在不成人"的古训。国外许多人,临终前把大量遗产捐献给福利事业,而不留给子女,除了道德层面外,还有一个重要的原因就是怕子女挥霍财产、坐吃山空,毁了他们的一生。

作者感悟

磨难是资本,
吃苦是进补。
常吃糖,糖也不甜;
不吃苦,不苦也苦。
生活上越是优越,
反而越没勇气和斗志。
物质条件是双刃剑,
这面越甜,那面就越苦。
生活条件越好,
他就会感觉学习越苦。
圣贤由来出寒门,
自古雄才多磨难。
一休从小离家修行,
朱元璋要了八年饭。
司马迁牢中写《史记》,
朱熹三年不窥园。

家庭是教育的主阵地

相关链接

没有负担，就不能腾飞

波斯国有一个童话：小鸟本来是没有翅膀的，它们能唱歌，有好看的羽毛，但不能飞，只是在地上蹦蹦跳跳而已。

有一天，神将一切动物召到宝座前，对它们说："我现在有工作分给你们，不知谁肯为我负一点担子？"

狮子心里想，我的身体那么笨重，怎能再负担呢？它悄悄地溜走了。

小兔推辞说："我太小，心有余而力不足。"于是也跳开了。

牛、马、骆驼都找到自己的借口，推却了……最后，只剩下一群小鸟，它们异口同声地说："我们虽小，不能承受更重的担子，但我们愿意尽自己的力量承担一点。"

于是神将两片翅状物放在小鸟背上。初放上去，小鸟觉得很沉重，可是它们都拼命承担，并放声歌唱。说来奇怪，就在这时，小鸟的重担开始变轻、变轻、再变轻，最后居然把它们带上天空，这就是翅膀来历的传说。

教育名言

- 美丽的情绪之花，才能结出丰硕的智慧之果。——爱因斯坦[美]
- 一种健全的心态，比一百种智慧更重要。——狄更斯[英]

上校外辅导班的得与失

许多家长为了让孩子有一个好的学习成绩，为孩子报名参加各种各样的课外补习班和辅导班。每逢周末和节假日，特别是寒暑假，补习班的学生都非常多，家长似乎都很乐意这样去做。

应该肯定的是，校外辅导机构顺应了时代的需求，也顺应了家长的需求，所以它的好处是不言而喻的。虽然学校按照教育部的要求，尽可能把更多的空闲时间还给学生，但中招考试和高考的压力依然存在。分数才是硬道理。现在，按规定学生的在校时间应该要比原来短得多。而实际上，学生的负担并没有得到减少,反而因为进了各种补习班显得更加沉重了。家长们都不想让孩子在激烈的竞争中落后,认为孩子上补习班能够完成在学校无法完成的那一部分学业。因此,校外辅导班成为了大多数家长的必然选择。在此,我想给大家提三点建议。

第一,戒多。适当补课有好处。所谓减负,就是给学生更多的课余时间,保持他的学习兴趣,培养他自主学习的能力。如果给学生补得过多的话,那就侵占了孩子的自主学习时间,把孩子消化吸收知识的空间挤掉了,因此是得不偿失的。

第二,戒反。学校教育是正餐。有些孩子和家长过于迷信课外辅导,把一切期望都压在课外辅导班上,淡化了学校教育,这绝对是得不偿失的。因为,孩子可能会有这种错觉,在学校我学不好没关系,反正还要参加校外补习班。于是就可能放松了在校的学习。实际上,学校是学生获取知识最重要的渠道,好比是正餐或者是大餐。校外补习班是学校教育的一种补充或是延伸。这有一个合理的限度,千万不能弄反了。重视校外辅导甚于学校教育,这种想法绝对是不明智的。

第三,戒乱。选择辅导机构要慎重。事实上,目前的有偿教育市场非常混乱。很多辅导机构并没有合法的执照,而且表现出不加掩饰的急功近利。聘请的老师多为在校大学生,很多并不具备教师从业资格。因此,当我们选择家教或辅导机构时,一定要慎重,不能有病乱投医。

现实生活当中,很多家长曾经说,你给我找一个数学老师,找一个英语老师,你给我孩子补补课。很少有人说,你给我找一个教育专家,给我的孩子做做心理辅导,给我的孩子讲讲理想和追求,讲讲如何培养好习惯。实际上,很多家长都忽略了这一点,或者对此一无所知。孩子的发展,理应是德、智、体、美全面发展,任何偏颇都对成长有不利影响。家长寻求校外教育的初衷无可厚非,但一定要顾及学生的各个方面,比如道德、情感、价值观、态度、习惯和思维方法,甚至还有社会责任感等各个方面,这些都是孩子学习好的根基。只有当他的根基扎实了,他的学习成绩才可能冒尖儿,才能适应现在的应试需要。

我们家长应该重视的是,需要给孩子补些什么?有些学习不好的学生,知识差是表面现象。我们一定要补他的"最短板"——态度、习惯、方法、责任心。而不少的有偿家教,补的只是知识和学习方法,没有补到点子上,所以难以收到理想的效果。真正想把孩子的成绩补上去,关键的责任在家长。很简单,孩子学习成绩不好,关键是差了非智力因素上。而家庭、父母却负有培养孩子情商、非智力因素的绝对的、不可替代的责任。说到底,学习不好的孩子,都是

应试教育的牺牲品。

如何开发右脑

人的大脑是由左右两个半球体组成的,两个半球的功能并不相同。左脑主要用于逻辑思维,如推理、分析、数学、语言等。右脑主要用于形象思维,如图案识别、视觉形象、空间思维、想象力、创造力、音乐欣赏等。

人的左脑指挥身体右半部的活动,右脑指挥身体左半部的活动。这是古埃及人最早得出的结论。因为他们发现,当大脑的一边受了伤,另一边身体的运动就会受到影响。大多数人习惯用右手,只有少数人习惯用左手,这就是左右脑的职责不对称造成的。

大多数人经常使用右手,他的左脑的功能相对比较发达。如果你的孩子是"左撇子",请不要纠正他,这正好有利于右脑的发展。请看惯用左手的伟大艺术家达·芬奇吧,他绘制了空前绝后的完美肖像《蒙娜丽莎》、久负盛名的壁画《最后的晚餐》、被誉为世界第八奇迹的骑士像《斯福查像》。他不仅是一个天才的画家,还是一个通才。他的知识领域包罗万象,令与他同时代的人们瞠目仰视,惊叹不已。一颗小小的脑袋怎么装得下如此多的知识和智慧呢?他非凡的才能与他左右脑并用是有很大关系的。

一些脑科学研究专家曾意味深长地说:"人类迄今为止,只使用了一半的大脑进行活动,如果使用两个半球的精神力量,那就能完成惊人的工作。"有些学者研究指出,人的大脑还有相当大的一部分未曾使用。据科学家估算,人脑未加使用的部分竟达90%以上。如何把大脑的潜力变成能力是至关重要的。多用左手发挥右脑的优势,是挖掘大脑潜力的一种重要途径。相关研究指出,为了挖掘右脑的潜能,必须加强左半身的运动。习惯于用右手的人,要经常用左手来书写、干活和工作。英国的教育家发现,手的发展与记忆相联系,同时使用两手可以使记忆显著地、永久地得到加强。

如何开发右脑,同时使用大脑的两个半球呢?国外学者提出了做"单侧体操"的方法,就是让左半身的手臂、腿脚灵活地运动,从而促进右脑的发展。左侧活动有以下内容:

· 有意识地用左手做事。如用左手洗脸、刷牙、拿筷子、扫地、擦桌子、洗碗、捡东西等。

·练习用左手剪纸、写字、画画等。先从简单的做起,比如画画,可以从画线开始,逐渐过渡到植物、动物和简单的人物画等。

·左腿活动。可用左腿进行踢、跳等运动。如儿童可用左腿跳绳、跳皮筋、踢球等。

·左手体育活动。可用左手打乒乓球、羽毛球、排球、网球、掷飞碟、投沙包等。

用左手做事对于一个惯用右手的人来说,确实是一件相当困难的事,但这也很有趣。当你读书写字累了的时候,不妨将未完成的工作交给左手代劳。只要坚持下去,一定会收到意想不到的效果。

很多人都以为既然右脑可在后天开发,那等小孩子大点再发展也无所谓,其实右脑开发最佳阶段是在0～3岁。对于右脑开发来说,年龄越小的婴儿越具有极强的学习能力,因此右脑的开发越早越好。随着年龄的增长,若不及时刺激大脑,使其加快发育,孩子与生俱来的智力潜能将逐渐消退。而从专注力来看,婴儿越小专注力越强,这也是为什么要从婴幼儿开始就训练右脑的原因。下面再介绍一些开发孩子右脑的方法:

·益智玩具

益智玩具是开发右脑的最佳工具之一。家长可以用拼插、组装、游戏等活动形式,通过儿童自己识图,按照图示来组装玩具、搭建模型,这是一种趣味性很强的活动,同时也是启发孩子创造性思维的一种形式。

·以图代话

对孩子讲解问题时,要多利用图形来讲述。如利用一个大圆圈和一个小圆圈来讲述谁大谁小;给孩子讲"2+3=5"的数学题时,可以画上两个"○",再画上三个"○"的符号,再进行计算,这些都是开发右脑的好办法。

·下棋锻炼

下棋是锻炼右脑的好办法。在跟孩子下围棋或象棋时,家长教授的侧重点不是思谋招数,而是要孩子记住棋盘上那星罗棋布、犬牙交错的形状和态势。锻炼孩子努力记住棋盘上厮杀的局面,这对于孩子的右脑将产生很好的刺激。

·想象游戏

父母可以和宝宝玩一个想象的游戏。让宝宝面对一面没有过多视觉刺激的墙,妈妈手里拿着图画卡片或积木等,从宝宝的左耳后方进入他的左眼视野,问孩子:"你看这个像什么呀?"让他用自己丰富的想象来回答妈妈的问题。

· 绘画想象法

绘画也是开发右脑的一种综合训练,有助于提高儿童的观察能力。孩子在学习将周围事物表现在纸上的过程中,能激活右脑细胞。右脑对曲线的感受更明显,如妈妈在纸上画一顶圆圆的帽子,让孩子用笔描画部分曲线,看看这一条线是帽子的哪一部分。妈妈也可以画一段曲线,告诉孩子这是帽顶,让他继续画出帽檐。

相关链接

在富有激励因素的环境中,人脑会变得更好

世界著名脑科学专家黛尔蒙德教授认为,人脑具有巨大的潜能,需要我们去研究开发。目前,人们对大脑开发的部分还远未达到应开发的10%。她说,事实上,人脑可以在从人出生到生命终结的任一年龄阶段发生改变。在富有刺激和激励因素的环境中,人脑会变得更好。如果大脑接受不到刺激,人脑就会向相反方向发展。人和动物的最大区别之一就是,人需要交流,交流就是一种刺激、一种学习。没有交流,人脑就不会成熟和发展。如果把一个小孩长期置于一个封闭的、受不到刺激的环境里,仅供应他吃喝,那么他的脑机能就会萎缩。

人的交流有多种形式,比如语言、游戏、唱歌、绘画、舞蹈、节奏和情感等。孩子涉及这方面的活动都是学习,甚至是更重要的学习。而且,孩子越小,这种交流对他越重要。因此,婴幼儿乃至童年时期的游戏、玩耍就是孩子的必修课,是创造力发展的重要途径。

教育名言

· 你的大脑就像一个沉睡的巨人。——托尼·布赞[英]

· 世界上最不同寻常的未开垦疆域,是我们两耳之间的空间。——比尔·奥伯莱恩[美]

用皮鞭还是用奖励

　　家长朋友们,你们都曾见过马戏团的驯兽员是怎样训练动物的吧?当他们教动物表演动作时,手里拿着什么呢?是皮鞭吗?不!他们手里拿着的是食物,不断给动物以食物的奖赏。如果他们只用鞭子是不能解决问题的。

　　相传阿拉伯的好骑师驯服烈马时,用的不是鞭子,而是爱抚。在学习方面,一只有良好行为而受到奖励的动物,要比因为行为不良就受到惩罚的动物学得更快、学得更多。进一步研究表明,人类也有着这样的情形。我们用批评的方法并不能让人产生永久的改变,反而常常会引起愤恨。

　　我们人类在教育孩子方面,确实需要向驯兽员学习。那些海豚、海狮、小猫、小狗能做那么多滑稽可笑的动作,靠的不是皮鞭,而是食物!用食物对它们进行奖赏和鼓励。而我们人类在教育孩子方面,所缺少的正是奖赏和鼓励。我们采取的是相反的方法——批评、打骂、体罚。我们采取的是"好事不吭声、坏事训一通"的方式。人们都说,父母对孩子们是最无私的,其实,中国的大多数家长,在鼓励方面对自己的孩子是非常小气吝啬的,就是不舍得给孩子赞赏、表扬和鼓励!现在的孩子不缺吃不缺用,而你却在这些方面无微不至地关怀他;他们最缺乏的东西——赞赏、表扬和鼓励你却不舍得给他!需要花钱的东西,你很大方,而不需要花钱的东西,你却舍不得。卡耐基曾说:"我常纳闷:为什么我们不用训练狗的常识来改变别人?为什么不用肉片来取代皮鞭?为什么不以赞赏代替责备?即使是再不起眼的改进,我们也应赞美,这样才能激励对方继续改进。"

　　我们常说动物记吃不记打,那么,现在我们可以说孩子是记表扬不记批评的。俗话说:"好孩子是哄出来的。"这里的哄就是赞赏、表扬和鼓励。

　　对差生批评为什么不管用呢?因为他听惯了批评,产生了"抗药性"。他就会把批评当成耳旁风,甚至产生逆反心理,和你对着干!

　　赞赏、表扬和鼓励为什么管用呢?赞赏、表扬和鼓励能使学生感到你在肯定他、尊重他和信任他,使他感到自尊和愉悦。这样他就乐意地按照你的建议和要求去做,主动努力地去克服不足,在好的方面会好上加好,以期待再次得到你的赞赏。实践证明"人类的天性需要爱,也需要尊重。人人都有一种内在

家庭是教育的主阵地

的价值感、重要感和尊严感。伤害了它,就永远地失去了那个人。所以当你爱一个人、尊敬一个人时,你也建造了他,而且他也同样地爱你、尊敬你"(诺曼·文生·皮尔博士)。卡耐基说:"能力会在批评下萎缩,而在鼓励下绽放花朵。""赞美最细小的进步,而且是赞扬每一次的进步。要诚恳地、认同地和慷慨地赞美。"

影响孩子成长的因素,主要在于给他提供的环境和对他实施的教育。要学会鼓励和赞赏孩子。现在的孩子缺少的不是批评,而是鼓励和赞赏。鼓励就是孩子成长的阳光雨露,就是孩子成长的精神食粮!

专家为您支几招:

1. 每天至少要赞赏、鼓励一次自己的孩子。

2. 每周在亲戚朋友和邻居面前夸奖和赞赏孩子二到三次。

3. 当孩子有过错时,要心平气和地讲道理,尽量少用批评。

4. 鼓励要经常、赞赏要真诚、批评要诚恳。不要紧接着说"但是"。

5. 任何情况下都不要丧失教育好孩子的信心。要让孩子知道,父母相信他会成材、有出息、会越来越好。

6. 要隐蔽教育意图,不能让孩子看出你是在演戏。

怎样与孩子交流

没有交流就没有教育。不少家长反映说孩子不愿和自己交流,不了解与孩子交流的方法。下面介绍几种方法,供大家参考。

1. 父母与孩子的交流应从幼年开始

有很多父母不善于和幼儿期的孩子交流。如果在孩子还小的时候,我们就有意识地与孩子形成一种和谐交流的关系,那么即使孩子年龄不断增长,这种沟通的渠道也会一直畅通。如果由于某种原因孩子从小没有和父母相处,或者没有形成那种经常交流的习惯,那么今后这扇交流的大门可能永远关闭。与孩子的交流应从幼年开始。父母向孩子敞露内心,表现了对孩子的尊重与信赖,能加强与子女的情感联系。

2. 家长要以平等的态度、平和的语气和孩子交流

孩子虽然小,他也有自尊心。只有尊重他,以平等、平和的态度对待他,他

心灵的大门才会敞开。孩子虽然小,但他也有他的人格、个性,需要尊重。因为,渴望被尊重是人类的天性。我们不要以为孩子是一块很软的橡皮泥,任我们去捏。如果成人粗暴专横,不讲道理,孩子便认为这是专制,必然对这种专制进行反抗。孩子的不听话、反抗,有时就来自于对这种专制的本能对抗。并不是因为你说的没有道理,或者他没有听懂你的意思。

著名儿童教育家黄苏在美国访问期间发现,无论是在儿童游乐场,还是在公园,美国的成年人与小孩子说话时总是蹲下来,眼睛与孩子处在一个水平线上,还往往用双手握住孩子的小手,用亲切的目光注视着他们,以商量的口气和颜悦色地与孩子说话。孩子们似乎也都很懂事,频频点头。她后来与一位美国朋友闲聊时说起此事,那位朋友说:"与孩子说话当然要蹲下来呀!他们年龄太小,还没有长高,只能是大人蹲下来,才能平视着说话。我们从小父母都是这样同我们说话的。否则怎么能平等地交流呢?小孩也同我们一样是独立的人,应当得到尊重与平等的对待!"

可是,在我们国内,却常常会看到父母站在那儿,大声呵斥孩子"过来!别摸!""去,去,去,别烦我!"等现象。父母以这种居高临下、命令式的语言怎能和孩子进行交流呢?

3. 父母和孩子的交流是双向的

家长不能只要求孩子向家长敞开心扉,自己也应向孩子敞开心扉。父母向孩子敞露内心,是对孩子的尊重与信赖,可以加强与子女的情感联系。这种交流在孩子逐步成熟时尤为重要。十几岁的年龄是孩子们的黄金年华,但也是多事之秋。他们的思想需要交流、需要表达,正如他们的身体需要食物一样。青春期的孩子在遇到问题时,如果不能和父母、老师及时交流,他就可能会去找别人交流。别人的想法会深刻地影响他。父母与子女之间在感情上如果能有密切交流与沟通,就能有效地避免青春期容易遇到的许多问题,帮助孩子顺利成长。

当孩子开始询问"爸爸你为什么不高兴呀?是不是工作上有了麻烦?"的时候,做家长的就该认真考虑一下是否应当与孩子认真谈一谈。如果我们一语搪塞说"没什么,很好"或"不关你的事,去玩你的吧",这样随便地把孩子对父母的关心推开,等于将一颗关怀他人的心挡在门外。中国的大多数家长很少向孩子透露自己的内心世界,只习惯于做道貌岸然的训导,但反过来却要求孩子向自己吐露一切。这种不平等的要求,当然不能取得好的效果。孩子往往不愿向父母吐露心事,而去和同龄人交流想法,就是这个原因。而同龄人的经历有限,经验往往肤浅,思想也不成熟,因此他们之间的交流难以相互提高。

和孩子一起总结自己的成功与失败,表述自己的计划与展望,这本身就是对孩子最生动的人生教育。这样做有许多益处。家长将自己的内心感受、实际经验、磨难教训传授给孩子,对他们来说是最珍贵的礼物。

4. 耐心倾听孩子诉说

倾听是家庭教育中的十分重要的环节和方法。亲子关系不好,亲子沟通不畅的主要责任在父母,父母往往高高在上,把持着话语权,不能平等地、平心静气地与孩子交流。在家庭教育中,好的交流都是听出来的,一定要耐心地倾听孩子的诉说。要有平等民主观念,父母和孩子在人格上是平等的。要实现教育的效果,必须走进孩子的心灵,你不了解孩子,怎么能行呢?

平时与孩子相处,应当轻松愉快,创造良好的交流环境。父母与孩子说话时,既要抱以平等的、朋友式的态度,又要充满着作为家长的慈爱。家长在与孩子说话时,应当用信任亲切的目光注视着他,也让孩子看着你的眼睛说话。要重视目光的交流,因为眼睛对视的本身就是一种亲切的交流。孩子说出了心里话,不管多么荒唐,切不可取笑,更不可随意指责。尊重孩子的想法,孩子能说出来就好,就要鼓励。父母的理解和宽容,会赢得孩子的信任和敬佩。要允许孩子发表不同意见,让孩子意识到自己的意见被父母所重视,从而受到鼓舞。

我们还要注意正确对待孩子的错误。要知道孩子年幼无知,想错了、说错了、做错了在所难免,他需要帮助、爱护,而不是训斥、埋怨。如果孩子做错了事,他刚一开口,你就火冒三丈,随意用"胡说"、"废话"、"说谎"等迎头痛击,还让人家怎么与你沟通?

5. 没有交流就没有教育

在《红楼梦》里,贾宝玉最后疯疯癫癫、离家出走的悲剧,因素固然很多。但从教育角度上看,源于贾府不当的家庭教育方式。贾家给宝玉提供的物质生活极为优裕,但宝玉缺乏的是与贾母、王夫人、贾政等这些家长、亲人在思想上的交流与沟通。贾宝玉的家长,从来没有认真听过一次宝玉的倾诉,他们根本不知道宝玉在想些什么。尽管他们很爱宝玉,而且经常在一起,但他们并不真正了解他。

我们要十分重视与孩子的交流与沟通,耐心倾听孩子的诉说,走进孩子的内心世界。这样才能有的放矢地塑造他的心灵,而不是仅仅塑造他的躯壳。孩子需要的无非是物质的、精神的两个方面的东西。我们做父母的往往在物质方面考虑得很多,而很少考虑其精神的成长。如果说有一点的话,那就是他的学习成绩、考试分数。这正是当代许多孩子教育失败的真相。

婴孩的一年等于十年

对于人的早期来说,婴孩的一天绝不是绝对时间意义上的一天,而是几倍甚至几十倍于绝对意义上的一天。可是我们做母亲的总觉得孩子还小,来日方长,教育何必那么急呢?只要以后抓紧就行了,因此对孩子放任不管。这种意识极为普遍也极为错误,许多人的早期教育痛失良机,就是在这种错误意识下被葬送的。

木村久一说,儿童的"可能能力"是有着递减法则的。打个比方说,生来具备100度"可能能力"的孩子,如果从一生下来就给他进行理想的教育,那么他就可能成为一个具备100度能力的人;如果从五岁开始教育,即使教育得非常出色,也只能成为具备80度能力的人了;而如果从十岁开始教育的话,即使教育得再好,也只能达到具备60度能力的人了。也就是说,教育开始得越晚,儿童能力的实现就越少。

早期教育之所以如此重要,正在于这种边际效应递减规律,而不是随时间递增的规律。这如同两个人在一起比赛跑步,第一天甲领先了乙十公里,第二天乙并没能追上甲,相反,第二天甲又领先了乙五公里,两天相加的结果是:甲领先乙十五公里。虽然乙尽了最大的努力,但能力比甲弱,基础比甲差,这样二者相差的距离便越来越大。这就是为什么留级的学生看似比同龄人只差一年,但实际上却可能相差四五年的原因所在,这也是在小学、中学、大学是同班同学,但几十年后相聚时差距极大的原因所在!

我们每个人都有到食堂买饭的经验。下课或下班铃一响,人们便朝食堂飞跑,原因并不是跑步能节约多少时间,而是提前一分钟到可以节约十分钟甚至更多的排队时间。早期教育正是节约这排队的时间而不是路上的时间。孩子能力就如同这排队一样是递减的,早一天开发,就如同早站在队里;而迟一天开发,那么前面就会挤满一堆人。按照这样计算,第 n 天时,孩子的生命增加量便是 $1/n$。

家庭是教育的主阵地

如何发现孩子的优势潜能

　　每一个儿童都有自己独特的特点,在这个世界上,我们无法找到两个完全相同的儿童,就像找不到两个完全相同的树叶一样。譬如,有的孩子擅长讲话,有的喜欢学数学,而有的则喜欢唱歌、跳舞,有的喜欢各种运动,有的喜欢与人交往等。而且,每个孩子的发展速度也是有差异的。有的孩子好像特别早慧,而有的孩子小的时候,表现好像笨笨的,后来却越来越好。爱迪生小时候,被老师认为是十分拙笨的孩子;英国首相丘吉尔在读小学时,曾经因学习不好而留级。

　　让乌龟和兔子赛跑,不是乌龟有问题,关键是安排这场比赛的人脑子出了问题!请看看下面这则寓言故事:

　　　　为了和人类一样聪明,森林里的动物们也办起了动物学校。开学第一天,打扮一新的小兔子被爸爸、妈妈送到了学校。动物学校开设有五门课程:跑步、跳高、游泳、爬树、飞翔。在一开始的跑步课中,小兔子极有天赋,取得了优异的考核成绩,并得到了老师的表扬,它非常高兴和自豪。但紧接着的游泳、爬树和飞翔课,它的表现却不尽如人意。于是老师用各种手段让小兔子练习它的薄弱科目,比如,通过不断地跳崖来学习飞翔,可是却起不到什么作用。游泳课上,小兔子天生怕水,祖上也从来没有人会游泳。小兔子尽管很努力,但还是动作拙笨,还差点被淹死。不断受到老师批评和其他同学嘲笑的小兔子逃回家中,再也不想上学去了。能飞会游泳的鸭子,飞翔课和游泳课很优秀,但是跑步动作不规范,老师批评它老是在跑步中常常以飞带跑。所以老师为了让它真正学会跑步,而强迫它绑上翅膀练习。老师认为,小兔子的跑步成绩很好,可以不用再学了,而它的游泳是"短板",应当把全部的时间花费在薄弱课程的学习上。于是,当被送回学校的小兔子听说学校取消了自己的跑步课程,而将自己的游泳课时增加了一倍时,当时就晕了过去。

这则寓言对你有什么启发呢?

 相关链接

自卑与自信

丹麦有这样一则寓言故事。

在国王的花果园中,栽满了各种花草和树木,一天国王来到这里散步,却发现园中的花木全都枯萎凋谢了。国王问榕树为什么无精打采,榕树说:"我不如松柏的不畏严寒,四季常青,所以不想活了。"国王接着问松柏为何枯萎,松柏说:"我不如桃李的花色艳丽,果实累累,活着没有意思。"国王又问桃李为什么不开花结果,桃李说:"我长得没有松柏的挺拔,也没有葡萄的婀娜,我身姿太丑了。"国王又接着问葡萄为什么毫无生气,葡萄说:"我不依靠别人就直不起腰杆,我太丢人了。"国王不停地问……牡丹自叹没有兰花的芳香,兰花哀叹没有梨花的繁茂,荷花则抱怨它只能呆在水里……满园的花木都在自怨自艾。这就是自卑。

自卑是自己缺乏信心,轻贱自己,认为自己不如别人的一种心理习惯。过于自卑,就会失去自信心,失去行动的勇气,放弃对理想的追求,自然也就无法取得成功。自卑这种坏习惯几乎是每一个人都有的,只不过是在有些人身上体现得不甚明显而已。人们无法避免童年的弱小,加上大人们的呵喝、斥责,甚至谩骂,这种弱小会更为明显,于是只能遵从大人们的意见,这样自卑心理便潜意识地产生了。孩子长大后,随着自我认识能力的增强,便开始注重自身的形象。由于过于注重自我,其结果往往是弄巧成拙,再加上生活中的压力和挫折,这种自卑便进一步加剧了。这种自卑的习惯一旦养成,任何小小的挫败都将是致命的打击。

家庭是教育的主阵地

别让孩子成为方仲永

方仲永是宋代王安石笔下的一个神童。他出生于当时江西金溪县一个世代为农的家族。有一天,五岁的方仲永向其父索要纸笔想写字作诗。其父十分诧异,连忙从邻居家借来笔墨。方仲永立即提笔作诗一首,写得颇有文采。此事在当地很快就传开了,大家都感到极为惊奇,认为他是一个神童,有的人还花钱请他题诗。他父亲见有利可图,便天天带着他走东串西,进行炫耀,而没有让他入学读书。到了王安石见到他时,他已经十二三岁了,这时他作的诗已经很一般了。又过了六七年,王安石打听他的情况,得到的回答却已是"泯然众人矣",即和其他同龄人一样了。

显而易见,方仲永的悲剧是他的父亲一手造成的。首先是源于他错误的成才观,第二是他错过了早期教育的黄金期。

方仲永的家族是世代农耕的家庭,他的父亲大字不识几个。方仲永的识字过程这位父意竟然完全不知,最后直到方仲永向他索要纸笔时,这位父亲才恍然大悟地认识到孩子已经能读书识字了。可惜这位父亲水平太有限,不知道孩子的这种天赋需要及时教育和开发,而且还让他去做表演、炫耀等愚蠢的事。对于天赋刚被发现的方仲永,这时最需要的是系统地学习,而不是急于炫耀。如果能够有名师指导,方仲永的前途未可限量。但是很遗憾,他的父亲不是为他择名校、寻名师,而是到处做一些廉价的表演,这样就抑制了他智力的发展。方仲永确实有极好的天赋,但在他成长的关键期,他的天赋未能得到很好的开发,实在令人惋惜!

早期教育是孩子健康成长的黄金期。它的时效性非常强,如果不及时抓住,就会造成不可逆转的损失。无数事实证明,无论多么聪明的神童,只能证明他的遗传素质好,有成为非凡人才的潜能。如果没有给他提供条件让他继续健康成长,那么他的潜能就会逐渐丧失,"泯然众人矣"。因为真正的人才是遗传、环境和教育的产物。如果环境不能再继续给他提供丰富的营养,这颗天才的幼苗肯定是会枯萎的。相反,若能得到良好的教育环境和名师的指导,他的成长肯定会比其他孩子快得多。

对于长大后"泯然众人矣"的神童来说,他最大的悲哀就是来自无知的父母。实际上,这种悲剧不仅出现在方仲永身上,直到现在仍然在有些家庭继续上演着。现在,许多父母都有一个极其强烈的感受,就是孩子在四五岁乃至小学低年级时非常聪明,但是当孩子进入初中后,便开始原地踏步。家长们找不到根源,一味羡慕别人家成绩好的孩子。到了高中,则是埋怨自己的孩子学习差、脑子笨。事实上,大多数孩子并不是因为笨才不能有所作为的,恰恰相反,是因为太聪明才不能有所作为。从这个意义上说,我们可能都是方仲永!

最后,我想提醒大家,要防止孩子成为方仲永,首先要防止自己成为像方仲永父亲那样的家长!

越接近零岁越重要

创造出"井深理论"从而享誉教育界的日本儿童教育家、企业家井深大认为,过去的教育都是从孩子懂话的时候开始,但是这种教育已经迟了。因为在孩子会讲话之前,他就已经获得了比利用语言传授的知识更多的东西。因此,教育孩子的最好时机,"既不是《到了上幼儿园的时候就太迟了》,也不是三岁。真正重要的时期是无限接近零岁的时候。至于妊娠期,更是有许多必须进一步研究的问题"。他还说:"如果存在着培育精神、性格或气质的时期,那么,这个时期就是在懂语言前这一段时期。"

现代心理学研究成果表明,儿童四岁以前的智力发展程度相当于其后十三年的智力发育程度;八岁时的词汇量就已达到一半,另一半需要在今后十几年的岁月里才能掌握;十八岁时所掌握的知识和技能,有将近一半是他九岁以前就已掌握了的。如果假定人类的发育大概在十八至二十岁之间就全部完成,那么根据美国教育心理学家布鲁姆的有关知识综合法,发育过半的年龄是:身高两岁半,智力四岁,词汇八岁,学习成绩九岁……

其实,有时候婴孩的一年还不仅等于十年,在更大程度上甚至影响人的一生。洛克说得很好:"我们幼小时所得的印象,哪怕极微极小,小到几乎觉察不出,都有极重大极长久的影响,正如江河的源泉一样,水性很柔,一点点人力便可以把它导入他途,使河流的方向根本改变;从根源上这么引导一下,河流就有不同的趋向,最后就流到十分遥远的地方去了。"

教育名言

· 如果这孩子的兴趣和热情一开始就得到顺利发展的话,大多数孩子将会成为英才或天才,这就是早期教育。——木村久一[日]

相关链接

成功的基础

成功学大师拿破仑·希尔经过数十年的研究,归纳出了最有价值、带有规律性的17条定律:

1. 积极的心态(PMA黄金定律)
2. 明确的目标
3. 多走些路
4. 正确的思考方法
5. 高度的自制力
6. 培养领导才能
7. 建立自信心
8. 迷人的个性
9. 创新制胜
10. 充满热诚
11. 专心致志
12. 富有合作精神
13. 正确看待失败
14. 永葆进取心
15. 合理安排时间和金钱
16. 保持身心健康
17. 养成良好的习惯

第五章
综合素质定输赢

综合素质定输赢

优胜劣汰凭竞争,综合素质定输赢。
单抓分数行不远,急功近利断前程。
从小培养好习惯,智商情商都要行。
德智体美齐发展,成才路上一帆风。

越接近零岁的教育越重要,许多家长信奉"不能让孩子输在起跑线上"的理念,于是早期教育方兴未艾,备受推崇。这反映了一种社会的进步和觉醒。人们都知道在孩子上学之前甚至从零岁开始,教育就已经开始了。但是这里面有一种误区,就是人们把早期教育"窄化"为一种知识教育,把教学当成了教育,把分数当成了法宝。所谓的早期教育给予孩子的全是知识,而忽视了综合素质的培养。这样,孩子可能在知识学习上是赢了,但是却在综合素质上输了,而且可能还输得很惨。总之,早期教育是需要智慧的,并不是做了就一定有效果,并不是做得越多效果就越大。

家庭是教育的主阵地

父母是人师，不是经师

家庭是特殊的学校，父母是特殊的老师。在家庭这个特殊的学校里，虽然没有教室、课程表和铃声，但它确是孩子最重要的学习场所；父母虽然学历可能不高，或者在形式上没有怎么刻意地对孩子进行教育，但是，家庭教育确实每时每刻地发生着；父母给孩子的虽然主要不是知识，但是对孩子的影响、教育确实是学校教育难以企及的！父母不是"经师"，他们不以传授知识为重点；他们是"人师"，是孩子的人生导师。他们对孩子的教育，才是真正的教育。可惜，有的人并不认为这就是教育，他们眼中只能看到考试卷子和分数！

常常听见人们说道："我没有时间教育孩子，我整天忙在工作和家务上。"他们为此也想到这样一个问题：莫非让我特别地让出一部分时间呆在家里教育孩子吗？我哪有这工夫呀！况且我又不懂教育。

我想让家长朋友们明白：教育孩子是一项特殊的工作，教育发生在每一件细微的小事上，在父母的每一个言谈举止间，如你的每一个行为、每一个眼神、每一句话语等。家里发生的一切，都在教育着你的孩子，连你怎样工作、怎样看书、怎样休息、怎样对待困难、怎样孝顺老人、怎样和朋友谈话、怎样与领导和邻居相处等，这一切都是教育孩子的教材。这一切，孩子都会注意到，他的双眼就像一架具有高保真功能的录像机，会毫不遗漏地把这些——记录下来，并且加以模仿。而这一切一切，会逐渐地内化为孩子的一种品质和习性。而且，他以后在学校里的学习和表现，乃至长大后走向社会的成就与人生态度等，都将受到这些影响的绝对支配。

在一次家长会上，一位教育孩子非常成功的母亲向苏霍姆林斯基介绍了自己的家教经验。这位母亲说道："我和我的丈夫，没有时间教育孩子。每天，我们得上班，丈夫在大田里，有时在打谷场，有时在果园里工作，哪里需要，我们就到哪里去。冬季，我和丈夫一起在畜牧场工作，而孩子们，在家里跟外婆。我们家里的制度是这样的：当孩子刚能照料自己时就让他干力所能及的家务活。这不但是为自己而且也是为别人。要用人的眼光来看待人……这是不能破坏的原则。但是，专门进行教育，我们从来没有做过……"

苏霍姆林斯基听后，这样评论道："我们做老师的、做父母的现在清楚了：

这位母亲所说的那种像是没有进行教育的情况,实际上,这正是真正的教育。"为什么说这种像是没有进行教育的教育,正是真正的教育呢?这是因为,对孩子的教育从本质上来说是对孩子做人的教育,父母做人越成功、越完美,父母的教育资格就越牢靠,孩子的成长就越顺利、越健康。家庭教育是全方位的、立体式的教育。父母不应是经师,而应是人师,是负责孩子生命成长和做人教育的"大老师"。父母的教育资格和威力不是来自别的什么地方,正是来自他们做人的经验和潜移默化的示范。

家庭里进行的教育,大多是悄无声息的,家庭教育的方法,更多地不应是说教和讲大道理,而应是示范、榜样和亲身体验。父母这样的大老师,只需要好好地去做,去给孩子树立榜样。想让孩子成为一个什么样的人,父母自己就应该首先成为这样的人。所以,自己做不到,就难以要求孩子做到。一位教育家说:"因此,如果说自己没有时间教育孩子,那就是说他自己没有时间做人。因为自己做人正是教育孩子的教科书,正是教育孩子的课堂。"

最后,我想再次提醒家长朋友们两件事:

第一,父母是孩子的人师,是孩子人格形成、生命成长的"大老师"。这样的老师不以传授知识为主要任务,而以传递做人道理、启发高尚精神、点燃心灵火把为己任。这样的工作,不需要有多高的文凭和知识背景,但这项工作需要有正确的教育理念,而理念和知识是不能画等号的。所以,每一位家长都有教育好孩子的天然条件,而不论他是干什么工作,也不论他是否念过大学。

第二,不要误认为家长去教育孩子是将自己的工作不当回事,把自己的价值全部寄托在孩子身上。教育孩子和把自己的岗位工作做好并不矛盾,而且二者是相辅相成的。这正如你成为作家同你的经历、你的律师工作同你的人生经验并不矛盾一样。那些一心扑在孩子身上,对自己的工作不当回事的母亲未必是一个称职的好母亲!要做一个称职的好母亲,她必须是一个热爱工作、热爱生活、有丰富的人生经验的女性。如果母亲不爱学习、自私自利、没有追求,人生是苍白无力的,那么她的教育威力也将是苍白无力的。你要教育好自己的孩子,就一定要做一个有价值、有意义、有丰富人生阅历的人,因为你就是孩子最好的教材和生命样本!

家庭是教育的主阵地

父母是孩子最好的道德榜样

我们知道,现代社会需要的是拥有全面素质的人。只要求孩子发展智力是远远不够的,而且是危险的。培养有道德的孩子是父母首要责任之一。卡尔·威特说过:"孩子是不是神童并不重要,我只是想把孩子培养成全面发展的人才。"

家庭是孩子成长的摇篮。我们的言谈举止和行为作风无时无刻不影响着孩子。道德教育重在陶冶、模仿和耳濡目染。孩子不是仅仅听你怎么说,更重要的是看你怎样做。教育孩子遵时守信,父母就要首先这样做。荀子曰:"蓬生麻中,不扶自直;白沙在涅,与之俱黑。"也就是我们常说的"近朱者赤,近墨者黑"。父母的榜样是最有效的教育手段。

父:"冬冬,我和你讲了多少次了,要遵时守约,否则会浪费别人的时间,也会给别人留下很不好的印象。你怎么老是记不住?"

子:"这也没什么大不了的。好几次你答应来参加我们学校的活动,我都告诉老师你会来,你却到活动结束了都不见人影儿。"

父:"那是因为我临时工作上有事情,而且你们学校那些活动也不是什么大事……"父亲注意到儿子不屑的甚至有些讥讽的表情,尴尬地停住了,不知如何收场。

父亲、母亲常常抱怨孩子不听话。但实际上,我们常常用自己的行动来抵消我们言语的效果,让孩子认为我们是说一套、做一套,不必对我们的话认真。教育家斯宾塞说:"野蛮产生野蛮,仁爱产生仁爱,这就是真理。待儿童没有同情,他就变得没有同情心;而以应有的友情对待他们,就是培养他们友情的最好手段。"

著名儿童教育专家张鹤立讲过一件事。她让4岁多的女儿去买包食盐,商店多找了1角钱,她马上让女儿给商店送了回去。这种做法就是对孩子无声的教育。

诸葛亮在《诫子书》中说:"勿以恶小而为之,勿以善小而不为。"有些父母

爱占小便宜,路过别人家的菜地,总会拽人家一把菜、掰人家几穗玉米、拔人家几颗萝卜、扒人家几块红薯……要知道,这样做是在给孩子树不好的榜样呀!孩子的天性是擅长模仿。家长好占小便宜的行为会深刻地影响子女。有的家长甚至纵容孩子去小偷小摸,还夸口孩子"精"、孩子知道东西中用。俗话说:"小时偷针,大了偷金。"这几颗萝卜对孩子美好灵魂的伤害,是几吨、几十吨萝卜都抵消不掉的呀!奉劝家长们切莫因小失大。

  古时一个惯偷犯被判处死刑。临行刑前,他提出要见他妈妈最后一面。见面后,他向妈妈提出最后的一个愿望:想吃一口妈妈的乳汁。当含住妈妈的乳头之后,他突然一下子就把他妈妈的乳头咬了下来。他在临刑前才醒悟到,是她妈妈把他从小教育坏了。

  孩子是父母的影子,父母是孩子的榜样。家长要注意自己的言谈举止和行为习惯。一位教育家认为:"教育就是教人养成习惯。"孩子的最初习惯往往根植于父母的行为习惯之中。父母必须做到身体力行。一味地要求孩子成功而自己工作懒散的父母,对儿童的成功影响很小。如果家长无所事事,一有空就闲聊天、上舞厅、搓麻将,就难以影响孩子形成努力学习、惜时奋进的习惯。如果家长为一些小事,不谦让或蛮不讲理,与左邻右舍争吵不休,声大如雷,恶语伤人,就容易养成孩子爱争吵、野蛮粗暴的性格。有的年轻父母在孩子面前做出毫不掩饰的过分亲昵的举动,这只能催化孩子早熟,过早倾心于男女之情。因此,家长要注意,在举止上不可轻浮,态度上不可放肆,作风上不可散漫,行为上不可粗俗。

  据反映,某市一街道876户人家,每到掌灯时分,竟有150桌麻将大战。"方城"一开,洗牌声、吆喝声、笑骂声充斥整个空间,孩子根本无法安静学习。一位父亲每次在家打麻将,还不许女儿在其身后看书,因为"书"同"输"同音。报载一个抢劫杀人少年犯,因赌博走上犯罪道路,被判了无期徒刑。狱中他痛哭流涕,恨父亲那副麻将牌害了自己。他说先是父亲教他打麻将,再是让他打麻将,后来是父亲要看他打麻将,以至于养成了坏习惯,最后到了不可收拾的地步。

  家长们的日常生活修养、言谈举止、行为习惯是琐碎的,但正因为其琐碎、细小,所以才更能起到润物细无声的教育作用。

家庭是教育的主阵地

作者感悟

年轻的爸爸妈妈你可要注意,孩子心目中第一个榜样就是你。不要以为在家里,言谈举止无顾忌。要知道,孩子一双小眼睛,好比一台录像机,你的一切一切,全都会摄入他的记忆。要想管好孩子,首先管好你自己。

孩子像块白布,家庭就像染缸。染苍则苍,染黄则黄。你埋怨孩子不好,难道他出生时就是这样?孩子是父母的影子,父母是孩子最好的道德榜样。

相关链接

如果一个孩子生活在批评之中,他就学会了谴责。
如果一个孩子生活在敌意之中,他就学会了争斗。
如果一个孩子生活在恐惧之中,他就学会了忧虑。
如果一个孩子生活在怜悯之中,他就学会了自责。
如果一个孩子生活在讽刺之中,他就学会了害羞。
如果一个孩子生活在耻辱之中,他就学会了负罪感。
如果一个孩子生活在鼓励之中,他就学会了自信。
如果一个孩子生活在忍耐之中,他就学会了耐心。
如果一个孩子生活在表扬之中,他就学会了感激。
如果一个孩子生活在接受之中,他就学会了爱。
如果一个孩子生活在认可之中,他就学会了自爱。
如果一个孩子生活在分享之中,他就学会了慷慨。
如果一个孩子生活在承认之中,他就学会了要有一个目标。
如果一个孩子生活在诚实和正直之中,他就学会了真理和公正。
如果一个孩子生活在安全之中,他就学会了相信自己和周围的人。
如果一个孩子生活在友爱之中,他就学会了这世界是生活的好地方。
如果一个孩子生活在真诚之中,他就学会了头脑平静地生活。
你的孩子生活在什么之中呢?

——多萝茜·洛·诺尔特[美]

观念大于方法

　　观念大于方法,观念决定方法,观念一变天地宽。正确的家庭教育观念,包括正确的人才观、为国教子的观念和全面发展的观念。

　　1.正确的人才观。人才观,即何谓人才,以及希望孩子将来成为一个什么样的人的问题。人才观是家长教育观念中一个非常重要的问题。搞好家庭教育,首先必须转变家长的观念,提高家长的自身素质。要采取多种方式对学生家长进行正确的成才观教育,使他们能正确地对孩子进行家庭教育。不少家长望子成龙、望女成凤心切,心理负担很重,他们往往认为只有高学历,或各行各业的专家、学者才算是人才,成为这样的人才算是成功。这种想法本无可厚非,但是如果所有的家长都这样要求他们的子女,那显然是不切合实际的,也是不可能的。一个国家、一个社会,固然需要各种专家和高级人才,然而,由于社会的分工,绝大多数人将成为普通的劳动者、技术人员和初、中级管理人员。现代社会的父母们,需要有全面的人才观。人才应该是社会需要的任何职业的出类拔萃者,即平时所说的"三百六十行,行行出状元"。家长只有根据社会的需求,从孩子的智能及实际情况出发,提出切合实际的成才要求,才能使孩子获得立足社会的真才实学。这样才能避免家长不切合实际的期望与社会需求的矛盾而带来的心理挫败感,以及由此而酿成的严重后果。

　　2.为国教子的观念。不少父母把孩子看成是自己的私有财产,因而仅仅从个人和家庭的角度出发来教育孩子。要孩子为父母争光,光宗耀祖,来报答父母的养育之恩。其实,我们应当从社会进步和为社会多做贡献的高度来认识教育子女的重要性。要知道,孩子不仅是父母生命的延续,更是国家未来的建设者,是民族的希望。家长应将"为己教子"的观念升华为"为国教子"的观念。被"为己教子"观念所支配的家长,往往是凭自己的想象和主观意志来教育孩子,要孩子做什么,孩子就得做什么,要孩子怎么样孩子就得怎么样。家长可以为所欲为,孩子不得有所违抗。这是导致当前家庭教育出现误区的重要原因之一。"为国教子",则是站在为了祖国和社会的明天这个大前提下来考虑如何教子的问题。父母要把教育孩子看成社会和国家所赋予自己的一项神圣而光荣的使命,目的是为了让孩子将来造福于社会,同时让孩子自己也得

到真正的幸福。可见,家庭教育不能单纯从父母对子女的感情、爱护和一家之利、一时之利出发,而要上升到为国家、为社会培养人才的高度。

3.全面发展的观念。当前,不少家长花很多精力培养孩子的智力,却不注意孩子品德以及情感、意志、性格、心理等非智力因素的培养。事实证明,非智力因素才是孩子最需要的。一个孩子学习上的缺陷不一定影响他的一生,况且后来还可以补上,而品德和人格上的缺陷可能贻害他一辈子,因为这种缺陷后来是难以弥补的。因此,家长一定要有培养孩子全面发展的教育思想,从片面追求高分、追求升学中解放出来,改变重智育轻德育、轻体育的观念,改变忽视心理教育与劳动教育的观念,改变以分数论英雄的观念,为孩子打好全面发展的基础。父母在重视孩子智育的同时,要特别注意孩子品德、性格、意志、情感、心理等方面的全面成长。因为,全面发展不仅是社会的需要,更是孩子自身发展的需要。而片面发展难以真正发展,是发展中的泡沫,是拔苗助长,即使有所进步,也是无长远效果的。

 相关链接

贝利戒烟的故事

世界球王贝利在十二三岁时,曾和几个孩子一块学抽烟,被其父亲看见了。贝利回到家里,父亲并没有发火,而是心平气和地低声问贝利:"你抽烟多久了?""我只吸过几次,是几天前……""告诉我,味道好不好?我没有抽过。""我也不知道,也没有多大味道……"父亲用更低的声调对贝利说:"你踢球有几分天才,也许今后将成为一名高手。要是你抽烟喝酒,就踢不好球了。你想清楚,该如何办,你自己决定吧!"

面对贝利的过错,父亲没有像很多家长那样对孩子大喊大叫,甚至棍棒教训,而是通过平和的问话让他明白自己错了,并下决心改正错误。事实上,正是那次父子对话后,一心想踢好球的贝利再也不吸烟了。这正体现了一个父亲对自己孩子的爱护和其对孩子的教育艺术。家长的教育素质要提高,主要靠学习。家长愿意为孩子奉献出一切,难道就不能拿出点时间与精力去学习家教知识吗?

在现实生活中,很多父母在孩子犯错误时往往采取不正确的态度和方法。他们要么对孩子百般溺爱,对孩子的错误听之任之;要么就采用粗暴手段,轻则口头责骂,重则拳脚相加。前者使孩子从小养成许多坏习惯,以致在错误的道路上越走越远;后者则容易使孩子幼小的心灵受到伤害,造成逆反心理,容

易形成心理障碍,也不利于亲子关系的正常发展。

教育好孩子,单凭良好的愿望是不行的,单靠自己的经验也是不够的。必须讲究科学,了解孩子生理和心理发展变化的规律和特点,增强科学性、针对性,减少随意性、盲目性,增强教育效果。

教育名言

• 爱孩子,这是母鸡也会做的事。可是,要善于教育他们,这就是父母的一件大事了,这需要才能和渊博的生活知识。——高尔基[苏联]

家庭是孩子成长的第一课堂

怎样强调家庭教育的重要性,我认为都不过分。因为我们知道,很多教育问题的背后,都有着家庭教育的背景。家庭是孩子成长的第一课堂。

家庭教育相对于学校教育,有两个显著的特点。第一,父母作为老师的角色与孩子作为学生的角色,都是固定而且长期存在的。他们不像学校的老师在不断变化,家长作为孩子的特殊老师,可能是十年二十年,甚至是终身不变的。第二,家庭教育是随机的,是一种自然的、潜移默化的方式。它的内容和侧重点都跟学校教育不一样。把教育的职责都推给学校,首先就是一个误区。因为父母最不应该忘记的恰巧是自己的角色或是职责。实际上,教育孩子的第一责任人就是父母。

我在跟家长们交流的时候,曾经提出了两个口号:一是"家庭大于学校",二是"父母大于老师"。这也是我给家长及家庭教育的定位。现在,大家基本有了一种共识,那就是问题孩子的背后,都有一个问题的家庭教育。现在,人们对家庭和学校的认识应该完全颠倒过来,家庭虽不是专门的教育机构,但它对孩子的影响比学校要大得多。对于孩子来说,家庭是最早、最好也是最高的学府。教育孩子的第一责任人是父母,而不是老师。即使把所有的老师都加起来,也比不上一位母亲所起的作用。甚至有人还说:"一个瞽母胜过一打特级教师!"

另外,还存在一种误区,就是每当我们说起教育,人们就会想到知识的传授、智力的开发。实际上,教育的范围是非常广泛的。德、智、体、美,都是教育

家庭是教育的主阵地

的一个方面。我们中国,向来有着重视家庭教育的传统,例如我们所熟悉的孟母三迁、岳母刺字等。事实上,我们教给孩子的,最重要的往往不是智力上的东西。决定孩子一生命运的,对他的成功有着举足轻重作用的是综合素质,也就是智力以外的东西,比如习惯、品德、态度、意志力、价值观、情感等。这些东西,在学校的课程表上是没有显示的,因此它就是一种潜教育、隐性的教育。这种教育主要来自家庭,是由父母在潜移默化中给予孩子们的。一些孩子不愿意学习、成绩突然下滑等现象,背后显然是学习以外的因素出了问题。由此可见,如果我们只盯住知识教育这一方面,孩子们的路将会越走越窄。例如,一群孩子同时考上高中,他们的分数是相差无几的,却在高中阶段出现了两极分化。为什么会出现如此之大的差距呢?主要还是那些非智力因素在起作用。如果追究的话,学校固然有责任,但家庭教育的缺失,不能不说是这条因果链上的重要一环。

家长要站好你的位置,不要越位,就是要把你的家庭教育这部分做好。我认为,父母的责任主要有四点:

一是管思想。包括做人的品德、做事的态度、处世的操守。中国科学院心理研究所王极盛教授,多年跟踪调查各个省份高考状元的家庭教育情况,结果找出了六条原因,说是秘诀也无妨。他发现,状元家教的第一秘诀就是:"教孩子如何做人",即"做人教育是家教的灵魂",其次是从小培养好习惯,平等沟通与交流,家庭民主等。

二是树信心。让孩子知道"天生我材必有用"。很多家长,事实上是把孩子的自信心一点点地扼杀掉了,这是非常令人痛心的一件事情。因为一把"软刀子",就可能葬送孩子的一生。

三是抓习惯。一位大师曾说过,人脑是一块非常神奇的土地:种下一种思想就收获一种行为,种下一种行为就收获一种习惯,种下一种习惯就收获一种性格,种下一种性格就收获一种命运。在这里,我们并不避讳说命运,因为决定一个人命运的,像学历、文凭这类因素最多也只占到20%,而像好习惯、人际关系、心理素质、气概胸怀、境界品行,才是决定一个人是否成才的关键因素。

四是重身教。注意家长的榜样示范作用。教育孩子,需要言传身教。对孩子来说,环境的熏陶、感染,榜样示范比说教更重要。孩子的模仿性很强,父母是孩子的模仿对象。父母的言谈举止、为人处世、生活态度、人格风范等都将对孩子产生潜移默化、细雨润物的影响。重言教、轻身教,说一套、做一套的父母在孩子心中的地位会降低,对孩子的教育效果也会大打折扣。

有一个教育家曾经讲过,父母教育孩子要做到六个字:"豆腐嘴,刀子心。"

豆腐嘴的意思是家长一定不要说过头话，语气要软如豆腐，要以理服人，不要用语言去伤害孩子。要知道，语言伤害，就是精神伤害，远比身体伤害要严重。经常说孩子这不行、那不行，把孩子否定得一无是处，这样难以达到教育效果，还会使亲子之间很对立。刀子心，不是对孩子狠心，而是处事果断，该坚持的一定不能妥协，该批评的一定要批评，不能一味地赏识鼓励。不该做的事，孩子再哭再闹也不行，必要时也要适度惩戒。为了孩子一生的幸福，必须下这个狠心。这就是刀子心的意思。

有的家长朋友则是反其道而行之，"刀子嘴，豆腐心"。嘴上说得厉害，心却比豆腐还软，该坚持的坚持不了，孩子一哭一闹，就妥协、投降、败下阵来。这对教育孩子极端不利，不但在精神上极大地伤害了孩子，而且孩子慢慢地对你的话、你的教育不当回事了。不少家长抱怨孩子不听话，根源也许正是在这里。

相关链接

爱迪生的母亲

可以说，现代人没有几个不知道爱迪生这个名字的。他是一位伟大的发明家，他一生有过多项足以改变人类生活方式的发明，如留声机、电灯，所以人们称他为"光明的使者"。爱迪生的母亲南希和父亲塞缪尔于1828年结婚，婚后共育有7个孩子，爱迪生是最小的一个。爱迪生的母亲注意保护孩子的童真，维持他的兴趣。爱迪生小时候一直住在米兰。关于他的传闻轶事很多，其中最有名的恐怕是爱迪生孵鸡蛋的故事。母亲不像别人一样嘲笑他，而是把人不能孵小鸡的原因讲给他听。爱迪生很佩服母亲的学问。

南希既是爱迪生的母亲又是他的教师。由于爱迪生7岁那年得了一场病，他的一只耳朵聋了。所以爱迪生8岁才上学。他进的那所学校只有一个班级，校长和老师都是恩格尔先生。学校课程设置很呆板，老师讲课也枯燥无味，还经常体罚学生。更糟的是，爱迪生爱问的个性依然没有改，且对于课业方面的问题非常固执，一个问题未获解答，他就不会继续做下道题目。因此，恩格尔先生便把他当作是一位迟钝的学生，斥他为"糊涂虫"、"低能儿"。

由于爱迪生经常提一些问题使老师下不了台，三个月以后老师把南希叫到了学校，对她说："爱迪生这孩子一点也不用功，还老是提一些十分可笑的问题。昨天上算术课时，他居然问我二加二为什么等于四，你看这不是太不像话了吗？我看这孩子实在太笨，留在学校里只会妨碍别的学生，还是别上学了吧。"南希非常生气地说："我认为爱迪生比同龄的大多数孩子聪明，我会教我的

家庭是教育的主阵地

孩子,他再也不会来到这里!"从此以后,南希便担负起母亲与教师的双重责任。

母亲为爱迪生制订了一个完整的学习计划,学习内容也很广泛:文史知识、哲学知识、数理知识、化学知识、机械知识等,所有南希认为儿子应该学习而又能够接受的先哲的智慧和思想都必须要学。南希不仅为儿子制订了计划,而且对儿子的要求也非常严格。无论是冬天还是夏天,在其他孩子玩的时候,他都坚持每天学习。

由于母亲良好的教育方法,爱迪生对读书产生了浓厚的兴趣。他不仅博览群书,而且一目十行,过目成诵。在母亲的启蒙下,爱迪生在8岁时,读了莎士比亚、狄更斯的文学著作和许多重要的历史书籍;10岁时,读完了吉本的《罗马帝国衰亡史》、休谟的《英国史》、席尔的《世界史》、帕克的《自然与实验哲学》等大部头著作。结束了童年生活后,爱迪生逐步走上了发明之路,最终成为一个足以影响全人类的发明家。

情商占80%

有一个成功的公式:"成功=20%智商+80%情商"。其实,学习也是这样:"学习成绩=20%智商+80%情商"。

智商和情商都是心理学的概念,我们且不去管它。简单地说,智商,就代表着一个人的智力水平或聪明程度,比如一个人聪明或不聪明,可以用智商来衡量。后来,人们又发明了情商这一概念。人们发现,决定一个人事业的成败和学习成绩的优劣,不仅与他的智力水平有关,还与他的态度、意志、习惯等有关,甚至起决定作用的往往是这些与聪明程度无关的因素。于是,学者们就把这些与聪明程度无关的因素叫非智力因素或者叫做情商。

情商是一些与聪明无关的因素。比如一个人做一件事情态度积极不积极、认真不认真,有没有信心和毅力,有没有好习惯,有没有爱心,品德怎么样等,这些都与智力无关。这些看起来与聪明无关的因素,往往决定着一个人的成长与发展。

1. 事业很成功的人,往往都不是那些十分聪明的人。有人对美国前500名大企业的老总进行过调查研究,发现这些成功人士,绝大部分并不是同龄人中十分聪明的人,但是他们都有一个共同的特点,就是勤奋、执著、坚毅,不向

困难低头,善于与人合作等。有一句通行的话说:"现在,世界上到处都是聪明的穷人。"一个人很聪明,但为什么反而一事无成,变成了很穷的人呢?原来就是他糟糕的情商掩盖了他优秀的智商。有不少人,吃亏就吃亏在他太聪明上了,聪明反被聪明误。因此,我常常提醒我周围的人,一定要踏踏实实做事,实实在在做人,不要耍小聪明。

2. 学校里,到处都是聪明的后进生。我常想,"差生"到底差在哪里呢?通过十几年的跟踪调查和家长访谈,我发现造成差生的原因不是别的,正是他糟糕的情商。学习不好的学生,几乎都是那些很聪明的学生。对"差生"的补课,主要不应是文化知识的补习,而应该是情商的补习,补上他们态度、习惯、责任心、自信心、诚实、毅力等课。我在学校提出了转变"差生"的十六字方针:"精神扶贫、习惯补差、心灵环保、方法优化",意在从情商方面加强工作。现在的孩子,欠缺的不是物质,而是精神;差的不是智力,而是习惯等非智力因素。

3. 情商是后天培养的,不是天生的。智力有很多的遗传成分,比如一个人聪明不聪明,受先天父母的遗传影响很大。但这些智力因素并不决定一个人的成就,因此,每位家长并不需要过分在意自己的孩子聪明程度如何。有些父母总说自己孩子天生就差,生来就不是学习的料,他们要么是不懂,要么是在推脱自己的责任。

孩子刚生下来,没有什么情商不情商的问题,他的行为习惯、态度、爱心、诚信、责任感、价值观等,都像一张白纸,他们后来如何,都是环境和教育的结果。而这些素质,大多并不是从学校学来的,而是在家庭里潜移默化形成的,是孩子的父母这个没有老师头衔的人有意无意培养起来的。

4. 情商主要靠家庭来培养。家庭教育跟学校的最大不同,在于它的早期性、随机性、长期性和隐含性,当然最重要的是它的无比重要性和不可替代性。家庭教育的手段是"习育"和"化育",即在生活中让孩子练习、体验、观摩。它的方法,更多靠的是父母的示范,而不是说教和训导。这也是家庭教育与学校教育的最显著区别。现在我们有些家庭教育为什么失败?原因之一就是不注重情商培养,再一个就是忽视了身教示范、练习、实践等这些方法,片面追求知识和考试成绩。

相关链接

什么是情商？

情商，英文为 Emotional Quotient，缩写为 EQ。它的汉语意思是情绪智慧或情绪智商。现在国外对 EQ 的研究越来越深入，对 EQ 在教育中的作用也越来越重视。情商是在美国心理学家加德纳提出的多元智能理论上提出的。

EQ 一般包括以下五个方面：

1. 认识自身的情绪。认识情绪的本质是 EQ 的基石，这种随时认知感觉的能力，对了解自己非常重要。不了解自身真实感受的人必然沦为感觉的奴隶，反之，掌握感觉才能成为生活的主宰，面对婚姻或工作等人生大事较能知所抉择。

2. 妥善管理情绪。情绪管理必须建立在自我认知的基础上。如何自我安慰，摆脱焦虑、灰暗或不安，这方面能力较匮乏的人常需与低落的情绪交战，掌握自控的人则很快就能走出生命的低潮，重新出发。

3. 自我激励。无论是要集中注意力，还是自我激励或发挥创造力，将情绪专注于某一目标是绝对必要的。成就任何事情都要有情感的自制力——克制冲动与延迟满足。保持高度热忱是一切成就的动力。一般而言，能自我激励的人做任何事效率都比较高。

4. 认知他人的情绪。同情心也是基本的人际技巧，同样建立在自我认知的基础上。具有同情心的人较能从细微的信息觉察到他人的需求，这种人特别适于从事医护、教学、销售与管理的工作。

5. 人际关系的管理。人际关系就是管理他人情绪的艺术。一个人的人缘、领导能力、人际和谐程度都与这项能力有关，充分掌握这项能力者常是社会上的佼佼者。

IQ 与 EQ 虽互异但不冲突，每个人都是两者的综合体，IQ 高而 EQ 奇低，或 IQ 低而 EQ 奇高的人都很少见。事实上，IQ 与 EQ 虽判若分明，二者之间确乎有一定的关联。

在生活中，我们常常遇到这样一种现象：一些 IQ 很高的人并不见得会一定成功，而一些 EQ 很高的人则必定会成功。为什么呢？因为 IQ 高的人一般都是专家，而 EQ 高的人却具备一种综合与平衡的能力。如果用我们的中华古训来解释，那就是一个成功的人应是一个人情练达的人。

而一个人情练达者必是 EQ 高者，而非 IQ 高者。因此，一个人想获得成功，就必须大力提升自己的 EQ。EQ 是成功者尤其是领导者所应具备的一种基本能力。

如今EQ在国外已被纳入正式教育。美国的学校已开办EQ课程,将其与传统的语言、数学课程并列。在港台地区,EQ也正在成为一门显学。由于中国内地学校还暂时没有开设EQ课程,所以我们不妨在家教中先行一步。

学会做人,走向成功

联合国教科文组织提出,21世纪青年学生要做到"四个学会",即学会做人、学会求知、学会生活、学会合作。这里把"学会做人"排第一位,可见做人比做事更重要,学会做人比学会知识更重要。因为做人是前提,做人问题解决了,学习知识的问题就容易解决了。

那么,"学会做人",我们应该怎样做人?做什么样的人呢?

第一,学做"真人"。现代著名教育家陶行知先生曾说过:"千教万教教人求真,千学万学学做真人。"即教育的目的是教学生"求真知"、"做真人"。什么是"真人"呢?我的理解就是符合社会发展要求的、全面发展的真正的人。我国的教育方针也指出,教育的目的是培养德、智、体、美全面发展的人。这样的人不仅知识丰富、能力强,同时必须品德高尚,具有社会责任感,具有正确的审美观,身体心理健康。学习好、考大学不是我们人生的唯一追求和终极目标。我们在青少年时期就应当打下全面发展的素质基础。事实证明,一个人在社会上的发展和社会价值,智力因素仅占20%,非智力因素占80%。聪明不聪明并不是最主要的,持之以恒地努力,锲而不舍地发奋才是学习成功的最重要因素。

总之,做"真人"就是要做思想素质和学业水平"双丰收"的人,做"德艺双馨"各方面全面发展的人。否则,就不算"真人",就不算真正地发展和健康地成长。

所以,做"真人"、做"全面发展的人",就是我们做人的目标。

第二,不做"半个人"。20世纪初,清华大学有位教育家把缺乏科学素养或缺乏人文素养的人称做"半个人",不算真正的"一个人"。只有科学素养、人文素养协调发展的人,才是完整的"一个人"。我们知道,物理、化学、生物等所谓的"理科",重在培养人的科学素养;文史、政治、哲学、艺术等所谓的"文科",

家庭是教育的主阵地

重在培养人的人文素养。如果过于偏重理科，忽视或放弃文科的学习，那么就会造成"重理轻文"的"半个人"；如果反过来，就会造成"重文轻理"的"半个人"。当然，我们都不希望自己成为"半个人"。现在，我们虽然进行了"文理分科"，学习有所偏重。但是，绝不要过于功利化，只认真学习那些高考科目。理科学生，也要尽可能地学好文科知识，提高自己的人文培养；同理，文科学生，也要尽可能地学好理科知识，提高自己的科学素养，否则，就容易成为"半个人"。其实，文、理知识是相互渗透的——学好文科，对学习理科有帮助，学好理科，对学习文科有帮助。而且，现代社会吃香的是学贯中西、文理兼优的"复合型"人才，这些复合型人才更容易在交叉领域取得发明创造的成果。

总之，社会欢迎"复合型"人才，不欢迎"半个人"！

第三，不做"两面人"。所谓"两面人"，就是表里不一、言行相悖、人前人后不一样的人。现实生活中，这种"两面人"并不少，同学们中间也有。如对人对己标准不一样，老师在和老师不在不一样，做人不诚实，等等。我们要加强修养，学会做人，做一个真真正正的人，那就是诚实守信、知行统一、言行一致，老师在和老师不在一个样。即使除了自己没有另外一个人在场，也绝不做违法乱纪、违犯道德的事情。这就是古人讲的"君子慎其独也"、"不欺暗室"。

古人讲，"行有余力，则以学文"，是说人的成长要德行为先，做人第一。《大学》里讲，君子要以"修身、齐家、治国、平天下"为己任，"修身"是基础。希望同学们切实把学会做人作为自己健康成长的首要因子，学做"真人"，不做"半个人"、不做"两面人"。

起跑线上话输赢

"不能让孩子输在起跑线上！"这句口号提得非常好。教育孩子，越早越好，越接近零岁教育越重要。更有专家一再强调胎教的重要性，提出要实现"负一岁"、"负二岁"教育，甚至认为孩子出生再教育就晚了。中外教育家都这么认为，无数教育实践也反复证明这是正确的。

生物学、脑科学研究早已证明，大脑的发育是在人的生活环境和教育环境的综合影响下，在儿童的主体和环境的客体相互作用下实现的。丰富多彩的教育环境可以促进大脑很好地发育。为幼儿提供一个良好的生活环境和教育条件,可以让儿童大脑的代谢活性更高,发育得更加健康、全面。儿童的大脑一旦发育成熟,那些没有来得及开发的神经元就错过了时机,很难再充分利用了。因此,要想挖掘大脑的潜力,一定要在"人之初",即刚出生到大脑成熟这一时期,进行早期教育。人的脑细胞越使用,代谢越旺盛,合成的化学物质也越多,大脑也就越聪明。人的大脑符合用进废退的规律。大脑开始积极工作的时间越早,脑细胞老化得越慢。科学界的一项统计表明,早慧的科学家都是迟衰、多产的科学家,他们对人类的贡献比一般科学家要大得多。

　　随着研究的深入,人们进一步发现,其实并不是早期教育有什么神奇,而是人的童年太神奇了,人脑太神奇了! 早期教育的神奇仅仅是童年神奇的一种表现而已,而它更多的神奇我们还没有发现。孩子的教育诚如大教育家洛克所说:"江河的源头的水性很柔,用一点人力就可以导入他途,最后就流到了十分遥远的地方。"孩子的童年是一生发展的源头,失之毫厘,谬之千里。所以,越早教育,效果越好,意义越大。

　　但是,孩子的早期教育,要特别注意科学,因为早期教育对孩子的影响太大了。我在这里提出三点意见。第一,越是接近零岁的教育越重要。教育要从零岁开始,甚至从胎教抓起;第二,教育一定要讲科学、讲方法。早期教育上的一点点小失误,都有可能影响孩子整个一生。第三,父母是孩子教育的第一责任人,是孩子最早的、最好的、没有任期限制的老师。

　　不少家长把教学等同于教育,只关注知识的学习、智力的开发,而忽视了情商的开发和培养。这仅仅进行了教育的一小部分。他们把教育理解偏了,抓了芝麻,丢了西瓜。在孩子的情商培养上,一旦错过了"从娃娃抓起"的关键期,等到发现时,想补救已经悔之晚矣。现在我们不难发现,有些孩子学习成绩差,是因为他们的非智力因素较差,而不是他们不聪明。相反,他们都是非常聪明的孩子。如果孩子没有好习惯,没有意志力、自信心和责任感,仅凭聪明又有什么用呢? 严格来讲,孩子在起始阶段,也就是在起跑线上已经落后了许多,想赶超别人就很难了。

　　高考失利,对一个孩子的人生有着深刻的影响,而他为什么会输? 也许就输在了起跑阶段。这些孩子从小并没有少上校外这样那样的辅导班——奥数班、英语班、钢琴班、围棋班……进行了丰富的智力开发,非常聪明。但孩子到底是输在哪里了呢? 这就不得不思考我们的教育内容和教育方法了。如果"起跑"得很早,但是起错了、跑错了,岂不是南辕北辙!

　　许多来自农村的孩子,他们的起点和受教育的条件显然无法跟城市里的孩子相比,但他们中间的很多人最终都胜出了。原因就是他们更有毅力和韧

劲，他们不停地在跑，在一定程度上弥补了起点上的不足，最终成了胜利者，也可以说是赢在了过程和终点上。因此，我们还是请家长朋友们轻松一点，别一说起孩子，一说起输赢，精神马上就紧张起来，好像是发令枪就要响了。

我认为，素质教育的主阵地不是学校而是家庭！家长必须转变教育观念，对孩子实施早期教育，实施素质教育，给孩子以早期的、全面的营养。正是因为如此，我们才会大力提倡重视早期教育，也就是基础教育，甚至要从零岁起或从胎教开始进行教育。作为一名教育工作者，我们经常在思考，对孩子来说，哪个生命阶段最重要？有人认为初中重要，有人认为高中重要，因为高中是高考前的最后冲刺，也有人认为大学最重要。而我们认为最重要的而且最容易忽略的，恰恰是最重要的基础阶段，是孩子的学前时期和小学阶段。

无论是家长还是孩子，重要的是要有自我责任意识。而我们看到的多是推卸责任，把责任推向幼儿园、学校和校外辅导班，很大程度上忘记了自我，忘记了家庭教育。现在有一种被广泛认同的说法是，目前中国教育最缺乏的是什么？不是校舍、师资和充足的办学经费，最缺乏的是称职而合格的父母。在人生的旅途中，父母的作用是谁也不能代替的。

一个人的成长有四个标准可供衡量，即"德、智、体、美"。在我看来，最重要的标准是"智力、品德、意志、胸怀"。在这四个因素当中，智力并不是最重要的，但它却往往被我们的家长认定是第一要素。在社会上，或者是在高年级的学习中，比拼的其实是核心素质。有些孩子在小学、初中学习很好，为什么后来落后了？这里面都有好多问题需要研究。有些孩子，尽管没有输在起跑阶段，却也因为底气不足，品德、习惯、意志、胸怀等核心素质跟不上来，最终还是输了，输在了终点上。因为一些更加重要的东西没有培养起来，孩子最后还是会慢慢败下阵来。

看似一条起跑线，实际上却是一个很庞大的课题。关键是我们要知道什么对孩子最重要？千万不能急功近利。只有当孩子全面发展了，他才不会输掉整场比赛，最终才可能赢在终点。

相关链接

中美孩子的对比

1. 在第28届心理学大会上，美国心理学家琳达·卡姆拉斯在她发表的《中美儿童发展》中指出：3岁美国孩子的微笑比同龄的中国孩子多55.6%。长久的不快乐会导致抑郁症。调查显示，中国目前约有20%的儿童出现抑郁症,其中 4% 出现临床抑郁,要接受治疗。专家认为:儿童抑郁与家长的过高期望与社会的激烈竞争有关。卡姆拉斯还指出:中国父母在易发怒程度上要比美国父母高出 26%,在严厉程度上则要高出 52.2%。

2. 美国河郡学院心理与教育学教授卡洛尔·亨青格的研究表明,与美国儿童相比,中国儿童发生内向孤僻、焦虑和社交问题的比例分别高出 92%、31% 和 138%。

3. 澳大利亚心理学家莫尼卡·屈斯克利博士曾经做过一个关于儿童自制力的实验:孩子们面前有两盘巧克力,一盘多一盘少,如果试验者能够忍耐 15 分钟,就可以吃到那盘多的巧克力,否则只能吃那盘少的。这项试验延续了 7 年时间,在参加试验的上百名中国儿童中,超过 80% 的儿童只能忍受几分钟便按铃呼唤试验人员要求得到巧克力,而 66% 的澳大利亚孩子则得到了那盘多的。这就意味着:中国孩子的自制力与忍受力不容乐观。

4. 美国密歇根州立大学的心理学教授琳达·杰克逊对 130 个平均年龄为 13.5 岁的美国孩子做过调查,调查表明,美国孩子不经常使用网络聊天。孩子们都表示:既然有父母和朋友可以交流,为什么还要和陌生人在网上聊天? 但现在通过网络聊天的中国孩子比比皆是。

教育名言

- 如果有适当的条件,绝大多数儿童几乎都是无所不能地学会的。而这适当的条件就是早期教育。——布鲁姆[美]
- 我们没有认识到早期教育对一个人成长的极端重要性,没有意识到早期教育事实上比任何时期的教育都更加重要。——王东华

家庭是教育的主阵地

德育是成功人生的基石

  德育就是关于品德的教育。德育的内容主要包括道德品质、思想和政治方面的教育,另外还包括心理教育、法制教育等。可见它的内容是非常广泛的。德育是统帅,对人生起着领航和保障作用。它的目的是促进人的灵魂转向,让人的灵魂转向正确的轨道,转向真、善、美。

  知识是力量,是一种资源;道德也是力量,也是一种资源。通过智力掌握科技,还只是潜在的"生产力",要转化为现实的"生产力",一方面要靠体力支撑,另一方面还需要品德支撑。就好像葡萄结果要有架材一样,品德也是才智结出硕果的一种架材。

  好品德,是利他的,也是利己的。不要以为品德好就是学雷锋,就是做好事,就是老实,老实人吃亏。其实不是这样的,自古以来,都有一种说法,叫"德福相连",即有好品德的人,也会修来好福气。古人讲"德者,得也",即有好品德的人,才能得到他所想要的东西。

  让我们来看一个故事:

  弗莱明是一个穷苦的苏格兰农夫。有一天,他在田里劳作时,听到附近泥沼里有人发出求助的哭声,于是他放下农具,跑到泥沼边,发现一个小孩掉到了粪池里,于是弗莱明把这个小孩从死亡的边缘救出来。

  第二天,有一辆马车停在了弗莱明的家门口,从车里走出来一位优雅的绅士。绅士自我介绍说是那位被救小孩的父亲。绅士说:"我要报答你,你救了我小孩的生命。"弗莱明说:"不,我救人是应该的。我不能因救你的小孩而接受报酬。"

  就在那时,弗莱明的儿子从屋里走了出来,绅士问:"这是你的儿子吗?"弗莱明很骄傲地回答说:"是。"绅士说:"我们来个协议吧,让我把他带走,到城里我负责他接受良好的教育。他将来一定能成为令你骄傲的人。"

  弗莱明答应了绅士的要求。后来,弗莱明的儿子从圣玛利亚医学院毕业,并成为举世闻名的弗莱明·亚历山大爵士,也就是盘尼西林(青霉素)的发明者。他在1944年受封为骑士爵位,并且获得诺贝尔奖。

数年后,绅士的儿子染上肺炎,生命垂危,是谁救了他呢?是爵士发明的盘尼西林。那绅士是谁呢?是上议院议员丘吉尔。他的儿子就是当时的英国首相丘吉尔爵士。

德育、智育、体育、美育是人成长发展的四大营养元素,缺一不可。俗话说,智育不好是"废材",体育不好是"病材",德育不好是"害材",美育不好是"木材"(不会审美,情感不丰富,像木头人一样)。

当代,社会缺乏的不是知识,而是品德。目前,世界各国几乎都非常重视品德教育,纷纷提高德育地位,增设德育课程,增加德育课时,开辟德育途径。西方国家学者提出了"德育投资理论"。他们认为,德育投资不是非生产性投资,而是可以带来巨大的经济效益的投资。只有重视德育投资,经济才能高速发展。美国前总统里根说,美国之所以存在教育问题,是因为没有把足够的人力、物力、财力用在德育上。日本前首相中曾根康弘发表的《教育改革七条设想》,其中有三条同德育直接相关,反复强调要充实情操和道德教育。英国和德国都有人呼吁在德育上花钱不要吝啬,它会很快得到经济偿还的。当然,西方国家德育在性质、目的、任务、内容等方面,与我们的德育有许多不同之处。但是,他们关于德育作用的认识,还是值得我们借鉴的。

做人教育是家庭教育的灵魂。对于小学低年级的学生要特别注重思想品德、行为习惯方面的教育。我们的孩子将来必然要走向社会。一个自私自利、心胸狭隘、性格怪异、心理不健康甚至变态的人,怎么能与人合作呢?怎么能贡献于社会造福于他人呢?这样的人自己活得也不会幸福。有人可能会说,只要他学习好,能考上大学就行。况且,学校进行思想品德教育,必然要占用文化课学习的时间呀!持这样观点的人,是把德育与智育对立起来了。德育进行方向教育、思想教育、品德教育,可以帮助学生树立远大理想,培养世界观、人生观、顽强的意志、良好的性格等,这些无疑会给孩子智育的发展铺平道路,犹如磨镰之于割麦,磨刀不误砍柴工。

道德对于才能的培养作用也是很大的。"志不强者智不达。"意大利诗人但丁说:"道德常常能填补智慧的缺陷。"在人的素质结构中,道德起主导作用。思想品德是照亮一切的总源。一个国家的科技水平,不但同科研人员的智力水平成正比,而且同他们的道德水平成正比。同时,品质的发展本身就是人素

质全面发展的一部分。品德与学识的关系,是"红"与"专"的关系。光红不专不行,只专不红也不行。德国法西斯头子希特勒有着优秀的领导能力,南宋奸臣秦桧是进士和书法家,贤者能力越大,贡献越大,坏人能力越大,危害越大。知识与技能固然重要,但是与做人的方向、价值观相比,就不可同日而语了。

对小孩子来说,教他怎样做人比教他怎样做事更重要。现在青少年犯罪现象骤增,大多是因为家庭、学校没有处理好做人与做事的关系问题。苏霍姆林斯基曾说:"教师对儿童的关怀首先表现在善于做到不让他成为坏孩子,防止他走上错误的道路。"在应试教育下,光抓智育,单科独进,拔苗助长,结果文化知识没学好,没学会做事,也没学会做人,虽然他学了许多本事,却走上了犯罪的道路,这是一个很深刻的教训。

一个人的成功,情商因素占80%,智商因素仅占20%。所以,我们必须实施全面发展的教育,十分重视孩子的思想品德教育。不要吝惜在德育上花时间,这种投资会很快地在智育上得到偿还。要知道:"先教做人,再教做事,只重学习,观念有误。"

  1988年,75位诺贝尔奖获得者在法国的巴黎聚会。有记者问其中一位获奖者:"您在哪所大学或哪个实验室学到了您认为最重要的东西呢?"这位白发苍苍的学者答道:"是在幼儿园、在家里。"记者又问:"在幼儿园和家里能学些什么东西呢?"学者答道:"把自己的东西一半分给小伙伴们,不是自己的东西不要拿,用过的东西要放回原处,吃饭前要洗手,做错了事要表示歉意和承认错误,午饭后要休息,要仔细观察大自然,要关心别人。从根本上说,我学到的东西就是这些。"这是多么发人深省的回答啊!

在教育子女上,我们不妨学学古人。古人的育人观就是先做人后做事。比如,"黎明即起,洒扫庭除。""行有余力,则以学文。"就是先从生活和行为习惯上开始培养,把知识学习放在其次的位置。可我们是怎么做的?眼睛只盯着知识、考分,一叶障目不见泰山。我们发现,有些孩子在小学、初中一直学习很好,也非常乖巧,可是到了高中却开始走下坡路。为什么呢?因为性格的缺陷暴露出来了。这就是我们轻视做人教育的后果。

忽视品德培养和做人教育,这种教育是病态的教育、畸形的教育。这种教育带来的恶果,潜伏期很长。不少孩子到了高中甚至大学,才表现出这样那样的问题,这就是在为他早期的教育失误而"买单"。

相关链接

小卡尔为什么优秀？

小卡尔出生于1800年7月,他八九岁时已经能够自由运用德语、法语、意大利语、拉丁语、英语和希腊语六国语言,也通晓化学、动物学、植物学和物理学,而他尤为擅长的是数学。他9岁考入莱比锡大学,10岁进入哥廷根大学,12岁发表了关于螺旋线的论文,受到了一些学者的好评,13岁出版了《三角术》一书,14岁被授予哲学博士学位,16岁时又被授予法学博士学位,18岁时被聘为巴黎大学教授。殊不知,婴儿时期的卡尔反应相当迟钝,显得极为痴呆。他父母曾经哀叹:"上帝怎么给了我这样一个傻孩子呢?"

老卡尔说:"有人认为我只是热衷于发展儿子的大脑,这是错误的。在对儿子的教育上,我特别下力气的与其说是智育,莫若说是德育。我不想把儿子变成个聪明却不近情理的人。""我认为,性格就是能力。如果一个人的性格开朗直爽,那么他就很容易被人所接受,交往范围广泛,就有走向各种人生道路的可能性。如果性格孤僻,他的交往活动就只会在狭窄的范围中,做任何事情都不愿同人们直接配合,结果往往是半途而废,人生道路就一直处于半封闭状态。从某种意义上说,性格是决定一个人成功与否的关键。"

作者感悟

• 体育是让身体健康成长,智育是让大脑智力健康成长,而德育是让人的灵魂和意志健康成长。灵魂是与学问不同的,一个人只有具备了自己的灵魂时,他才能算得上是一个真正的人。

• 为什么说德育特别重要呢？因为德育是塑造人的灵魂的。一个人只有具备了灵魂,他才能作为一个人而存在,而且具有高尚灵魂的人是不可战胜的。

教育名言

• 一个健全的心态,比一百种智慧更有力量。——狄更斯[英]

家庭是教育的主阵地

人格因素的巨大作用

对家庭教育而言,培养孩子具有健全的人格、高尚的品德和良好的性格,比学知识、考高分更加重要。知识可以在学校甚至在走上社会后不断学习、一辈子积累。而一个人的人格品质却需要从小培养,错过了最佳培养期就没办法弥补了。而不良的道德品质、行为习惯,一旦形成将很难改变。

心理学家指出,在人际关系复杂、竞争激烈的现代社会,一个人是否具有成熟、稳定的情绪,能否坦然、从容地面对挫折和失败,是否有足够的魄力和勇气迎接挑战,一句话,他的人格与心理是否健全与健康,是决定他的事业成败与生活能否美满的重要因素。如果你的孩子有一个健康的人格,积极乐观的人生态度与优良的道德品质,那么,无论他文化程度高低,是否受过高等教育,都会成为周围人中的佼佼者和事业的成功者。而且,健康的人格、积极乐观的人生态度正是掌握知识的必要前提,是智力发展的基础。爱因斯坦说:"智力上的成功,往往取决于性格上的伟大,这一点常常出乎人们的意料。"因此,不要以为培养孩子健全的人格、良好的品质与他学习知识毫不相干。相反,这不但对学习文化课,而且对他的生命历程关系都非常大。

教育的任务不仅是传授知识,其重点应当是充实孩子的个性,使其获得健全、和谐的发展。只有让孩子的感情、意志和性格同智力得到同步协调发展,才能将孩子培养成为正常健全和高素质的人才。

我们从包括科学家、诗人、理论家、画家在内的著名学者及名人传记中,可以读到他们各自在人生道路上奋力攀登的不同故事。这些成功人士,各有各的性格色彩和特点。但我们可以从他们身上找到共同的人格特征:勤奋、好学、不知疲倦地工作;为实现理想,勇于克服各种艰难困苦;虚心学习,勇于实践,富于进取心;相信自己的事业一定能成功;以及认真细致、一丝不苟的作风及高度的责任感等。也就是说,他们的成功,不只是取决于他们的才华和学识,更重要的是得益于他们的全面素质与人格魅力。

在校园内外,有才华的人不在少数,但最终能够将自己的才华融入社会,并取得成功的人士却很少。一个拥有才华的人能否跻身成功人士的行列,就在于他能否忍受与化解走向成功的道路上的一切障碍。而化解这种种障碍的,不是你的知识和才华,而是你高尚的人格。

我培养坚强的儿子而不是总统

富兰克林·德拉诺·罗斯福是美国历史上唯一连任四届的总统。1880年,萨拉·德拉诺与詹姆斯·罗斯福结婚,第三年生下了富兰克林·德拉诺·罗斯福。富兰克林的出生给全家带来了极大的欢乐。尤其是老罗斯福老来得子,自然视儿子为掌上明珠。萨拉也对儿子倾注了所有的爱,在富兰克林出生后不久就开始记日志,二十几年从未停止。儿子的一举一动、一言一行都被毫无遗漏地记录在案,甚至包括儿子穿过的衬衣、鞋子、小袜子以及富兰克林长大后的信件、考试卷,她都整整齐齐地保存了下来。

虽然詹姆斯与萨拉都非常疼爱富兰克林,但他们并不娇惯和溺爱他,特别是母亲萨拉,对儿子要求非常严格。萨拉掌握一定的心理学知识,她根据人在一天中心理因素的变化规律给儿子制定了一个严格的作息时间表,然后要求富兰克林遵照执行。在母亲的合理安排、严格要求下,富兰克林从小就养成了依据时间规律生活的习惯,这为他日后形成良好的性格和严谨的工作作风奠定了基础。

父母的要求是严格的,但他们的作风是民主的。一次,小富兰克林不满意母亲制定的严格作息制度,向她提出抗议,要求母亲给他自由。萨拉认真地考虑了儿子的要求,允许他自由一天。到了晚上,6岁的儿子满身灰尘,一脸疲惫地回来了。这一天儿子去干什么了呢?母亲没有过问。

萨拉为了培养儿子的自信心,在玩游戏时,她一般让儿子赢。但长此以往,对小富兰克林的成长并不好。为了教育他,有一次母子玩一种棋类游戏,萨拉故意不让他,接连赢了儿子几盘。小富兰克林生气了,母亲故意不去理会,并坚持让儿子道歉。结果,小富兰克林认输了。萨拉认为这样做对儿子的个性发展和良好品格的形成有好处。

对于家庭条件较好的子女来说,只拥有文化素质,不经历磨难,将来也难以成就大事,更谈不上为社会献身,为他人造福了。鉴于此,萨拉在1896年9月便把14岁的儿子送进了思迪科特·皮博迪博士创办的格罗顿公学寄宿读书,直到1900年毕业。1900年9月至1904年6月富兰克林在哈佛大学读书。

1907年富兰克林从哥伦比亚法学院毕业后,进入了顾主多为华尔街大商

家庭是教育的主阵地

家的著名的卡特·莱迪亚德·米尔本律师事务所,充当初级书记员。四年后他当选为纽约州参议员,开始了他的政治生涯。

1921年8月初,父母带着富兰克林驾驶着豪华游艇去坎波贝洛度假,不想富兰克林患上脊髓灰质炎,两腿完全瘫痪。萨拉怀着强烈的母性本能要求儿子从此跟她回海德公园安度余生。但正处于政治生命关键时刻的富兰克林凭着从小母亲给他的坚毅和顽强,决定与命运拼斗。

一般情况下,生理残疾的人往往容易产生悲观、厌世的情绪,但富兰克林却没有这方面的表现,他以健全的心理平衡与防卫机制避免了这种可能性。他忍着肉体和精神上的极大痛苦接受一个又一个的治疗,并经常连续几小时锻炼身体。在生活上遇到的困难自不必说,在政治上也遇到了难以计数的强硬的对手,他们对他的各个方面进行过非议和责难,但都被他用坚强的意志力一一化解了。

1932年,富兰克林·德拉诺·罗斯福当选美国第32任总统,后因战争原因,他连任四届,是美国历史上唯一连任四届的总统。

教育名言

· 我们干吗需要那种"纯知识"呢?确切地说,如果一个人没有利用知识去为人们除恶务善的个人激情,没有与他人分享知识成功的愿望,不去帮助处于困难中的人们,他干吗需要知识呢?——阿莫纳什维利[苏联]

好性格成就好命运

我们常说:习惯决定性格,性格决定命运。爱因斯坦说:"智力上的成绩,依赖性格上的伟大,这一点常常超出人们的认识。"很多人奋斗不得成功,不是因为他的智力不行,而是他的性格不行。

有人问爱因斯坦:"您认为天才最大的困难是什么?"他说:"天才最大的困难是:和另一个天才合作。"

性格主要靠后天培养而形成。卡尔·威特说:"性格是会改变的,而且会不断地改变。"从小培养孩子具有良好的性格,对孩子一生的健康成长起着奠基作用。孩子从小形成良好的性格,对于他智力的发展、学业成绩也起着很大

的促进作用。有的人处处表现出善良、热情,他们为别人的成就高兴,为别人的痛苦悲伤,宽容周围人的缺点和过失,乐于帮助那些需要帮助的人。而另一些人则不然,他们不仅没有上述各种美德,反而狭隘孤僻、嫉贤妒能、幸灾乐祸,为一点小事耿耿于怀,记恨报复。这两种截然不同的性格,都不是一朝一夕形成的。它固然与人一生的经历有关,但幼年家庭环境潜移默化的作用及父母有意无意的影响与教育,都起着至关重要的作用。家庭教育乃是一个人性格与品质形成的基础。同时,性格对孩子目前的学习也有直接的关系,试想,若一个人孤僻、狭隘、小肚鸡肠,今天和这个有矛盾,明天和那个不说话,能专心致志地学习吗?

《中国少年报》的一位知心姐姐,为了对小学生进行心理品质教育,设计了让小朋友经常说的三句话:第一句是"太好了",第二句是"我能行",第三句是"你有困难吗?让我来帮助你"。提倡说"太好了",实际是要培养孩子一种带着微笑看世界的品质,让孩子有一个良好的心态面对发生的一切。而这种心态的培植,并非单单叫孩子说出这句话能行的,还需要家长对其进行潜移默化的熏陶。乐观的心态、顽强的毅力、百折不挠的精神,这些难道不是孩子最需要的吗?提倡说"我能行",旨在鼓励孩子的自信。孩子的自信心需要在成人的不断鼓励中、在让孩子不断地取得成功体验中,逐步培植。提倡说"你有困难吗?让我来帮助你",是要培养孩子关心他人、助人为乐的品德。这是孩子长大后,为社会作贡献的心理基础。

父母应该怎样培养孩子的好性格呢?

1. 让孩子开朗、活泼起来。每个人都喜欢与开朗活泼者交往。社会越发展,越需要合作精神。卡尔·威特认为"如果一个人的性格开朗直爽,那么他就很容易被人所接受,交往范围广泛,就有走向各种人生道路的可能性。因此,我认为,性格就是能力"。林黛玉非常聪明,可以说是才女,但贾府上下很多人并不喜欢她,主要是因为她性格孤僻、心胸狭窄。有位哲人说:"性格就是命运。"这话有一定道理。因此,从小培养孩子开朗、直爽、活泼的性格,是家长的重要责任。

2. 让孩子学会宽容。因为孩子年幼,经历有限,他们所遇到的一些事,往往是生平的第一次。怎么处理,处理得是否恰当,对他今后的行为具有示范的性质。父母必须十分注意,不要使狭隘、嫉妒、自私、报复等不健康的心理侵袭孩子幼小的心灵。要培养孩子具有天空一样的胸怀。家长要以身作则,用"严以律己,宽以待人"的原则处事待人,给孩子以潜移默化的影响。另一方面,也要让孩子知道,能够对别人宽容是一种美德。每一个人都难免有做错事的时

候,所以人人也都应该学会宽容与谅解。

3. 让孩子学会关心别人。学会与别人共处,建立与他人的共享意识,已成为现代社会人所必备的素质。父母应对孩子从小灌输共享意识,就是有好东西大家吃,有玩具与小朋友一起玩。在此过程中,培养孩子心中有他人,尊重他人意见,关心、帮助他人的习惯。

中国古代有"孔融让梨"的故事,四岁的孔融心中有他人,就不能不说是家庭教育的结果。而现在许多家庭,把孩子当小皇帝、小太阳,全家围着他转,关心服务无微不至。孩子几岁了,家长还帮他洗脚、系鞋带、挤牙膏……孩子说一不二,家长唯命是从。在这样环境里长大的孩子,心目中只有一个人,那就是他自己!

4. 教孩子学会表达谢意。从小培养孩子尊重别人的劳动、知道感谢别人的意识。在他们很小的时候,就要求他们在得到别人的帮助时,都要说声"谢谢"。家里的人也不例外。无论父母为孩子端来一杯牛奶,还是出门前为孩子穿上外套,孩子在接受你的帮助后,都要说声"谢谢"。这不仅是礼貌,而且是真诚的谢意。

在我国大多数独生子女的家庭里,父母一切围着孩子转,孩子过着"衣来伸手、饭来张口"的生活。孩子们对家长及别人的辛苦一无所知,他们根本不知道柴米是怎么买回来的,庄稼是怎么种出来的,饭菜是什么做出来的,他们对周围的一切习以为常、心安理得,根本就不知道还需要道声谢谢。这种状况,做父母的难道没责任吗?

人的意识是需要灌输的,好性格、好习惯是需要悉心培养的。家长如果能让孩子们在刚刚懂事时,就学会对别人表达谢意,岂不是可以使人间多几分感恩之温暖,少几分抱怨之戾气?岂不是可以让社会多几分温馨与美好,少一点摩擦与争斗?

知道表达谢意,是现代文明的一种标志。在西方,任何人接受了别人的服务,哪怕是有偿服务,也还是要真诚地报以微笑,并说声"谢谢"。在观看演出、听报告、听演讲时,要不时报以热烈的掌声。不习惯说"谢谢"的中国人会问,这么多"谢谢"有必要吗?根据我的切身体会,当你处在这种"谢"声不断的社会环境中,确实会感受到一种轻松愉快和相互谦让的和谐氛围,感受到一股文明的暖流,感觉人间多了一份理解与温馨。

我们中国人,不善于说"谢谢",有一定的心理因素:他应该做的,还谢什么?但你要知道虽然是应该的,他会因你的谢意而做得更好。而且他会因你的"谢谢"而心情十分愉快,还你以微笑,你的心情、情绪也会更好。大家都这样做,整个社会将会变得更加温馨、美好。"谢谢"二字,是人际关系的润滑剂!

教育名言

• 你的孩子不论将来从事什么职业,做何种伟大事业,他要取得成功,他必须首先要做人成功,他必须首先成长为一个正常的具有善良品性、具有适应能力和自我发展完善能力的人。——董进宇

培养孩子优秀的素质

理想的人是素质全面的人,是品德、健康、才能三位一体的人。优秀的素质也必须从摇篮期开始培养与熏陶。普林斯博士说:"孩子的道德教育应该从摇篮里开始,因为当今社会所缺乏的不是头脑而是品德。"由于社会上没有专门培养孩子品德的机构,这个任务就自然落到了父母的身上。对孩子进行道德教育,越早越好。

对孩子早期素质教育要注重培养规则、信用、勤奋、自制、勇敢、礼仪、服从、诚实、慈善、自尊等十项必备的优良素质。

【规则】面对现在的孩子,最怕出现两种情况,其一是"无所事事",就是无理想、无追求,整天浑浑噩噩;其二是"无法无天",即无所畏惧,天不怕地不怕,在心里没有规则,没有法律。这两种情况都是很危险的。父母一定要注意培养孩子的规则意识、敬畏意识。

【信用】因为考试不考信用,人们便对孩子的信用教育不抓紧、不重视。现代社会缺乏信用,表现在老人病倒在大街上无人敢去搀扶,甚至见死不救,人们往往怕上当受骗。整个社会都缺乏信用,出现了所谓的信用危机。家庭和学校应该把信用教育抓好。

【勤奋】勤奋是孩子必须从小养成的一种好习惯。因为勤奋是一个人最主要的品德,是幸福的源泉,而懒惰是万恶之源。一个孩子的精力不用到有益的地方,就会成为破坏的力量。谚云:"恶魔是借懒人之手做坏事的。"所以身为父母者,应让孩子从小养成勤奋的习惯,使恶魔无机可乘。从小就热爱劳动、好学深思、关心和同情他人的孩子,将来一定会成为幸福的人。

【自制】有这么一句古话:"幸福的人并不是能随意支配金钱的人,而是能

随意支配自己的人。"亚历山大征服了全世界,但不能节制自己,因而夭折了。因此,培养孩子养成自制的习惯,是他们将来幸福的保证。孩子的精力和水蒸气一样,若是能控制它,把它传送到机器中去,就能使汽船开动、火车飞驰;若是让它任意发挥,那是很危险的。

【勇敢】生活中充满无数艰难险阻,没有勇气是无法幸福生活的。有的父母看到孩子受了一点伤就过分地安慰他,反而加重了孩子的痛苦,这是一种错误的做法。正确的做法是轻描淡写地、不过多地谈这件事,把孩子的注意力迅速地转移到其他方面去,以便使他忘记痛苦。社会上有的人专门靠别人的怜悯过活,应当教育孩子,不要变成这样的人。然而,勇敢的人并不是无情的人,不能使孩子成为无同情心、又无怜悯心的人。

【礼仪】孩子所有良好习惯的养成,完全靠父母榜样的力量。特别是日常生活中的礼貌,更要靠父母的榜样示范。父母应当精神愉快,与人为善,彬彬有礼,不说粗野的话,遵守时间等,处处给孩子做出榜样。算术和地理等方面的知识,等长大成人之后也能学会,然而,文明礼貌若不在幼年时代形成,以后就很难具备了。

【服从】过去法国有个大官僚问华盛顿的母亲:"您是用什么教育方法把自己的儿子培养成如此伟大的人物的?"她回答道:"服从。我只是教儿子好好地服从。"服从也是孩子重要的品德之一。父母要对孩子讲清楚,父母让他干什么,为什么应该去做;父母不让他做什么,为什么不应该去。并且让他们明白,父母这样做都是为他们着想的。

【诚实】说谎是万恶之源,其害处不消多说。然而,孩子们由于缺乏经验,又富于想象,有时会说谎,并且也知道这是坏事情。这不应过分指责,但是要注意纠正。因为从无害的说谎到欺骗他人的说谎,它们之间只差一步。

【慈善】慈善是孩子应具备的又一重要品德。善和恶是相对的,是水火不相容的,是此消彼长的。没有慈善心的人,是很危险的人。"勿善必恶。"父母要培养孩子的慈善精神,让他远离凶恶、自私、贪婪。

【自尊】自尊心是一个人品德的基础。若失去了自尊心,一个人的品德就会瓦解。人之所以变成醉汉、赌徒、乞丐和盗贼,都是由于失去了自尊心的结果。"人自幼年,便有自尊,失去自尊,进步无根。"

教育名言

· 这个世界上除了心理上的失败,实际上并不存在什么失败。——奥斯丁[德]

没有好身体，就没有高素质

什么叫高素质？德、智、体、美全面发展、全面优秀的人是高素质，并不是考高分、学习优秀才是高素质。学习好只是高素质的一个方面。中国工程院院士、华中科技大学前校长杨叔之打了个很好的比喻，他说，一个人德行不好是"害才"，智育不好是"废才"，身体不好是"病才"，缺少哪一方面，都不是人才，起码不算优秀的人才。

在德、智、体、美诸项素质中，身体素质应该是最重要的。有人说身体是"1"，其他各项都是"0"，"1"没了，后面的"0"再多都没有意义。所以，我们要特别重视学生身体素质。留美博士、扬州外国语学校校长王修文指出："爱上阅读和运动是给孩子一生的礼物。"他认为中国孩子真正喜爱运动的很少，与之相对应的不仅是他们的身体发育不健全，还有精神和心理的全面弱化和萎靡。而运动是孩子理解生命、体验生命的最好方式之一。我们在实践中也不难发现，学生的身体素质提高了，他们的情绪状态和精神状态也会更健康。我们不难理解，学生身体健康了，肯定带来的是情绪健康和精神健康，而情绪健康和精神健康正是有效学习的基础。

导致家庭和学生不重视体育和学生体质下降的原因是复杂的：

第一，高考制度以文化成绩为主要依据的格局尚难改变，学校的应试倾向还相当明显，巨大的考试和升学压力，直接导致了学生睡眠的严重不足和学习时间的延长，减少了学生体育锻炼时间。

第二，家庭以适度保护为特征的教养方式，剥夺了促进青少年自然成长和发育所必需的运动刺激。一方面，毫无节制地满足孩子的食物摄取需要；另一方面，出于安全考虑，最大限度地限制孩子的体育运动和户外活动，造成严重的"运动缺乏症"。

第三，在信息时代，网络、电视、游戏、阅读等成为青少年休闲的主要方式，久坐不动的静态生活方式逐渐形成，减少了青少年获得持久、足够的运动乐趣的机会，阻碍了他们养成体育锻炼的行为习惯。

前不久，北京地坛小学跟俄罗斯小学的一场足球赛，由于比分悬殊而使人哗然，其轰动效应不亚于当年《夏令营里的较量》的发表。不同的是，上次是日

本学生,这次是俄罗斯学生。我们输掉一场球并不重要,重要的是不能输掉一代人。所以,全社会应该共同努力,建立起提高青少年体质健康的长效机制。这不但关系到学校、家庭多个主体,也涉及观念、体制等多个环节,需要由局部行为上升为国家战略。

教育名言

· 若要培养出健康、强壮、灵敏、机智、勇敢,既善于克服困难,又卓有信心正视前面的人,则体育和运动乃是很重要的因素。——加里宁[苏联]

教孩子勤动手、会劳动

大部分家长认为,劳动谁不会?孩子还要学这个?孩子长大了就自然会劳动了。其实,这种想法是错误的。孩子劳动,重要的不是结果而是过程。只有通过劳动才能培养孩子热爱劳动等优良品格,劳动对孩子成长的积极作用,是许多人所认识不到的。

北京海淀区教委曾组织一次高考状元谈学习的讨论。当大家都在高谈学习方法、解题技巧、应试策略的时候,有一位理科的高考状元竟出人意料地谈到:"我从家务劳动中得益不少。"原来,他的父母都在油田工作,平时经常不在家,这样他自然要做很多家务劳动。他深有体会地谈到:自己动手做家务,一是杜绝了凡事依赖父母的思想。自己遇见的问题自己解决,凡事有条有理地进行,反而有利于合理地安排时间,学习时更加有计划,效率更高。二是增强了自己独立解决问题的信心。三是经常活动手指,对开发大脑有好处。因为心灵和手巧是相辅相成的,孩子在劳动中要接触到很多事物,要动脑筋考虑如何把活干得又快又好,这样孩子就要善于观察、思维,甚至展开想象,这些无疑是有利于智力发展的。因此,经常适当地干家务劳动,对学习是有促进作用的。

李政道在中国科技大学少年班作报告时说:"美国的孩子从小就有动手做各种用具、家具的习惯,动手已成为不可缺少的内容。18世纪前,许多发明创造都是由中国人做的,因此不会动手决不是中国人的传统。现在学生不重视动手,这显然是错误的。"与外国学生相比,中国的学生动手能力低下,生活经验少,离开父母就不能照顾自己,这与家长们片面强调书本知识,而对孩子的劳动教育远远不够是密切相关的。有统计数据表明,我国小学生每天参与家务劳动的时间,仅为美国小学生的六分之一。

　　美国心理学家威特兰从20世纪40年代起对490名男孩跟踪调查40年,对他们从小到大的学习、生活和工作的各个方面,做了系统地分析,其中的一个结论就是:除去智力、家庭收入、种族背景、教育程度等因素外,儿时常做家务的孩子较有才干,充满自信,交往能力强,获得成功的比例大。因此,威特兰说:"劳动增强了孩子们的能力,由此获得尊重而自我感觉良好,因为他体验到自己对家庭的贡献,也感到自己是社会中有价值的成员。"劳动的作用之大,是超出人们的一般认识的。很多家长为了让孩子有更多的时间学习,或是为了体现对孩子的爱,很少让孩子做家务。这样恰恰对孩子成长不利。经常做家务劳动的孩子,由于更多地体验到家长的辛苦,能够更深刻地体验到父母的爱,会更加尊敬、孝敬父母。

　　不会动手,是中国孩子的通病。现在的孩子,尤其是独生子女,在家长的过度保护下,过着"衣来伸手、饭来张口"的生活。要知道,这不是在爱孩子,而是在害孩子!

　　许多妈妈为了节省时间,为了不弄脏宝宝的衣服,硬是夺走孩子手中的碗勺,亲自喂宝宝吃饭。这些妈妈并不知道,她们夺走的并不仅仅是孩子手中的碗勺,她们无形中剥夺了孩子动手锻炼的机会和由此所培养起来的能力。许多独生子女在大人们的包办代替下,变得越来越退化、越来越迟钝了!

　　俗话说,"十指连心"、"手巧心灵",动手可促进动脑。手指动多了,灵活了,大脑也会因此得到锻炼,灵活起来。可在实际中,好心的父母们,却轻易地抹杀了孩子的动手能力:帮孩子穿衣戴帽、系鞋带等,当家长满怀激情、不顾一切、好心地代替孩子劳动时,这正是把孩子往火炕里推的时候。

　　培养孩子的动手能力,不仅是培养幼儿良好行为习惯的需要,而且是发展儿童智力的一个重要手段。用来制造财富的双手会越来越灵活。如果这双手被闲置不用,甚至被废弃,其结果造成的不仅是手不灵,还会造成"大脑失灵"。

　　孩子的劳动观念和劳动能力,应从小培养,等孩子长大了,就培养不成了,他就不听你那一套了。那么,孩子参加家务劳动包括哪些方面呢?下列内容可作参考:

　　1. 学龄前儿童和小学低年级:穿衣服、系鞋带、洗手、洗脸、洗脚、洗手帕、洗袜子、洗碗筷、叠被、整理图书和玩具、擦桌子、扫地、削铅笔、整理书包等。

　　2. 小学中年级:除以上劳动再增加洗小件衣服、收拾屋子、倒垃圾、钉纽

扣、包书皮、帮家长买菜等。

3. 小学高年级：除以上劳动再增加布置房间、缝补衣物、刷鞋、打扫院子、打扫楼道、帮助家长干简单农活、参加社区和学校组织的公益劳动等。

4. 初中、高中：除以上劳动再增加买菜、做饭、洗衣服，参与父母所从事的工作，参加志愿者活动，到社区福利院、敬老院参加义务劳动等。

    人有两件宝，双手和大脑。
    手巧心也灵，心灵手也巧。
    双手不常动，脑也灵不了。
    用手又用脑，啥也难不倒。

不要忽视美育的神奇作用

  人们往往认识不到美育的重要性，认为美育是可有可无的，因此极不重视美育的育人功能。其表现在家长和孩子对学校开设的音乐课、美术课和美育活动不以为意。不少家长认为中考、高考又不考这些，况且孩子将来也不打算走音乐美术这条路，因此认为，美育对孩子的健康成长没有什么关系。有些家长让孩子从小学习音乐、美术课程，也多是从学习技能或者是为了赶时尚，怕别的孩子学习了，自己孩子不学，输在起跑线上，并没有从开发潜能、开发大脑特别是开发右脑、丰富人的灵魂方面来考虑。

  其实，美育对人的发展作用非常大，只不过是它起的作用是内在的、潜在的、缓慢的而已。我们起码应从以下两点来认识美育。第一，美育的直接功能有：培养和提高孩子感受美、鉴赏美、表现美、创造美的能力，使人的灵魂丰富而高尚。第二，美育的间接功能有：育德、促智、健体功能以及开发人的右脑的功能。我给美育的功能总结了几句话：培养审美能力，丰富高尚情感，开发大脑潜能，提高学习成绩，提升道德情操。

  美育的根本任务是要使孩子具有发现和创造美好生活的基本能力，从而努力追求高品位的生活、高境界的人生。这一点不仅是学生个体生活幸福的需要，也是现代社会向教育提出的时代要求。现代社会的特征之一就是物质财富的空前增长,闲暇时间的空前充足。按照心理学家马斯洛的观点,人类个体在基本需要得到满足的前提下,真、善、美等高品位的心理追求将成为主导性的心理需要。忽视这一超越性需要,人们就会产生现代人所常见的空虚、无聊、寂寞等心理疾病。所以,美育的重要任务之一应当是培养和提高学生追求人生趣味和理想境界的能力。您说,美育能少吗?

音乐拥有神奇的力量。奶牛听了音乐多产奶,母鸡听了音乐多下蛋。英国人用音乐刺激,使卷心菜长到27公斤。法国人用音乐刺激,使番茄长到2公斤,对于人类来说,音乐可以开发右脑,丰富想象,激起幻想,陶冶情操,有利于创造,还可能健脑强身祛病延年。

许多世界上公认的大家,例如居里夫人、高尔基、李四光等,都是音乐的爱好者。恩格斯对贝多芬的交响乐十分痴迷,爱因斯坦擅长演奏小提琴。不少杰出的科学家在谈到他们的成长和成就时,都谈到了音乐、美术、文学等美育因素对自己的巨大影响。我国的孔子也非常喜爱音乐,曾闻韶乐"三月不知肉味";三国时期的诸葛亮、周瑜都对音乐非常精通,有"曲有误,周郎顾"之说。

美育能培养人们丰富而高尚的情绪和情感,从而对其智力的成长和发展发挥神奇的作用。科学泰斗爱因斯坦曾说过:"美丽的情绪之花,必然结出丰硕的智慧之果。"这很好地阐明了情绪与智慧的关系。著名的物理学家诺贝尔奖获得者钱学森晚年曾提出:"科学要与艺术'联姻'。艺术思维有助于科学研究,当然有助于教育研究和教育写作。"

我在这里还要强调,美育对大脑开发特别是右脑开发的重要意义。我们知道,左右脑在分工的基础上协调合作,维持大脑的正常运转。科学研究证明,一般人左脑用得多、开发得好。而右脑开发得少,它基本上还属于处女地。右脑开发得好,脑的总能力会增强5至10倍。

美术和音乐是右脑的精神营养。过分集中于科学活动致使大脑疲劳迟钝的学生,特别需要音乐、美术等艺术项目的训练。这样,学习成绩自然会得到提高,可以有"无心插柳柳成荫"的收获。

总之,美育除了前述重要功能外,促使左右脑协调,也是它的一项重要功能。所以有人说:"没有美育的教育是不完整的教育。"因此,我们的教育方针,就是要求学生德、智、体、美全面发展。实际上,重视美育就是重视孩子的全面素质,就是素质教育。家庭教育一定要落实素质教育的理念,打好全面发展的基础。人生的片面发展不叫真正的发展,只是畸形的发展。

家庭是教育的主阵地

教育名言

· 要使人成为真正有教养的人,必须具备三个品质:渊博的知识,思维的习惯和高尚的情操。知识不多,就是愚昧;不习惯于思维,就是粗鲁蠢笨;没有高尚的情操,就是卑俗。——车尔尼雪夫斯基［俄］

第六章
攻心者方为上策

成长关键在心灵

攻心为上次攻城,成长关键在心灵。
教育始于交流起,亲子关系靠沟通。
巧用暗示鼓励法,父母一致令必行。
虚心学习长智慧,退而结网是聪明。

《孙子兵法》云:"攻心为上,攻城次之。"教育的秘诀在于让孩子的心灵转向。孩子们的生理和心理虽然还不成熟,还在成长过程中,但是他们都有一个丰富的内心世界。这个内心世界支配着、决定着他的言行,左右着他的学习动机。家长一定要尊重孩子身心成长的规律,用心搭建起和孩子交流、沟通的平台。父母要善于走进孩子的内心世界,真正了解孩子,运用鼓励、赏识、诱导、暗示、倾听等方法,使孩子乐意向你敞开心扉,打开与孩子平等沟通的大门,这才是教育的开始,才是教育的真正法宝。

家庭是教育的主阵地

为什么孩子不愿和你交流

我在做家庭教育讲座时,常常有不少家长朋友问我这样的问题:为什么孩子不愿意和自己交流?这个问题困扰着许多家长。

几乎所有的家长都愿意和孩子交流,也知道孩子不和自己交流不是正常现象,可就是不知道如何和孩子交流。正常的情况应该是,父母和孩子很好地交流,甚至亲子之间无话不说,保持一种亦亲子亦朋友的关系。我们知道,了解孩子是教育孩子的前提,没有了解就没有教育。孩子正处于生长发育的关键期,思想变化很大,特别是处于青春期的孩子心里有许多困惑和烦恼,需要向人诉说和寻求帮助。这种帮助最好来自父母。可惜,孩子和父母的交流往往不畅。其原因主要在父母一边。亲子交流的主动权在父母手上,解铃还须系铃人。孩子不愿和父母交流的原因主要有以下三个。

第一,孩子从小就没有养成和父母交流的习惯。当孩子尚小时,父母没有意识到亲子交流的重要性,关注的只是孩子的学习成绩和考试分数,等到孩子大了,再来进行交流为时已晚。孩子对亲子交流已经不习惯了,从而不能使交流开展下去。

第二,父母态度影响交流的进行。当孩子想跟父母说说心里话时,父母要么是心不在焉,要么怕耽误孩子的学习时间,从而表现出没兴趣、不耐烦,更多的则是对孩子横加批评。而且在和孩子说话时,父母摆出一副居高临下、高高在上的姿态,让孩子感到很不舒服。

第三,父母不懂得和孩子交流的技巧。其实,我们可以设身处地地想一想,孩子是多么得痛苦啊!他非常想表达自己的想法,但是却找不到交流的对象。他不敢和老师交流,也不愿和父母交流,那么就只好与同龄的小朋友交流了。我们想想,同龄小朋友思想认识水平跟他差不多,面临的问题都一样,如何能给他提供很好的思想帮助呢?

通过以上分析我们知道,出现亲子交流障碍的原因完全在家长!家长老是以教育者的身份、口吻教训孩子,孩子感觉到很不舒服、很不对等。孩子总觉得他是在被动地听、被动地挨训。这样的谈话,与其说是交流,还不如说是被批斗!孩子为什么喜欢和同龄小朋友一起玩耍和交流呢?为什么他们之间总有说不完的话呢？因为他在这里才真正地找到了自我，找到了话语权，找到了一条感情发泄的平台。他和同伴们交流感到无比的快乐，态度精神需求得到了某种程度的满足。

父母如果能放下架子，耐心地、真诚地倾听孩子的意见，给孩子以话语权，甚至和孩子交朋友，向孩子学习，那么孩子才愿意亲近你、和你说知心话，如此父母才能走进孩子的内心世界，才能打通教育他、改变他的通道。

交流在方法上要注意一些技巧，譬如，可以让孩子给你讲讲他学校、班里每天发生的事儿，他喜欢谁，不喜欢谁，原因是什么？让他讲讲他的班主任、他的科任老师，让他讲讲他对社会现象的看法，爱什么，恨什么等，也可以让他讲讲他对课本内容的一些看法。在此，倾听是前提，要态度专注，父母不要做其他任何事，就专心地倾听，也不要轻易打断他，批评他，尽管他的看法不对。对孩子的不正确思想，先让他讲出来、暴露出来，再想办法慢慢地加以克服和纠正。

🔵相🔵关🔵链🔵接

另一个儿子

哈里·S·杜鲁门当选美国总统以后，有记者到其家乡采访杜鲁门的母亲。记者首先称赞道：

"有哈里这样的儿子，您一定感到十分自豪。"

"那当然。"杜鲁门的母亲表示赞同，"不过，我还有一个儿子，也同样使我感到自豪。"

"他是干什么的？"记者好奇地问道。

"他正在地里挖土豆。"

家庭是教育的主阵地

诉诸良好的动机

成功教育大师卡耐基说过:"我们每一个人的内心,都把自己理想化,都喜欢把行为的动机赋予好的解释。因此,要想改变他人,理应诉诸高贵的动机。"

小孩子做错事,多数不是故意的,不少还是出于好的动机。即使孩子是故意的,我们也要赋予他一个良好的动机,给他一个台阶下。这是一种巧妙的教育方法。例如,我们可以这样说:

"孩子,你的出发点并不坏",

"我知道这不是你故意干的",

"你知道这样做不对,是一时控制不住自己",

"你本想做好事,可是没有把好事做成"等。

这样给孩子一个台阶下,还可给他一个美名。卡耐基说:"给他一个美名,让他为此美名而努力奋斗。"

例一 一个高年级的同学,把一个低年级的同学打哭了,告到老师那里。老师问高年级的同学:"你知道打人不对,是吗?"学生:"是的。"老师:"一开始你并不想打他,对吧?"学生:"是。"老师:"请你把过程说一下,看你的身上存在哪些不对。敢于承认错误的孩子,是好孩子。你看好不好?"学生:"好。"

例二 一年级课堂上,冬冬向老师报告说欢欢做小动作。其实冬冬也常有这种毛病。老师:"冬冬知道课堂上做小动作不对,是吗?""嗯。""你是想帮助老师维持课堂秩序,对吗?""是。""谢谢你。老师也注意到了欢欢做小动作,老师会巧妙地制止他。下课还准备找他谈谈。"老师:"你会改掉课堂上的小毛病,给冬冬树立个榜样,有没有信心呀?""有。"老师又转向欢欢:"冬冬这样做是在帮助你,对吧?他也想帮助老师。我们应当感谢他,对吧?""对。""希望你们两个互相帮助,比一比谁做得更好,行吗?""行。"

例三 三年级的艳艳拿了同班冰冰的钢笔,同学们纷纷告到老师那里,说艳艳偷东西。老师向同学们说:"艳艳不会偷东西。等我问清情况再说。同学们不许瞎猜、乱说。"老师和艳艳谈话:"艳艳,老师知道你是个好学生,不会偷拿别人东西。老师说得对吗?""对。""有时用一用别人的东西,一时忘了归还也是有的,你说是吗?""是。""你是不是想用一用冰冰的钢笔,忘了还给她?""……对。""这样不叫偷,只能算是粗心大意,是吗?""是。"艳艳把钢笔拿出来。老师在班上进行教育:"艳艳用了冰冰的钢笔,忘记了归还。现在已经归还给了冰冰。""大家可以讨论一下,怎样可以避免类似事件的发生?"大家讨论后得出结论:拿用别人的东西一定要征得人家的同意,不能私自拿别人的东西,做一个品德高尚、讲究礼貌的好孩子。

这里老师就通过把艳艳的行为赋予不坏的动机的方法,巧妙地教育了艳艳和全班同学。

例四 在某中学初一年级的一个班上,班主任花了不少心血,发动全班同学布置了"创三好"的专栏,让同学把自己创"三好"的计划都贴在那里,以便相互监督、相互帮助,共同进步。第二天发现有一位同学把自己的计划撕掉了。这位有经验的班主任当时虽然十分生气,但还是压住了自己的怒火,她决定换一种方式来教育这位同学。在表扬了全班同学积极上进的决心后,又说:"小明同学还担心自己的计划字迹太潦草,影响专栏美观,所以拿回去重抄了……"结果,中午过后,那位同学就将一份抄得工工整整的计划,重新张贴在原来的地方。而且以后很努力地按自己的要求去做,进步很快。

例五 小学三年级的一位女同学,放在桌斗里的一只新电子表不见了。班主任在班上说:"小强同学的电子表丢了。可能是咱班某位同学拣到了。这位同学肯定是要交给老师的。他想做好事不让人知道、不留名。我想他会悄悄地把拣到的电子表送到老师办公室或放到小强同学桌斗里的。"过了一天,小强果然在桌斗里发现了那只丢失的电子表。

苏霍姆林斯基曾说:"要知道,孩子是不会故意做坏事的。如果一个教育者硬是认为孩子有这种意图,是蓄意于不良行为的,也就是教育上的无知。这样的教师在竭力'砍掉劣根'的同时,把所有的根子都砍掉了。结果,使童年时

代生机勃勃的幼芽枯萎了。责备孩子蓄意干坏事、懒惰、马马虎虎,而实际上没有这种现象,孩子就会感到非常委屈,进而同教师疏远,失去对教师的信赖。"

作者感悟

给他一个美名,让他为此美名努力奋斗。

给他一个好的动机,他便容易接纳你,顺从你。

给他一个体面的台阶,他便温顺地走下来跟着你走。

给他逼到死角里,他便拿起自卫的武器。

兴趣比分数更重要

一、兴趣是最好的老师

甲乙两个学生都上小学五年级,一次英语考试都考了95分。甲学生为了在下次能考得更好,甚至考满分,于是反复地复习背诵课本上的内容;乙学生则阅读了大量的他所喜欢的课外读物,掌握了很多书本以外的知识。在下次英语考试中,甲由于反复练习、训练,结果考了98分,而乙同学却只考了93分。甲同学比前一次多得了3分,但是,却少学习了许多他感兴趣的东西,而且反复地学习已经掌握的知识,会损伤他对学习的兴趣;乙同学虽然比上次少考了2分,但是,他收获了许多课外知识,且增强了对学习的兴趣。得失相比,哪个同学收获更多呢?

古人云:"知之者不如好之者,好之者不如乐之者。"一个人对一件事物发生了兴趣,便会全神贯注地去做。兴趣会使人对某一事物的钻研、探索达到入迷的程度,使人不知疲倦、废寝忘食。兴趣还使人才思敏捷。只有让学生对学习产生了真正的兴趣,他才会聚精会神、孜孜不倦。孩子的本性就是对新鲜的东西有浓厚的兴趣。如果学校能不断给孩子以新的知识、新的启示和新的收获,孩子就一定会对学习兴趣盎然。

二、不断重复会挫伤兴趣

作为家长和老师,要保护孩子对学习的这种内在积极性。千万不要以为作业越多越好,千万不要强迫孩子无休止地重复读写教科书,或没完没了地做千篇一律的习题。如把每个字连着写十几遍、几十遍。这样会使孩子产生厌烦情绪,挫伤孩子的学习兴趣。部分家长认为孩子每一遍是每一遍的收获,写得多总比写得少好,一分耕耘一分收获嘛!其实这是一种认识上的误区。也许,孩子多写那几遍,反而写掉了孩子对学习的兴趣,不但无益,反而有害。

孩子对教材基本内容掌握之后,若将余下的时间用来扩大知识面,可能对巩固课内所学知识的效果更好。例如该背的书会背就行了,有时间再读一点课外读物,对语文程度的提高也会有好处。何必要背得滚瓜烂熟,一字不差呢?即使花了大量时间背得滚瓜烂熟,若不读些课外书籍,语文水平也未必能达到理想的水平。如孩子学习低年级语文,会读、会写了,理解了,考试一般能得八九十分。这时,一部分家长要求孩子再加倍下工夫,反复重复课本知识,一定要争得满分。另一部分家长只要求孩子保持八九十分的成绩,让他余下的时间阅读一些课外读物,学习一些新东西。

这些另外学习的新东西、课外知识,孩子学起来兴趣盎然,感觉快乐,掌握起来事半功倍。一学期下来,他能够扩充许多新知识。尽管考试不考,但对他今后的学习会起到潜移默化的、奠基的作用。这样,考试中得了八九十分的孩子,不但掌握了大量的新知识,还保持有旺盛的学习兴趣,比起另一个考试九十八分的学生,收获实际上要大得多,实惠得多。因为另一个学生花大量的时间反复地复习,虽然多得了几分,但失去了学习新知识的机会,甚至学习的兴趣。请问,孰聪明孰愚蠢呢?

三、兴趣大于分数

为何有些学生在小学学习很好,是班上的尖子学生,可是到了初中、高中就默默无闻、败下阵来了呢?而有些学生在小学不是尖子,学习成绩仅算中上等,可是进入初中、高中后,却进步很快,并轻轻松松地成为学习上的尖子呢?这里原因是复杂的,其中一个原因可能是前一类学生的眼睛只盯着分数,后一类学生一只眼睛盯着分数,一只眼睛盯着课外知识、盯着学习兴趣。

家长朋友们,让我们认真地想一想,一味要求孩子力争高分,甚至必须得满分,是否过于"近视",是否有些得不偿失?孩子们努力学习,到底是为了分数,还是为了掌握实际知识与能力?

四、"我母亲从不要求我考一百分"

有一位华裔美籍科学家、诺贝尔奖获得者指出:"我的母亲从来不要求我得100分。"他说:"我父母都是大学教授,他们非常清楚,兴趣、态度、意志、好习惯等远远要比100分重要。"

我认为小学阶段,重要的是帮助孩子学会学习。即着重引导与启发孩子的学习兴趣与学习的积极性。学会如何读书与思考,怎样从生活中汲取知识。在小学生在掌握了课程的基本内容后,父母不要对他们有过多的要求,应当尽量引导他们从游戏、玩耍、劳动与生活中,充实和丰富知识。这些知识在当前的考试成绩中一时可能反映不出来,但它提高了孩子接受和处理各种信息的能力,培养了孩子理解和思考问题的能力。这会使他们越学越主动,从而越学越想学,越学越会学,学习成绩亦自然会逐渐上升。

学龄前儿童和小学低年级儿童由于缺少自我克制力,自觉的学习习惯还没有形成,兴趣对他们就显得更为重要。

教育名言
所有智力方面的工作都有依赖于兴趣。——皮亚杰[瑞士]

说苍则苍,说黄则黄

不少孩子教育不好,不怨别人,原因就在于父母。具体地说,就是因为父母的那张嘴。有不少家长教育孩子,说得太多了,而且说不到点子上,说还不如不说。他们把唠叨当成了教育,把说教当成了法宝。一次,在家长会结束时,一位母亲向讲座的专家咨询。专家听完了这位母亲的诉说后,只说了一句话:"请闭上你的嘴!"

"说他行,他就行,不行也行;说他不行,他就不行,行也不行。"其实在教育孩子的问题上,也存在着这种现象。家长和教师对孩子的态度起着非常重要的作用。教育者说他行,认为他行,他就行;说他不行,认为他不行,他确实也不行,就是行也不行。为什么呢?

孩子们尚小,对科学知识和社会经验知之较少,对自己本身同样知之甚少,不易看清和看见自己。教育者(父母、教师)是孩子认识自我的镜子。孩子们多是从教师和家长的态度中、言行中来认识自己的。他们通过父母和老师对他的态度来判断自己是怎样的一个人,并藉此形成一定的观念定势。如果老师和家长经常赞赏他、鼓励他、表扬他,说他行,他就会增强自尊心、自信心,感到自己行,自己肯定自己行,这样他就会越来越好。如果老师和家长经常批评他、责备他,甚至讽刺、挖苦他,周围的同学也说他不行。他必然会真的认为自己确实不行,"不是读书的料",比别人笨。这样他的自尊心、自信心必然受到压抑,那怎么能学习好、发展好呢?"哀莫大于心死",长此以往,他的心理也得不到健康的发展。因此,孩子行与不行,在一定程度上都是家长和老师"说"出来的。

父母的评价其实是在"贴标签"。你贴什么标签,孩子就逐渐会变成什么,就这么神奇!教育者的态度和期望,对儿童的影响是巨大的。孩子发展的潜力更是巨大的。教育者必须坚定这个信念,抱定铁杵必能磨成针的决心,定能实现望子成龙的理想。

20世纪60年代,美国心理学家、教育学家罗森塔尔和他的助手雅各布森做了一个著名的实验。实验者先对一所小学一至六年级的儿童进行智力测验,然后在每班中挑出平时受教师歧视的、贫困家庭背景的儿童,但挑选的标准并不是智力测验的分数。实验者把挑出来的学生名单交给各位任课老师,告知他们说:经测定,这些都是些特殊儿童,他们个个具有潜在发展的可能性。一个学期以后,研究者把这部分儿童(实验组)与其他儿童(控制组)作了对比,结果发现,实验组儿童的智商、学习成绩比控制组提高得快得多,而且这部分儿童性格也变得活泼开朗。一年以后,第三次的测验结果仍然如此。研究者在结论中指出,由于教师真的以为这些儿童是特殊儿童,于是不知不觉地便给予特别的注意,以更为友善的态度亲近他们,用更多时间关注他们的学习和品行的发展,于是对这些儿童产生了激励的作用,其结果,便是他们的成绩沿着教师期望的方向不断提高。也就是说,这些孩子的改变,是得益于教育者态度的改变。

教育者首先在观念上认为孩子行,相信他肯定能行,能成才,有大出息,他们对孩子的态度就会变得更加友善、积极、温和,情感就会更加真诚热烈。教育者的这种深沉的情感触动着孩子的心灵,能对孩子产生巨大的感召力和推动力,引起孩子对教育者作出积极的反响。这样可以鼓舞孩子克服困难,点燃他们积极向上的激情,并对孩子的智力、品德和个性的发展产生直接的影响。

让孩子自己认为自己行。不但教育者要经常赞赏孩子、鼓励孩子,说他

行,而且,也要让孩子确实认为自己行,经常说自己能行。

二战时期,美国在国内招募了两千多名新兵。这批被招来的都是社会上游手好闲、行为不端的"二混混"。他们不服管教,经常打架滋事,违反纪律,害怕吃苦。部队请来了心理学家协助训练。心理学家要求这些新兵,每人每月至少给家里写两封信,信的内容都是心理学家拟好的,让每人抄写好,寄回家里。信的内容大意是他们在部队如何不怕吃苦、刻苦训练、遵守纪律、不怕牺牲、英勇作战,将来要立战功报效亲人。半年以后,这批新兵真的个个变得遵守纪律、服从管理、作战英勇。

为什么会是这样的呢?因为是这些"守纪律"、"立战功"等词语像标签一样贴在了新兵身上。你在他们身上贴上了这样的标签,他们就容易按照标签所显示的那样,就会经意或不经意地朝这个方向去努力。可以说这就叫做"贴苍则苍、贴黄则黄"。所以,我们做父母、做教师的,就要给孩子贴上好的标签,经常地、大方地、真诚地去赞赏孩子,不断地激励他进步,给他以"我能行"、"天生我材必有用"的勇气和信心。千万不要给他贴什么"你真笨"、"你真懒"、"你不会有什么出息"、"我算把你看透了"、"我真拿你没办法"等消极性的标签。你若经常这样做,那他可真的会像你给他贴的标签那样,真的不行了。

人的潜力和可塑性是非常巨大的。"从小看大,三岁知老"这句俗语,从人的脾气、秉性(气质)上来说,有一定的道理。但从一个人的发展来说,说这样的话,下这样的结论,未免太武断了些。人年龄越小,他的发展潜力和可塑性越大,环境和教育对他的影响就会越明显。小孩子在狼群里生活几年就会变成"狼孩",而鲁滨逊一人在孤岛上生活了二十八年,他仍然是鲁滨逊。

亲爱的家长朋友们,当你说孩子"行"或"不行"时,就相当于给他们贴上了行或不行的标签。"贴苍则苍,贴黄则黄",给孩子贴上什么样的标签,慢慢地他就会成为什么样的人。父母们要经常说孩子"能行",树立他的自信心与自尊感。

为您支招:

1. 要经常在孩子面前说他能行,将来一定了不起、大有出息。给他贴上"我能行"、"我肯定能比别人做得更好"的标签。

2. 当孩子现在学习成绩不好,甚至品行不端时,家长要从客观上找些原因,并说"没关系"、"这并不全是你的错"、"现在努力还不迟"、"相信你肯定能赶上他们,并超过他们"。

3. 永远别在孩子面前说他"笨"、"难教育"等,永远别在孩子面前表示出丧失教育好他的信心,在任何情况下,都不要丧失这种信心。

4. 永远要为孩子的言行诉诸良好的动机,要给孩子台阶下。
5. 要不断夸赞孩子的进步,善于发现孩子身上的闪光点。
6. 让孩子多与有名望的专家学者接触,借他们之口,说孩子能行。

相信他能行,他才真能行;
常说他能行,他才努力行;
若说他不行,他就真不行;
常说他不行,行也是不行。

父母要令出必行

我们成人对言出必行的人怀有一种尊敬,对他的话听得比较认真。而对光打雷不下雨或出尔反尔的人所说的话会左耳进,右耳出,不再当回事。那么我们家长在孩子的心目中是不是处于这样一种被轻视的地位呢?

"艳艳,睡觉去,睡觉的时间到了。"妈妈催促艳艳。7岁的女儿好像没有听到一样,继续玩积木。"艳艳,赶快停下来!明天还要上学呢!"艳艳不玩积木了,却又跑到书房里打开计算机,开始玩游戏。艳艳不管妈妈说什么,仍旧玩自己的。

很多父母们的禁律总是说说而已,不注重孩子是否执行。这样久而久之,就在孩子的心灵上打下了父母的禁律是可以打破的烙印。这位妈妈总是抱怨自己孩子太任性、不听话。很明显,她的女儿是受了可以不遵守时间规定的训练。妈妈说得太多,但是并没有督促女儿去执行。对于说得太多却无行动的妈妈,孩子便得出一个结论:妈妈的话可听可不听,因为不听不会有什么后果。

教育家老卡尔·威特说:"我对待孩子,一贯是是非分明,始终如一。行就是行,不行就是不行。一切都要认真,这会对孩子产生良好的影响。不允许的事,一开始就不允许,这样对孩子就没有什么痛苦。有时答应,有时不答应,反而会给孩子带来痛苦。"

在这里，妈妈应当坚持自己的要求，不能让孩子认为无所谓。像这位母亲这样做，既是对孩子的不负责任，也是对自己的不尊重。长此以往，孩子便会渐渐失去对妈妈的尊重。在这里，妈妈督促，艳艳不理会时，妈妈应该走上前去，将她正在玩的东西关掉，收拾好，明确地告诉艳艳："你该睡觉去了，明天再玩。"然后一直看着女儿回到房间，躺下，再继续自己的工作。如果女儿反抗，妈妈应关上电灯，使她不能继续玩下去。当然，若想使孩子心情舒畅地去执行，一定要花点时间与她谈一谈为什么要这样做，不这样会有什么后果。如果孩子有疑问，欢迎她提出来，一起讨论，直到双方达成共识。最好使孩子也参与制订计划，这样再贯彻起来就不是简单地施展权威，如此便可减少孩子的反抗情绪。

父母还要注意谨慎自己的言行，对孩子的承诺一定要执行。如果父母对自己说出的话都那么草率，那么不认真，又怎么去教育孩子认真呢？古代一位父亲听到邻居家有猪叫声，他以为是杀猪了，便向儿子许诺说，中午给儿子买肉吃。可实际上邻居家是阉猪而非杀猪。为了言而有信，这位父亲只好把自家的猪给杀了，以兑现诺言。父母的言行一致、赏罚分明，会对孩子产生积极的影响。如果你要求孩子不说谎话，你自己就不能采取欺骗吓唬的手段；如果事先与孩子定好了制度，父母就更要认真对待。

例如父母可以事先规定孩子每天看电视不得超过多长时间，由孩子选择看电视的时间段和内容。规矩立好后，就坚持执行下去，家长不得退让，因为这是个原则问题。有的孩子很任性，动不动就又哭又闹，使性子。很多时候，父母只好迁就、让步。我认为这种做法是极端错误的，因为这样孩子就会得寸进尺，越来越任性。

> 保罗喜欢看电视。一天到了上床睡觉的时间，他还要看。爸爸把电视关上，保罗又打开。爸爸关上，保罗又打开。爸爸最后把总开关关上了，整个房子里一片漆黑。保罗只好自己睡觉去了。爸爸把电视机关上，表示保罗不能再看了。他并没有与保罗争吵。当爸爸把总电源关上，表示了自己的决心，保罗只好睡觉去。

对不允许做的事情，只要定下规矩，就坚决执行。不管孩子怎么哭闹，父母都坚决不予通融、不予妥协。很多家长心疼孩子，怕孩子吃苦、受委屈，而在孩子的哭闹、执拗中败下阵来。孩子却在一次次斗争中胜利了，久而久之就会形成任性、不听话的毛病。一位农村妇女说她有个两岁的儿子，最近早上总是不起床。实在没办法,她只好把饭菜端到床上给儿子吃。这怎么办呢?我告诉她,给儿子讲按时起床的道理。如果他不听,就不给他早饭吃;或强行给他穿衣,不能迁就。若他又把衣服脱下来,大人可以不理他,让他尝尝挨冻的滋味,即使感冒一次又有何妨?总比他养成任性的坏脾气强吧?无论如何,绝不能把饭菜端到被窝里吃。

另一位母亲对好睡懒觉的儿子说:"你必须早上按时起床,否则我会认为你是放弃你的早餐,你要为你的行为负责。"有一次他的儿子起床太晚,超过了给他规定的时间。当儿子来到餐桌前时,父母早已收拾好了一切,并把他的早餐收走了。儿子看着父亲,似乎想为自己的过失辩解一番,但父亲先开口说道:"真遗憾!我也很想把早餐留在你的桌子上,但以前我们有约定,我不能随意破坏它。这只能怪你自己。"在这样的情况下,早餐本身并不是最重要的,重要的是他应该知道,以前的约定是认真的,是必须遵守的。

幼儿教育专家张鹤立说,一次她病了,两岁的女儿吵着要上公园去玩。"娇娇,今天妈妈病了,不能抱你。你必须自己走,妈妈陪护你。"娇娇同意了。走了一段,娇娇哭着叫妈妈抱。张鹤立对女儿说:"事先讲好了你自己走。现在要么你自己走着去公园,要么回家。"娇娇无奈,只好自己走。

贯彻"有令必行"需要坚定不移,甚至要向孩子施加压力,特别是对年龄比较小的孩子。当父母说"不"的时候,态度、语言一定要坚定明确,把要求贯彻到底。

 相关链接

此处无声胜有声

第38届国际奥林匹克数学竞赛金牌得主安金鹏,出身于河北武清县一个贫苦农民的家庭,他有一位伟大的母亲。

为了供他上学,母亲卖了家里的毛驴,又四处借债为他攒足了学费。为了不让他饿肚子,母亲每个月都步行十多里路去批发一口袋方便面渣给他送去,他用的数学草稿纸也是母亲从印刷厂要来的废纸。他是天津一中唯一连素菜也吃不起的学生,是唯一没用过肥皂的学生,是一个衣服上打满了补丁的学生。

但是他从来没有自卑过,因为他觉得母亲是一位从不向苦难和厄运低头的英雄。是母亲给了他生活的勇气和力量。

家庭是教育的主阵地

不要哄骗、吓唬孩子

大家都知道《狼来了》的故事。谎话说多了就不灵了,即使再说真话,也会被认为是谎话。在西方发达国家,大多数的家长对孩子从小就讲道理、说实话、守信用,从来不哄骗孩子,一就是一,二就是二。这对孩子的成长非常必要。

有不少父母,哄骗孩子习以为常。他们的孩子几乎是在哄骗中长大的。"别哭,妈妈给你买糖。""别哭,大灰狼来了。"只要孩子一时不再哭闹,实际上是否买糖,有没有大灰狼,都无关紧要,说过早忘到九霄云外去了。

常常可以看见这样的情况,妈妈买回来一包糖,拿出来两块给孩子,对他说:"给你,吃完没了。"同时把好多糖放进一只罐子里。这种睁着眼睛说瞎话的情况,孩子看得清清楚楚。孩子吃完还要,不给就哭闹。于是又拿出一块,说:"给你,这回真没了。"再闹,又是一块。总说没有,实际上总是有。这乍看是哄,其实是骗。久而久之,孩子对大人说的话,分不清哪些是真的,哪些是假的,于是什么都不再信了。一旦家里真的没糖了,孩子就哭闹不止,甚至在地上就地打滚,不可收场。大家看看,孩子不听话、胡乱闹的坏脾气,不是被成年人哄骗出来的吗?

成年人可能会想,小孩子么,过一会儿就忘了,哄着他不闹不就得了?其实,小孩子的记忆好着呢!我们不能小看、低估小孩子。在有些方面,孩子比大人还强,如记忆能力等。"说者无心,听者有意。"不要以为孩子听了,过一会儿就会忘记。陶行知写过一首打油诗:"人人都说小孩小,其实小孩心不小。你若小看小孩子,便比小孩还要小。"

有些家长常以"哄"来表达爱意,给孩子随便许愿。例如,舅舅抱着小外甥,疼爱地说:"乖乖,你什么时候会走了,舅舅给你买双漂亮的皮鞋。"他会走路以后,奶奶说:"乖乖,等你上学了,奶奶给你买个最漂亮的书包。"等上学以后,爸爸说:"等你上了初中,给你买辆山地车。"上中学了,妈妈又说:"等你上了高中,给你买台计算机。"舅舅、奶奶也好,爸爸、妈妈也罢,他们许下愿后,从来没有主动按时兑现,可是孩子却一直惦记着呢。经一再催促、讨要,字长总是拖拖拉拉,最后即使买来了,孩子也已兴致全无,然而哄骗给孩子留下的坏影响却难以消除。

　　这些被哄大的孩子,因为总是受骗,人格难免有所扭曲。他们对别人充满戒备,说瞎话、骗别人心安理得。当今社会上骗子这么多,与上面那种对孩子的错误教育方式,难道完全没有关系吗?

　　还有些愚昧的父母,不仅不能教育孩子去追求真理,反而把各种乌七八糟的东西都往他们的脑子里灌。这样做的结果,只能使孩子变得愚蠢和无能。如有些父母或是为了管教孩子,或是因为闲着无聊,给孩子单纯的头脑中灌输恐怖和迷信的故事。这样做害处极大,一方面造成孩子胆小怕事,另一方面使孩子从小就失去了探求真理的信心。因此,要绝对禁止给孩子讲幽灵、魔鬼、地狱、妖怪之类的故事。有关这类故事的书籍、动画片等,也要禁止让孩子看。因为,用这些故事来恫吓孩子,不仅无法让孩子学到真正有意义的知识,而且还会损害他们健康的神经,还把孩子们的思维引向歧途。

没人愿意踢一只死狗

　　少年时期的乔治·华盛顿个头比同龄人要矮小。有一次,受到欺负的华盛顿回到家向母亲控告同学们对他的不敬。母亲说:"没人愿意踢一只死狗。"意思是说做人要有出击的资本,否则就没人理会。

　　华盛顿个子不高,但他从小就学会了骑马打猎,养成了英勇刚毅的性格。1753年,弗吉尼亚州遭到法国士兵的入侵,华盛顿被召去担任民兵中校。他22岁晋升为陆军上校,并在战争中统领弗吉尼亚的全部军队。华盛顿的军事才能和组织才能初见端倪。

　　在华盛顿统帅军队的几年里,母亲既不为儿子的失利而灰心,也不为儿子的胜利而陶醉。有一天,华盛顿的部队打了胜仗,朋友们来向母亲报喜。母亲说:"朋友们,请不要恭维我的儿子。我只希望乔治能记住我的话:他是一位普通的美国公民,上帝只是使他比别人更幸运一些罢了。"当有人问她"您的儿子何以能成为英勇的军事领袖"时,她回答说:"这是因为我教他服从的观念。"

家庭是教育的主阵地

自信心是成功的根基

　　自信心属于非智力因素,是后天培养的结果。自信心培养不仅应是学校教育的重要内容,更应是家庭教育的重要课题。在实践中我们发现,凡是学习成绩好的孩子,都比较乐观自信;凡是学习不好的孩子,大多都是自信心不足,或者是自信心极度缺失。

　　家长千万不要老是盯着孩子的考试分数。请想一想,好分数是怎么来的?好分数的背后有许许多多的原因,我们一定要把这些原因找到。自信心就是分数背后的一个原因。请家长们一定要明白:自信之心,成功之根。谁是伤害孩子自信心的元凶呢?反思我们的家庭教育,破坏孩子自信心的现象举不胜举。我们往往恨铁不成钢,对孩子批评、指责得太多,对孩子的自信心伤害极大。

　　有人认为,"成功=自信心×潜能",只有一个人自信心增强了,他的潜能才能发挥出来。当一个人遇到一件他以前没有做过的事情时,一般有两种态度:一是"我能够"的积极态度,二是"我不能"的消极态度。当我们对要做的事情持"我能够"的态度时,我们的大脑会不遗余力地寻找办法把事情做对。当事情在表面看起来困难极大甚至几乎成功无望时,是我们内心里"我能够"的信念鼓励我们克服困难而使工作继续下去。

　　孩子在学习中,他每天都要遇到学习中的新难题,那就意味着他要做他以前没有做过的事情。如果他没有信心,认为"我不能",被这个信念所困住,那他在学校里的生活简直就是灾难。现在不少学生辍学,有很多原因,对学习丧失信心是最主要的原因。因为,他面对每天的学习任务会陷入极端的困境之中;一方面,由于他认为自己学不会而产生极大的挫败感,另一方面,他还受到来自父母、老师的责备批评和同学们的嘲笑。

　　我们要教育孩子从以下几个方面获取自信。

　　第一,相信自己,鼓励自己。要经常告诉孩子,环境、父母和老师固然重要,但是,更重要的是自己要相信自己。因此,自信的第一秘诀就是要永远相信自己有足够的发展潜能。当孩子在内心真正建立起"我能够"的信念的时候,他的学习才会走上坦途。

第二,赞美自己,从潜意识做起。自信是一种感觉,只能靠感悟、体验来提升。你必须成为自己的"啦啦队",每天告诉自己:"我真的很不错!"每一次表现很出色时,别忘了告诉自己:"我是好样的,我真的很棒!"除了自己在心里夸奖自己以外,也要尝试让自己的言语充满自信,因为你说的每一个字都会在不知不觉中影响着你的潜意识。如果一个人说出来的每句话都带着消极和失望的情绪,那么他肯定会越来越自卑。

第三,改变说话的习惯。改变了说话的习惯,可以帮助你获取足够的自信。教育孩子可以每天在无人处高喊几次:"我有巨大的潜能,我一定能成功!"

第四,用言行激发自信。美国前总统罗斯福的夫人艾莉诺·罗斯福说过:"没有你的同意,谁也无法使你自卑。""自信是一个循环。如果你表现出足够的自信,别人就会认同你的自信,你就会因此而越来越自信。"用言行激发自信,可用以下四种训练方法:(1)正确对待别人的看法;(2)有自己的想法和主见;(3)自己有想法的时候,一定要表达出来,不要闷在心里;(4)在表达自我的时候要注意表达的方式方法。

第五,从成功中获得自信,从失败里增加自觉。一个自信和自觉的人,能勇敢地尝试新的事物,并有毅力把它做好。当你畏惧失败时,不妨问一问自己:"你最怕失去什么?如果失败,你最坏的下场会是什么?这样的下场是你不能接受的吗?"因此,不要过于畏惧失败,只要尽了最大努力,只要曾经向自己的极限进行了挑战,就应该为自己的勇气而自豪。

第六,制定具体目标,由成功走向成功。许多时候,失望的最大的原因就是期望值太高。家长要帮助孩子制定切实可行的目标,使孩子"跳一跳,摘到桃"。每实现一次目标,就是一次成功。"成功是成功之母",不断积累小成功,就变成了大成功。

我能行歌

相信自己行,才会我能行;
别人说我行,努力才能行;
你在这点行,我在那点行;
今天若不行,明天还能行;
能正视不行,也是我能行;
不但自己行,帮助别人行;
相互支持行,合作大家行;

家庭是教育的主阵地

争取全面行,创造才最行。

教育名言

・我们的大脑,是一部神奇的学习思考机器,它受控于我们的信念。当我们正在做某种事情时,如果我们认为这件事情我们一定能做好,那我们的大脑就会发挥它的能力,想出办法把事情做好;相反,如果我们认为这件事情我们一定无法做好,我们的大脑就会停止寻找能够做好该事情的办法,转而去寻找解释我们为什么做不好的理由。——董进宇

培养自信心的三种方法

自信心就是自己认为自己能行、有能力、能成功。这是一种多么巨大的心理作用啊!自信心对于一个人一生的发展所起的作用,无论在智力上还是体力上,或是处世能力上,都有着基础性的支配作用。一个缺乏自信的人,便会缺乏在各种能力发展上的主动积极性。而主动积极性对刺激人的各项感官与功能及综合能力的发展方面起着决定性的作用。

自信心就像能力的催化剂,将人的一切潜能都调动起来,将各部分的功能推动到最佳状态。而高水平的发挥在不断反复的基础上,巩固成为人的本性的一部分,将人的功能提高到一个新的水准。一个人的成长路线如果是沿着这样积极上升式行进,可以想象其积累效果是十分可观的。在许多伟人身上,我们可以看到一种超凡的自信心。正是在这种自信心的驱动下,他们敢于向自己提出高要求,并在失败中看到成功的希望,鼓励自己不断努力,获得最终的成功。那么怎样培养孩子的自信心呢?

1. 用鼓励的方法培养孩子的自信心

家长要多多鼓励孩子,少批评、责备孩子。因为鼓励可以树立和培养自信心,而过多的批评和责备会使自信心萎缩。要提高孩子的自信,增强他们在各方面的能力,鼓励是最有效的手段。每一个孩子都需要不断地鼓励,就像植物需要阳光雨露一样。鼓励的重要性其实不难理解,因为成人自己也需要,只是我们常常忘记了孩子,他们更渴望鼓励!

卡尔・威特说:"信心从何而来?来源于父母有效的夸奖。孩子需要夸

奖、需要鼓励。'夸'不仅表明了父母的信心，同时也坚定了孩子对自己的信心。只有孩子对自己充满了信心，父母才能培养出优秀的人才。"然而,学会适时鼓励孩子并不是一件容易的事情，每一个家长都要仔细地研究与思考如何去鼓励孩子,树立他们的自信心,使孩子对自己有正确的认识,而不是终日怀疑自己,怀疑自己的能力与价值。

有自信的孩子相信成功是自己努力的结果,不需要别人来评价自己的好坏;没有自信心的孩子会很轻易地放弃任何努力,而且有时还故意做出反其道而行之的事情。这样做的原因是他认为自己是无能的,是没有价值的,自己不能做出任何有意义的贡献。那么有些孩子还可能会想:既然努力无果,成功无望,还不如做些恶作剧,起码能引起别人的注意。

当孩子有错误、失败的时候,千万不能说:
"你看,你做不了这件事吧!"
"你真是笨蛋,连这么简单的事情都做不好!"
"平时不听话,总是毛手毛脚的。我就知道你做不好。"
"这回你可服气了吧?"等。

家长主观而随意地训斥或打骂孩子,是最容易挫伤孩子自尊心和自信心的。千万不能在孩子脑中留下他是"笨蛋"的印象。孩子做出成绩取得进步时,需要鼓励;孩子做错事、成绩退步时,更加需要鼓励。要让他认识到:"这次我失败了,但我还有另外的机会。我知道我是可以成功的,下次我一定努力。家长和老师理解我,他们会仍然喜欢我、爱我的。"有这种自信心的支持,我们的孩子才能做到百折不挠、自强不息。

在实际生活中,打击孩子自信心的例子太多了。我们往往忽视鼓励的重要性,常常忘记鼓励、轻视鼓励。许多家长错误地认为孩子需要的是教育,而教育需要的是训导、惩罚。鼓励是什么,他们不了解,也不在乎。他们没有认识到缺少鼓励,孩子就不能健康地成长,甚至可能使孩子产生许多不良行为。

2. 孩子能做的,就让他自己去做

自信不是"教"出来的,是孩子在参加各种各样的活动中体验和感悟出来的。家长包办得过多,不给孩子锻炼的机会,无意中就扼杀了孩子的自信心。

镜头一:4岁的欣欣看着妈妈在给花浇水,他走过去,小心翼翼地拿起水壶,想要帮助妈妈。"别动,欣欣。"妈妈说:"别把水洒在身上,让妈妈干吧,你还小呢。"

镜头二:3岁的莉莉在自己穿鞋。"来,莉莉,妈妈给你穿,你穿

得太慢了。"妈妈托起莉莉，三下两下把鞋子穿好了。莉莉面对妈妈的技巧感到自己的能力不足，她灰心了。

妈妈没有意识到她这样做是多么残酷呀！她无意间打击了孩子的自信心。她使孩子认识到自己是多么渺小啊，降低了孩子对自我能力的评估。4岁的孩子是可以给花儿浇水的，3岁的孩子也是可以自己穿鞋子的。就是把衣服弄湿了、弄脏了，又有什么关系呢？孩子一旦能够识别各种花，并且看到自己浇过水的花更加美丽，他会充满自豪感，从而引起更大的兴趣去探索这个世界。我们应该给他锻炼的机会。

我们一心想让自己的孩子成为最出色的青年，不惜花重金让他们去上各种培训班，以提高能力。但在日常生活中家长却又不允许孩子们用不同的方法去发现自己的潜力，而是怀疑他们的能力，限制他们的发展。当两岁的孩子要帮妈妈收拾桌子时，父母们经常夺过碗碟，"小宝贝，你会把碟子摔碎的"。结果碗碟是没有破碎，但是，孩子的自信心却破碎了。

3. 多纵向比、少横向比

对于大多数家长来说，将孩子与他人的孩子进行比较是很自然并经常使用的激励手段。一般是当着孩子的面，把自己的孩子与比他成绩好的孩子做比较。这样做的目的是为了提醒孩子学习别人的出色成绩，希望孩子知耻而后勇，想达到有效地激发孩子上进心的目的。大多数小学老师定期把学生按考试成绩排队公布，想以此来激励学生，然而这样做有没有弊端呢？对孩子的自信心有没有伤害呢？

总是拿自己的孩子和比他强的孩子比，让自己的孩子向人家学习，实际上是一种对孩子缺乏信心、持否定态度的表现。

"旺旺，你看东东这次考得多好！你是怎么搞的，整天只知道玩，上课不专心听讲、不认真写作业。你要努力呀！你看毛毛进步多快，哪像你老是在后面落着。你会不会给我争点气！"

家长若以这样的口气训导他，就等于在他本来十分脆弱的自信心上泼了一盆凉水！这种不纵向比较、只横向比较，看不到孩子的成绩与进步的责备式的比较没有任何益处！即使孩子考了个倒数第一，我们仍要平心静气地帮他分析原因。他考得不好，可能有多方面的原因，缺乏自信心可能就是重要的原因之一。家长此时一定要克制、耐心，想办法鼓励孩子。也许他这次的倒数第一跟上次不同，这次跟倒数第二的差距缩小了，这就是进步！家长就要抓住这点进行鼓励，效果往往会好些。

在小学按成绩排列顺序、公布名次的做法,在多数国家的学校里被明令禁止。这种做法,非常不利于学习成绩暂居下游的学生,会严重伤害这部分孩子的自信心、自尊心。每一个孩子都有他自己的个性,因此,每一个孩子都应该在他自己实际的基础上发展,而不是做别的孩子的复制品。

家长朋友们,生育一个孩子是十月怀胎的事,而培养一个孩子将要用一生的精力。在孩子成长的每一时刻,我们都要向他灌输必要的养分。适时地鼓励孩子是一种为他增加信心和信念的有效方式。鼓励是孩子成长永远都需要的养分。所以说,教师和家长都要把培养孩子的自信心放在首要的位置。

让我们永远记住:自信之心,成长基根。不会鼓励,便无教育。

太多的挫折之后只能放弃

有一类梭子鱼特别爱吃鲤科小鱼。如果把这些梭子鱼和它们的小猎物一起放到水槽里,水槽里很快就只剩下梭子鱼了。但是如果我们在水槽里放进一块玻璃板,把梭子鱼和鲤科小鱼隔开,有趣的事情发生了。梭子鱼看不见玻璃,每次当它追逐自己美餐的时候,都会结结实实地撞到玻璃板上。开始时,梭子鱼会一次又一次游向玻璃,撞得晕天昏地。显然,梭子鱼的猎食行为没有得到强化,因此它慢慢地消失了。

最后,梭子鱼终于懂得了这些小鱼是可望不可即的,于是,它改变了自己的行为。这时,再把玻璃板从水槽里拿走,结果却变成:这些鲤科小鱼居然可以十分安全地绕着它们的天敌游来游去。梭子鱼再也不想去吃掉它们,因为它懂得了它所懂得的道理:这些小鱼是吃不到的。令人吃惊的是,最后,这些大型的梭子鱼竟然饿死了,而它所喜爱的食物还时不时地游过它的嘴边。

家庭是教育的主阵地

巧用暗示法

人的态度和情绪，很容易受到别人的影响。通过态度和情绪去影响别人，从而使别人的态度和情绪发生改变的方法，叫暗示法。

两根长度一样的棍子甲乙，第一个人若说其中的甲长一些，第二个人很可能受到前一个人的影响，也坚持认为甲比乙长些。这里，第二个人由于受到第一个人的态度的影响，很自然地接受了第一个人的观点，就叫第一个人对第二个人的心理暗示。

两岁的小明摔了一跤，哭了起来，妈妈走上前去说："孩子，不疼。小明可勇敢了，一点儿都不怕疼。"于是，小明就不哭了。这里，小明接受了妈妈"不疼"的心理暗示。

妈妈带小孩子去医院打针，妈妈一般会说："打针不疼。就那么轻轻一下。"或者说："这位医生阿姨水平可高了，她打针一点儿都不疼。"这就是给孩子打针不疼的心理暗示。在这种暗示下，孩子可能真的感觉不到疼，至少对打针的疼痛感会大大降低。

其实，我们在生活中，都在自觉不自觉地运用着暗示法，只是我们都习以为常，不以为意罢了。

人是很容易受到暗示的。2001年春节联欢晚会的小品《卖拐》，反映的就是这类问题。卖拐人为什么能骗人成功，使人相信他？他的伎俩就是暗示法。有这样一个例子，两个人同去医院看病，化验单拿错了，结果没什么病的人回去却卧床不起，而患严重疾病的人倒觉得轻了不少，甚至会痊愈。这里，正常的人接受了他有严重疾病的暗示后，反倒真的病倒了。在医学上，很早就有人用暗示法代替麻醉药进行手术。医生用暗示法治疗疾病，减少病人的痛苦的例子，就更为普遍了。

科学家在死刑犯身上做过一个实验，他们告知死刑犯，为了减轻死亡的痛苦，将采用把他的血一滴滴放干的办法执行死刑。医生把犯人的眼蒙上，并缚在床上。然后把针插入他的血管中，但没有放血，而是让水一滴滴地往下面滴。死刑犯听到滴答不断的水滴声，以为自己的血被一点点地放掉。他慢慢地就死掉了。他就是受到了"我血被放完了，我不行了"的暗示而死去的。可见暗示法的作用有多么大！

其实，暗示法就是一种用心理的方法去改变一个人的情绪、态度的方法。显然，这是一种科学的方法。我们教育孩子也可以用暗示法。我们父母可以常用快乐、高兴、不苦、不热、不冷、不疼、你很聪明、你会发展更快更好等情绪和态度来暗示孩子，使孩子快乐、自信、对有益的事情感兴趣、不怕吃苦、不怕环境恶劣等。

当孩子学习有较大的进步时，家长可这样说："看你的努力没有白费吧？你现在非常愉快吧！这下你的信心大大增强了吧！"

当孩子向你诉说学校学习单调、生活艰苦，有畏难情绪时，你可以这样暗示他："孩子，让我们来仔细地讨论一下吧！学校是学习知识的地方，是老师和学生进行探究知识的地方，哪能像娱乐场所那样？"然后，夸夸学校的好处，说说生活如何如何幸福，比以前家长上学时好多了等。还可以这样说："孩子，你是多么得幸福！我真为你高兴。"

当孩子经过努力，终于做对了一道难题、背会了一篇文章、或完成了一件手工时，家长可以这样暗示他："你现在特别高兴吧？你品尝到了成功给你带来的喜悦了吧？继续努力吧！更大的成功在等着你哪！"

应该说明的是，人跟人不一样，有的人很容易受到暗示，有的人对暗示则比较迟钝。俗语说心诚则灵，灵就是指暗示的效果好，佛家解释为心诚。某些邪教就是利用了人们易受暗示的心理，"治好"（减轻）了一些病痛，特别是在一些易受暗示的人身上效果明显。这样经过善男信女们的宣传，使更多的人相信它、神化它，从而上了它的贼船而不能自拔。

家长和老师若能用暗示法教育孩子，必定会收到很好的教育效果。

教育名言

忧愁、顾虑和悲观，可以使人得病；积极、愉快和坚强的意志和乐观的情绪，可以战胜疾病，更可以使人强壮和长寿。——巴甫洛夫［俄］

家庭是教育的主阵地

表扬不等于鼓励

鼓励和表扬不同。平时我们都把鼓励和表扬不予区分,实际上二者是有区别的。

第一,表扬,只有当孩子做出了成绩,或表现优秀时才能使用;而鼓励,在任何情况下都可采用。当孩子考试得了倒数第一名时,显然不能用表扬,但是,仍然可以鼓励他。

第二,表扬的关注点在于——你把事情做对了;鼓励的关注点在于——你能行,我相信你。

第三,表扬不能滥用,运用不当可能起副作用;鼓励在任何时候都能用,且不会产生副作用。

第四,鼓励不同于表扬,鼓励着重于孩子应该干什么,着重于孩子行动后的自我满足。

孩子今天做了一件好事,妈妈说:"孩子,你真棒!"这是表扬。

孩子这次考试得了前三名,进步很大,妈妈说:"妈妈太高兴了,你能有这么大的进步!"这是表扬。

孩子这次考试得了倒数第一,妈妈说:"妈妈不信这就是你的水平!只要把问题找准了,把漏洞补上,下次一定能考好!"这是鼓励。

孩子这次英语考砸了,妈妈说:"孩子,别泄气!妈妈相信你的能力,吃一堑,长一智。孩子,振作起来,没事。"这是鼓励。

鼓励并不等于简单地说:"你真棒,太好了。"鼓励对于孩子,就像阳光雨露之于植物。但表扬并不是多多益善。多数家长可能认为,老是批评孩子不对,那就时时表扬孩子吧,只要时时表扬孩子,孩子就会不断进步。但事实上,表扬得不恰当也会起副作用。例如表扬有时同样会打击孩子的积极性,挫伤孩子的自信心,有时还可能使孩子滋生骄傲情绪。

一天,妈妈下班回来。他看到12岁的儿子欢欢把自己换下来的衣服、床单、袜子,都放到洗衣机里洗好,凉在绳子上。"你真是个好孩子。"妈妈说,"妈妈并没让你干这些,你却主动做了,你真是好孩子,妈妈爱你。"这纯粹是表扬的口吻。妈妈这样说对不对呢?

当孩子做了好事,应不应当赞扬他呢?我们用表扬来刺激孩子去做好事,并将爱他与他做好事联系起来时,对不对呢?要考虑一下这样做的后果。我们应当因孩子的努力,给他们以鼓励,但不应将他做好事与爱他联系在一起。欢欢会想:妈妈爱我只是因为我洗了衣服、做了好事。如果我不洗衣服,她还会爱我吗?原来妈妈爱我是有条件的。我们希望孩子能听取家长的意见,根据别人的意见调整自己的行为,但不能完全依赖别人的评价。否则,孩子长大后,他可能会完全按照别人的意见来调整自己,情绪会很不稳定,总是被他人的评价所左右,就会缺乏内在的评价标准。

当12岁的欢欢洗了衣服,妈妈该怎样鼓励他而避免表扬的弊端呢?妈妈可以说:"你自己把衣服洗干净了,凉好了,你一定感觉很好,是吗?这证明你有能力做好自己的事情。"或者说:"我很高兴,你开始动手做自己的事了,我相信你会做得更好。"妈妈说上面的话着重于事情本身:衣服洗干净了,自己开始动手做自己的事情,妈妈鼓励了欢欢,而不是表扬了欢欢。

当你鼓励孩子时,应帮助孩子认识到他们自己的能力,帮助他们树立信心。就他做的某件事进行鼓励,那么他接受鼓励后,就会干得更多、更好。而表扬是一种有条件的爱,它传递的信息是:因为你做了某件事,你是好孩子,我才爱你。

教育孩子的前提是了解孩子

一些父母认为,自己的孩子,每天生活在一起,还用了解吗?其实不然,孩子身上,尤其是他的心灵每天悄悄发生着变化,父母如果不精心对待是不能了解的。父母天天跟孩子在一起,只是亲子之间的物理距离近,并不代表着心理距离的接近。

父母与孩子年龄差别很大,社会又变化如此之迅猛,造成父母与孩子之间必然会产生天然差距。父母与孩子的差距首先是由心理发展水平的差距引起的。比如当成人看到童话书里的鲁西西受到了委屈,心里很难过,而一个四五岁的孩子看到的却是"鲁西西不是一个好孩子,她穿着鞋子上床了"。其次,两

代人的知识、生活经验以及对新技术适应能力的差距等都有可能造成亲子之间的代沟。

我们真的了解孩子吗？作为家长，您也许会无奈地发现，自己在孩子面前的权威性下降了。孩子人不大，心不小，样子还挺张狂。这是当前许多父母都遇到的难题。退回几十年前，父母对孩子几乎有绝对的权威。父母们喜欢说：我走过的桥比你走过的路都多。可是在21世纪的今天，信息化社会动摇了父母们的权威地位。

心理学家发现，孩子在10岁之前是对父母的崇拜期，20岁左右是对父母的轻视期，30岁左右则又变为对父母的理解期，40岁左右则是对父母的深爱期，直到50岁他们才会真正了解自己的父母。可见，10岁至20岁之间是代际冲突最为激烈的时期。孩子在这个时期最重要的心理现象是自我意识的强化。他们渴望独立，又屡屡遭遇失败，常以苛刻甚至挑衅的目光审视父母和社会。但是，代际冲突具有不可估量的积极意义，它是社会前进的基本形式之一。如何面对代际冲突，如何面对走向新世纪的年轻一代，往往成为两代人和谐相处的关键。

现在，我们对孩子的教育乏力，说到底还是不了解孩子。而不了解孩子的原因，主要在于成人的观念。总之，当孩子做出一些令成年人难以理解的事情时，父母不应该当即质问或者训斥，而应该平心静气地思考一下：孩子的行为是否有合理性？如果缺乏合理性，其原因又是什么？经过这样的思考，父母就会容易了解孩子了。而了解孩子恰恰就是教育孩子的前提条件，因为没有了解就没有教育。

一般来说，了解孩子需要注意以下几点：

1. 父母要有主动了解孩子的意识。父母要转变观念，认识到了解孩子是教育好孩子的前提。现在好多教育的失败，就是因为不了解孩子。

2. 了解的重点在于走进孩子的心灵。孩子的内心世界和成人的不同，现在的孩子和前十年、二十年的孩子又有不同。父母不能拿自己的童年跟现在的孩子相比。应该细心地打开孩子的心灵大门，看看孩子到底在想些什么，分析他们的想法为什么和成人不一样？

3. 父母要放低姿态，不要高高在上。了解孩子，就要注意方法技巧，要以民主的方法，以朋友的姿态，耐心地倾听孩子的诉说。

4. 要学会换位思考。对孩子的一些不当想法，要宽容，因为他毕竟是孩子；正因为是孩子，他才会有这样的想法，能说出来就好，父母要耐心疏导。有时孩子会坚持自己的看法，那也没关系，父母要宽容和等待。因为教育是一种长期的工作,不能一蹴而就。

5.鼓励孩子说心里话、真心话。不让孩子说话或孩子不说心里话,那你怎么去了解他呢?

永远坐在第一排

1979年5月,撒切尔夫人作为英国女首相搬进举世瞩目的唐宁街10号时说:"我的一切成就都归功于我父亲罗伯茨先生对我的教育培养。"

罗伯茨是英国格兰文森小城的一家杂货店主。当撒切尔夫人才5岁时,他就教导女儿:凡事要有自己的主见,用自己的大脑来判断事物的是非,千万不要人云亦云。在日常生活中,罗伯茨着重培养女儿"严谨、准确、注重细节、是非分明"的独立人格。撒切尔夫人的父亲一直向她灌输的思想是:"永远坐在第一排。"哪怕是坐公交车,听讲座,父亲都要求女儿坐在第一排,以此来培养她的领袖气质。当撒切尔夫人7岁时,罗伯茨带女儿到图书馆去,只允许她看三类书:人物传记、历史和政治书籍。他有意引导女儿日后走向惊天动地的政治生涯。

撒切尔夫人早年生活清淡艰苦,家里没有洗澡间、自来水和室内厕所;她没有值钱的东西,难得看一次电影或戏剧。这并不是罗伯茨没有钱,而是他执意为女儿创造一种节俭朴素、拼搏向上、赤手空拳打天下的氛围。他每个星期天都带女儿到芳金大街的教堂去,让她听牧师滔滔不绝的布道。在家里,罗伯茨有意与女儿就各种问题进行辩论,以造就她机智沉着、语言犀利、充满感染力和穿透力的雄辩艺术。11岁时,撒切尔夫人进入凯斯蒂女子学校。在凯斯蒂辩论俱乐部的辩论会上,她以思维敏捷、观点独到、讲话准确、气势磅礴而使同学们甘拜下风。

正是罗伯茨对女儿独立人格的培养,才使撒切尔夫人从一个普通的女孩,最终成为一位连任三届英国首相,执政12年,在世界政治舞台上叱咤风云、独霸一方的政治家与"撒切尔主义"的创始人。

家庭是教育的主阵地

批评与表扬的智慧

　　表扬与批评是教育孩子的两种基本方法。缺少哪一个都将是不完整甚至是残缺的。目前，批评与表扬在我们的学校和家庭中存在着两大误区：

　　一是不注重方法和艺术。不经过思考，也不讲究深浅，张口就来。家长意气用事，很容易与孩子"顶牛"，而且效果也不好，这样往往会和我们的愿望背道而驰。我认为，在教育孩子的方式和方法上，我们应该抱着虔诚的态度去研究去探讨，绝不能简单化。

　　二是家长普遍表现为表扬少、批评多。让我们回想一下，我们是不是在表扬上比较吝啬，在批评上比较大方呢？在很多老师和家长那里，大部分评价都是在批评和指责。有些人可能会认为，孩子"优点不说跑不了，缺点不说不得了"，做好了是他应有的本分，况且他做得还不够好，我何必要表扬他呢？再说，我表扬了他，他可能会忘记自己身上还有那么多的缺点，骄傲、翘尾巴怎么办？许多家长就是带着这种心理对待孩子的。

　　成功学的观点认为，人是一种渴望被别人赞美的动物。我们想想，成年人尚且如此，何况是一个"八分情感，二分理智"的孩子呢？我们都希望被赏识，哪怕是轻描淡写的一句夸奖，都能让我们深感愉悦。实际上，除了吃喝穿戴，人类更加渴望的是精神生活。孩子对批评或是表扬的感受和体验，就是他的一种精神生活。当受到别人赞美的时候，孩子会产生成就感、自豪感、满足感和愉悦感。这种情绪会激发他更加蓬勃向上、积极主动地追求成功。因为，他渴望继续获得这种被表扬、被肯定的愉悦体验。真正一听表扬就骄傲的人很少，往往是我们的过度担心而已。所以说，我们不能吝啬表扬。

　　表扬与批评必须讲究方法和艺术。试想：我们平时批评孩子还少吗？为啥老是效果不好呢？我认为教育效果不好，主要是批评、表扬运用得不得法。千万不要以为批评谁都会，不需要加以研究了。批评孩子，还能让孩子乐意接受，不会心生反感，这里面有几个技巧供大家参考。

　　一、批评的方法技巧

　　1. 批评要慎重。不能张口就来，一定要想好了再进行，要口下留情。

2.批评要就事论事,不要涉及孩子的人品人格。有些人一扯就远,张口闭口就是:"你怎么这么没有爱心、没有责任感?""你这么懒、这么笨。""你怎么屡教不改,简直是无可救药!"这就涉及了他的人格,就意味着伤害。

3.批评要实事求是,不要夸大事实,夸大危害的后果,不要上纲上线。本来芝麻大小一件事,有的家长就上纲上线,说得比西瓜还要大。一个淘气的举动,原本无伤大雅,却被说成是:"你这点毛病都改不了,将来肯定是要进公安局的。"一件小事,就把几十年以后的事情都预测了,这就不是就事论事了,这样就不容易让孩子信服。

4.批评不要翻旧账。孩子做错了一件事,我们却把以前陈芝麻烂谷子那些破事儿又倒腾出来,这会让孩子大起反感。

5.批评中,要允许孩子辩解,不能独断专行。家长们遇到问题时要冷静下来,了解事实,一分为二地看问题。此外,要口下留情,好言相劝,不要恶言相向。

6.任何时候都要对孩子充满信心,不要说丧气话。也不要动不动就和别人家孩子比。

7.要尽量少用,不要常用、滥用。家长批评太多,而且不懂得方法,会让孩子视其为耳旁风,甚至容易造成孩子的逆反心理。

8.批评后,必须讨论指出具体方案、办法,重在今后怎么办。总的原则是:指出错误,正确归因。使孩子有改正的愿望和信心。要求要符合实际,不能过高、过多,给孩子留有改正错误的时间。

二、表扬的方法技巧

表扬同样也有学问,下面介绍几种方法。

1.表扬要持之以恒,不要一曝十寒。不能想起来了表扬,想不起来不表扬,要持之以恒地对孩子进行表扬和鼓励。

2.表扬要具体。比如,孩子做了一件好事,你应该由此及彼地对孩子说:你能做这件事并且把它做好了,说明你是一个有责任心、有爱心的孩子,也说明你是个聪明而有潜力的孩子。先说事情,再推及到人,最后还要展望未来。

3.表扬一定要郑重其事。不要有漫不经心的样子,不能随随便便。父母表扬时,态度越是认真,就越能让孩子感到自己被重视,就会更多地让孩子感受到成功的快乐。

4.在表扬孩子的时候,要把喜悦与孩子分享,与他人分享。不要掩饰自己的内心喜悦。比如见到亲戚朋友、街坊邻居,你要毫不掩饰地告诉他们:我的孩子今天让我特别高兴,令我自豪,比我涨工资、住新房还高兴,因为我的孩子

长大了,让我看到了希望。最好是当着孩子的面这样说,或者打电话把孩子的成绩和进步告诉你熟悉的人,有意识地让孩子听到。

5. 表扬之后不要说"但是"。闪光点就是闪光点,成绩就是成绩。可有些老师和家长,就爱说个"但是"。一说"但是"就让表扬大打折扣了。比如说孩子考试成绩不错,你表扬他却拐了一个弯儿。"语文考得不错,但是你的数学咋就考得那么差呢?"这简直是兜头一盆凉水。因此,夸孩子有进步之后,要接着说"而且我相信你有更大的潜力"。

6. 表扬要真诚。要真诚地看着孩子的眼睛,让他知道你真的为他感到欣慰和骄傲。真正有意义的表扬,就是要让孩子有种不断获得赞许的冲动。让孩子用更加饱满的热情去取得更好的成绩,赢得更多的表扬。

表扬和批评是教育中的两样法宝。必须以表扬为主,慎用批评。总之,表扬和批评,既是一门科学,也是一门艺术,能折射出教育者的智慧。我们要细心体会,"运用之妙,存乎一心"。

发牌的是上帝

1890年,艾森豪威尔出生于美国堪萨斯州一个十分贫寒的家庭。艾森豪威尔的母亲也是贫寒人家的女儿,读书并不多,却是个开明、果敢、勤于思考、悟性极高的奇女子。艰苦的环境和母亲严格的要求,使艾森豪威尔从小就养成了坚强的意志、良好的习惯和健壮的体魄。

有一次晚饭后小艾森豪威尔跟家人玩纸牌游戏,连续几次都抓了很不好的牌,他开始不高兴地抱怨。母亲停下来很严肃地告诉他说:"发牌的是上帝,不管怎样的牌你都必须拿着,如果你要玩,必须用你手中的牌玩下去,不管那些牌怎么样!你能做的就是尽你的全力打好手里的牌,求得最好的效果,人生同样如此。"在艾森豪威尔前往西点军校之前,她再一次告诫儿子:"发牌的是上帝,你必须打好手里的牌。"

1944年6月,他担任盟军总司令,指挥100万大军、4000只军舰成功实施了诺曼底登陆,彻底改变了"二战"的命运。斯大林高度评价了诺曼底登陆战役,他说:"就其规模,就其宏大的布局,以及杰出地执行计划的情况来讲,在战争史上从来就没有过足以和它类比的事业。""历史将把这一业绩作为一项最高的成就记载下来。"

很多年过去了,艾森豪威尔一直牢记着母亲的教诲,从未对生活有任何抱怨。相反,他总是以积极向上的态度、饱满乐观的精神去迎接命运的每一次挑战,尽自己所能干好每一件事。

家庭教育中的坚持与妥协

  有些家长常说,孩子越来越难管教了,甚至是根本无法管教。这就意味着亲子关系出现了严重的对立,使得家庭教育没有办法进行下去了。有些家长干脆放弃了,走向了另一个极端。其实,这里面有个技巧就是坚持原则。应该坚持的原则,咬紧牙关也要坚持到底。如何坚持,要视情景和环境而定。同时一定要让孩子有参与权、讨论权和话语权,大家来共同制定家庭的规章制度。如何去做,也只能说是"运用之妙,存乎一心"。总之,确实存在着方法和技巧的问题,只是因人而异罢了。

  不难发现,一些孩子的身上有着不少坏习惯,这也是他们学习不好的真正原因。没有一个孩子是带着坏习惯来到这个世界上的,所有的坏习惯或毛病,都是在后天形成的。家庭、学校以及周边环境都有着不可推卸的责任。究其原因,也不难发现,我们确实没有或很难做到坚持。

  培养孩子的好习惯需要坚持。对孩子的正确要求需要坚持。对于底线方面的要求必须坚持,不能有始无终,一遇到困难就半途而废。我建议大家:某些行为规范要有明确的底线,不能动摇。我们不能因心存恻隐而妥协。

  有个家长曾经请教过我,说他的孩子因为怕冷,冬天怎么也不肯起床,连吃饭都要坐在被窝里。我对他说,这很好办,你跟他讲清楚:吃饭只能在饭桌上吃而不能在被窝里吃,床是睡觉的地方。要吃,就起床,不吃就饿一顿。放心,这不会饿坏孩子。

  又有一位母亲问:我的孩子两三岁,冬天他怕冷,早上不起床怎么办?我说,你给他讲清道理后他要是还不起床,你就要强行给他穿上衣服。因为,这是培养他按时作息习惯的问题,不能心软妥协。这位母亲说:穿了,可是孩子自己又给衣服脱掉了。我说:那你再给他穿上!这位母亲说:室温确实太低,这样折腾来折腾去,孩子感冒了怎么办?我说:感冒怕什么?感冒两三次也总比他养成不按时起床的坏习惯强吧?真感冒了就打针吃药,你要斗败他而不是让他斗败你。因此需要你狠下心来,这就是坚持。在被窝里吃东西、不按时

作息都是不好的习惯,我们家长不能妥协,必须狠下心来。这对孩子终生绝对有好处。

我们知道《三字经》里有一段话:"昔孟母,择邻处。子不学,断机杼。"说的是因为孟子逃学回家,他的母亲毫不犹豫地拿起剪刀,剪断了正在织的布。以此来教育孟子,做任何事都要坚持到底,不能半途而废。许多家长做不到这一点,嘴上说得很厉害,但就是不能坚持,结果只能是不了了之。

至于妥协,我认为这是在家长与孩子之间产生不同见解的时候,家长出于尊重而采取的一种明智的做法。意见不合,不能用强硬手段来解决。它需要沟通,需要尊重,因此也需要彼此妥协。在这里,提醒大家注意一个方法,就是在原则问题上,要坚持,要下狠心,不能妥协;在具体的步骤,在非原则问题上,可以商量,可以妥协。譬如,高一学生在假期中,每天要高效率学习不少于6个小时,这就是原则、底线,不能动摇。至于什么时间学,每个时间段学什么,每一科分配多少时间等,则可以协商,甚至妥协,或者让孩子自己做主。著名高考研究专家王极盛教授分析了许多高考状元的成长轨迹,其中一条成功原因就是民主的家庭教育方式。

在此,我想强调的是:事前妥协、事后坚持。什么意思呢?就是民主讨论,让孩子也参与制订计划的过程。如果剥夺了他的话语权,武断地把一些东西强加给他,往往会助长孩子的抵触情绪。他参与制定的事情,一旦形成了规矩,他就会无话可说,只能坚决地执行了。一旦定下来的事情,就要坚持到底,不能半途而废。这就是事前妥协、事后坚持。

在《红楼梦》里,贾政在管教贾宝玉的时候,就害怕贾母夹在中间护着孩子。该坚持的不能坚持,最后只能妥协让步。这样就不会取得教育的成功。在这方面,我们的家长为什么会有着这样那样的问题,不能很好地坚持或有限度地妥协呢?我分析有六方面的原因:

一是父母认为孩子还小,长大了自然就好了;二是父母听之任之,放弃了;三是娇惯孩子;四是教育孩子虎头蛇尾;五是一遇到抵抗就败下阵来;六是家庭成员态度不一致,这个说东,那个说西,让孩子无所适从。

一位教育家曾经说过,改掉一个坏习惯比养成十个、二十个好习惯都难。我们看到,为什么有些高中生积习难改,就是因为这种坏习惯作用的时间太长了。

家庭教育中的坚持与妥协,需要我们各位家长用自己的智慧才智去加以区分,然后加以活学活用。相信聪明的家长朋友们,一定能分清楚哪些是原则和底线,需要坚持;哪些是方法步骤,可以跟孩子协商,彼此达成一致意见。

相关链接

奖励和惩罚要有原则

1999年,我在伊川县驻队,有一次在散步时,我看到张太太发现女儿的新裙子被弄脏了,她立刻生起气来,开始冲着女儿大声责骂,并动手打了她一下。看见女儿大哭起来,她马上又给了女儿一块小点心。我问张太太:"你怎么这么厉害地责骂女儿呢?""她总是这样经常弄脏衣服。""可你为什么又给她一块点心呢?是表扬她的行为呢?还是给她受责骂的补偿?"张太太无言,她不知道怎样回答我。这时,小女孩已被弄得糊里糊涂,她不知母亲为什么会打骂她,更不知道挨了责骂之后她为什么又得到了点心。母亲这样的做法,使孩子弄不清是非,这对她的成长是相当有害的。

德国教育家卡尔·威特认为,对孩子的奖励与惩罚都不能频繁,但它们一旦实施将确实会对孩子产生重要的作用。对孩子的奖赏绝不能仅停留在物质上,更重要的是要让孩子体会到奋斗与创造的真正喜悦。对孩子的惩罚,也要讲究原则,一定要让他心服口服,否则惩罚便失去了教育作用。惩罚之前,应给他警告,他犯错之后,家长一定要言出必行,并讲清原因,告诉孩子为什么要惩罚他。

卡尔认为,父母必须对事物的好坏有一个始终如一的定见,无定见是教育孩子的最大禁忌。

要重视培养孩子良好的心态

一个人上京赶考,路途中住在一个旅馆里,夜里做了一个梦。他在梦里梦见了三件事情:第一件,墙头上种白菜;第二件,一个人披着雨衣还打着伞;第三件,他和一个美丽的少女背对背地站着。他非常悲观,他认为这三件事情都是不好的兆头。他想:墙头上种菜,菜还不被旱死?不等于白种、白忙活吗?披着雨衣还打伞,不是多此一举吗?和一个美女背对着背,这不等于没戏吗?于是,他打点行李准备返程,不再进京赶考了。

旅馆的店主问他返程弃考的原因,他就把自己做的梦跟店主讲

了。店主说,先生这梦却是好兆头呀,你这次必定高中!他说:这三件事情事事吉利。第一件,墙头上种白菜,叫"高中";第二件,披着雨衣还打着伞,这叫"有备无患";第三件,和一个美女背对着背,一转身不就成了,这叫"快了"。这个考生一听有道理,就打消了悲观情绪,高高兴兴地上京考试去了,结果顺利地考上了进士。

这个故事说明一个人的心态很重要,而心态怎么样,完全是一个人主观的东西。心态能决定一个人的状态,甚至影响到一个人的自信心。好些孩子学习不好,就是因为他没有一个乐观积极的心态。

我们都知道一个人的潜能是非常巨大的,即便是在那些经常灰心丧气的人身上,也往往蕴藏着巨大的、远远超出常人想象的潜能。实际上教育的过程,不仅是学习知识和形成技能的过程,更是开发受教育者潜能的过程。

心态是潜能的放大镜,心态也是发挥自身优势的催化剂。许多人屡屡在学业上和事业上遭遇挫折,他们总是习惯性地把挫折归因于自身能力不足。那些特别乐观、特别自信的人却总能不断地从自己身上找到前进的动力,总能让自己体内的潜能超水平地发挥和释放出来。

1. 心态是情商,需要后天培养。
2. 心态影响甚至决定学习成绩,心态是学习的催化剂。
3. 好心态造就好人生。
4. 心态不好是危险品。
5. 好心态不是教出来的。

虽然有了积极的态度,也未必能保证每件事都能心想事成、事事成功,但是,积极的态度肯定会改变一个人的生活方式,使持积极态度的人离成功更近些。而持消极态度的人必败无疑!

向孩子表达自己的内心感受

家长朋友们如果留意一下与孩子谈话的内容,就不难发现,这些谈话大多是用"你"字开头的:"你怎么还是这样?""你不该做这件事。""你怎么老是这么粗心?"

如果父母把以"你"字开头的谈话换成以"我"字开头,情况可能会大不一样:"我看到这样的结果,心里很难受。""每次整理好的房间又给弄脏了,我感到很生气。""如果再这么没礼貌,我会感到很没面子。"

就这一字之差,表达出来的信息不同。在以"你"字为开头的谈话中,表达的信息是你很讨厌,当然容易引起孩子心理上的反抗。在以"我"字为开头的谈话中,只是告诉孩子你的感觉,表达了你的意愿,所以不容易引起孩子的抵抗。父母把事实告诉孩子,同时也就把解决问题的责任放在了孩子的身上。

因此,父母需要学习怎样适当向孩子表达自己的感受,而不是对孩子所做的事进行批评,这样才能敞开和孩子沟通的大门,减少亲子间的冲突。根据经验,比较有效的表达方式包含四个部分:让孩子明确知道什么事情困扰着你;这件事为什么能困扰你;直接陈述你的感受;讲出你希望孩子改善的愿望。比如:"你比答应回家的时间晚了许多,这令我很担心。我害怕你出什么意外。""我在和别人通电话,你在一旁插嘴,我都听不清对方的话了。请等我打完电话,再和我说话。"

除了以上谈到的表达感受的技巧外,父母还要注意在日常生活中和孩子交流自己对工作和生活的各种感受。这样能让孩子认为你很真诚、很温暖。

吐露自己的心声,是孩子的一种合理的心理需求。孩子总得有一个发泄的渠道,如果亲子之间不能有效沟通,孩子便会寻求与同龄人沟通。这就是为什么孩子在父母跟前沉默寡言,而在同伴面前说个没完的原因。同龄人的经历有限,思想也不成熟,他们往往被同样的问题所困扰,因此不利于问题的解决。孩子往往也不敢和老师交流。这样他们和成年人交流的渠道便不畅通。

因此,父母向孩子表达自己的内心世界,会令孩子感到尊重与信任,有助于孩子亲近父母,向父母敞开心扉。孩子向父母敞开心扉,是父母理解孩子、教育孩子的前提,而且对孩子的心理成长也非常重要。亲子之间的和谐关系

是需要长期有意识地培养的。

　　和孩子一起总结自己的成功与失败,向孩子表露自己的计划与愿望,这本身就是对孩子最生动的人生教导。生活中有坦途也有坎坷,有成功也有失败。同孩子一起分析自己的人生经历,反思自己以往的过失,回顾自己的憾事,对父母来说不是一件容易的事。父母可能会担心孩子会因此看不起自己。事实上这样做有许多好处,它能让孩子感到父母是自己最亲近的人,也是自己最可信赖的知心朋友,感到父母的真诚。

第七章
胡言妙语说教育[1]

信得育儿有真经

学校课堂是正宗,切莫轻信打吊瓶。[2]
情商不凭空说教,常对孩子喊你行。
牢记两个不等式,孰轻孰重宜分清。
胡言漫语说教育,信得育儿有真经。

　　自信之心,进步之根。许多孩子学习成绩不好的重要原因在于缺乏自信心。作为家长要永远对孩子高喊"你行"。在任何情况下都要鼓励孩子,当好孩子的啦啦队长。要慎用批评,讲究批评的方法与艺术。在批评时,不能伤及孩子的自信心,避免"破坏性批评"。其实好多孩子就失败在缺乏自信心上,其最终根源都来自于不当的教育方法。要相信教育孩子的真正责任在于家庭和父母,牢记两个不等式——家庭大于学校,父母大于老师。

[1]　"胡言妙语说教育"是作者在《洛阳商报》开设的家庭教育专栏。2013年元月至七月,每周一篇,连续刊登了二十余篇小文章,受到了广大家长朋友和教育同仁的肯定和鼓励。现特摘出十余篇相关文章以飨读者。
[2]　打吊瓶,指上课外辅导班。

家庭是教育的主阵地

家庭大于学校，父母大于老师

我历来大声疾呼"家庭教育比天大"，"家庭大于学校，父母大于老师"。是说家庭教育、父母的责任是第一位的。为什么呢？

人们通常把学校和家庭的重要性搞颠倒了！我认为对孩子的教育和成长来说，家庭的作用要远远大于学校。纵观人类的教育史，最早形成的便是家庭教育，在人类初期，人类所有的文化都得益于家庭的传承。后来，随着社会的发展才产生了学校。因此，并不是先有了学校才有了家庭教育，而是在家庭教育已经显得不够时，人类才创造出了学校。

遗憾的是，随着学校的发展，人们便将教育的大权拱手让给了学校，以为它可以替代家庭教育。如果把教育自己孩子的责任完全转嫁到学校和老师手里，那可惨了。殊不知，没有家庭教育作基础的学校教育，就是一种有残疾的教育。对于这一点，不仅普通的父母们没有意识到，即使教育界、学校和老师，也不见得都能认识到。

平常，大家都说"家庭教育是基础，学校教育是主导，社会教育是补充"，更多强调的是学校教育，认为学校是专门的教育机构，老师是专业的教育人员，没有意识到比学校、比老师更重要的教育力量——家庭、父母。

其实，家庭教育不仅是基础，而且是主导，其他则都是辅助，都是补充。家庭教育对孩子的影响是深入骨髓的，是学校教育根本无法替代的。家庭与学校相比较，家庭要重要得多，家庭是一种最高级别的教育单位。因此，现在人们对于家庭和学校的认识应该完全颠倒过来。学校仅仅是作为辅助家庭教育孩子而成立的社会机构，教育孩子的决定性力量不是学校，而是家庭，在父母。

学校并不是从孩子出生就开始教育的，每个学生都带着这样那样的"背景"来到学校，性格、习惯等各不一样，学校难以去适应每一个独特的学生，只能按一个模式去塑造学生，像烧砖瓦那样，把学生一个个送进窑炉，烧出一块块相同的砖瓦来。这不禁让人想到古希腊神话中的一个故事。一个名叫普洛克鲁斯蒂斯的强盗，他开了一个旅馆，他按一个奇怪的协议向住宿的旅客提供住宿服务：旅客要么免费睡在他的两张多余的床中的任一张床上，要么按规定付出高昂的食宿费。酒足饭饱的旅客被引到免费享用的房间里，那里安放着两张床,其中一张很长,而另一张则很短。强盗这时提出要求,旅客必须完全合适地睡在任一张床上,要是睡在过短的床上,就要砍掉长出的双腿;如果睡在另一张过长的床上,则要被拉伸到同床一样的长度。直到这时旅客才发现上当了,最后不得不付出高昂的费用。

教育的实质应该是帮助孩子发展成长,即你有什么样的才能,需要什么样的养料,教育便给你什么。你是苹果,就帮助你结出苹果来;你是香蕉,就帮助你长出香蕉来;你是小草,则让你长成最好的小草,总之是让你做一个最好的自己。而这一点,除了家庭教育,除了父母之外,学校教育则难以做到。

学校教育是批发,不是零售;学校的班级授课制是保底线的教育。换句话说,老师上课是以中等甚至末等成绩的学生为标准来进行的。因此,有些学生不可避免地感到无聊,于是就说话、左顾右盼、递纸条、做小动作……老师为了维持秩序,便一会儿叫他们不要说话,一会儿对他们批评、罚站,一堂课的一部分甚至大部分时间都是在这种情况下度过的。这样教育十几年,会是什么样子呢?等到学生变得听话、服帖、没有主见、没有棱角的时候,他们的个性、创造性也被抹杀得几乎殆尽了。日本教育家木村久一将这种学校教育比喻为硬逼着兔子与乌龟赛跑,他气愤地说:"试问乌龟和兔子赛跑的时候,能有几只兔子不睡午觉呢?是睡午觉的兔子不好呢,还是让兔子和乌龟赛跑的制度不好呢?"

永远对孩子说"你行"

学习是一个漫长而艰苦的过程,如果缺乏持续的动力,学生就会慢慢失去学习的热情,即使是在学习,也是被动的,疲于应付,效率低下。目前,学生学习动力不足还不是个别现象,很令老师和家长头疼。那么,学习的动力来自哪里?我们怎样去破解这个难题?

应该确立一个观念:学生的学习动力不是先天的遗传素质,而是其后天养成的素质。每个孩子天生都有一种对未知世界、新鲜事物了解探究的欲望,即学习的欲望,有一种先天的学习动力。可惜由于后来的学习、生活环境的改变,家庭和学校的教育方法不当,使他慢慢地失去了学习的动力。因此,我们要切实转变教育观念和教育方法,慢慢找回失去的学习动力。

家庭是教育的主阵地

根据多年的教育经验，我认为，学习的动力来自七个源头：一是目的，二是自尊，三是自信，四是鼓励，五是感恩，六是改变现状的愿望，七是成功的体验。从这七个方面入手，多管齐下，综合给力，必有成效。当然，这是一个"慢"的过程。大家知道，失去目标或是失去理想，再难有动力可言。一个人如果有了自己的尊严，为了自己的尊严必定奋发努力甚至不惜背水一战，是能创造出奇迹的。自信也特别重要，不少孩子在一次次的失败和打击后，慢慢就丧失了自信心，自然就没动力了。古语云"哀莫大于心死"，心都死了，那还有什么可谈？我们做家长和老师的，都要充当"啦啦队"，永远是"加油、加油、再加油"！"你行、你行、你就行"！鼓励，是一种巨大的力量，总能让人感动。特别值得一提的是感恩之心。滴水之恩当涌泉相报，那是多么大的动力！不可否认，改变贫穷现状的愿望，是许多来自贫困家庭孩子刻苦学习的最大动力。最后一点也非常重要——学习的动力来自成功的体验，它是学生产生学习动力的重要源泉。许多小的成功体验会累积成巨大的成功体验，小欢乐就会变成大欢乐。我很赞成一个观点："成功才是成功之母！"不少孩子从小就在不断的批评、指责中生活，从没有经历过成功的体验，自然慢慢就失去了学习的信心。有些孩子为什么会缺少成功体验？就是因为我们赋予他无法完成的任务，老是考不及格，老是受到批评打击，他哪来的成功体验？哈佛大学前校长曾经讲过一句话："一切教育的失败，都源于没有给受教育者分配适当的任务。"他所试图说明的，正是因为不适当的任务会妨碍、阻挠甚至剥夺孩子们获得成功体验的快乐。因此，那种恨铁不成钢，不讲方法艺术的教育是失败的。

假期，家庭教育正当时

假期，是父母和孩子接触、相处最多的时期，是家庭教育的最佳时机，因此应该特别重视。在假期中，家庭教育要做好哪些工作？我在这里提出几点建议，供大家参考。

1. 明确一个中心。家庭教育应该以情商培养为中心，不应以知识学习为中心，家庭教育应以培养孩子的好思想、好品德、好习惯等为主要内容和主要目标。假期中，孩子和父母在一起，父母可以通过言传身教对孩子进行综合素质教育。这比学校的文化课学习重要得多，这才是真正的教育。

2. 开好一个会议。即开好一个家庭会议。假期开始前，就要认真准备，开好一次家庭全部成员参加的家庭会议，认真分析孩子在本学期的成长过程，肯定和赞赏优点和长处，查找存在的问题和不足。切记要全面总结，一分为二，不能只讲学习成绩和考试分数。对成绩和问题，要正确归因，深刻查找背后的原因。在会上，一定要让孩子多发言，不要搞成家长的一言堂。会议最后要形成一个书面总结。

3. 制订两个计划。在家庭会议上，还要制订好两个计划。第一是假期的学习、生活计划，包括每天的作息时间表。第二是新学期的学习成长计划。计划要切合实际，要尽量详细、具体，设立的目标要适当，达到"跳一跳，摘到桃"。两个计划，都必须在孩子的参与下来完成，不能是家长的一厢情愿。另外，计划必须是书面的，以便于将来的督促、落实。

4. 注意三个问题。假期要过得有意义，还要注意几个问题。第一，作息有度。严格执行既定的作息时间表，以保持原来已形成的生物钟不受大的影响。第二，娱乐有度。第三，饮食有节。不要暴饮暴食。暴饮暴食不仅损害身体，而且对智力也有损害。老卡尔·威特说："贪吃的孩子会变傻。"实践证明有一定的道理。

5. 达到四个目标。假期中，家庭教育要达到四个目标：第一，思想境界有提升；第二，习惯养成有进步；第三，礼仪教育有提高；第四，知识学习有收获。总之，假期是培养孩子全面素质的关键期，是情商培养的关键期。在假期中，父母对孩子绝不能放任不管，或只是督促课业的学习。如果孩子的全面素质不行，没有好的情商来支撑，学习成绩将是泡沫，将来肯定是要滑下去的。

素质教育的主战场是家庭，家庭教育是学校教育无法替代的，同时，家长的教育观念和教育方法特别重要。家长一定要转变教育观念，好好利用好假期这个有利时机，培养孩子的全面素质，为孩子的健康成长积聚正能量！

教育名言

· 情商是通过"潜教育"培养出来的，而不可能通过一两次训练、测验就能完成的，决定一个人情商的不是学校，而是他的家庭。——王东华

家庭是教育的主阵地

正教育、零教育、负教育

先说说教育与教学的关系。教育不等于教学,教学是教育的一部分,是为教育服务的。教学目的侧重于知识、技能、智力的提高;教育则是以促进学生身心全面发展、生命健康成长为宗旨的。

教育是科学,应该遵循教育规律和学生身心发展的规律;教育还是艺术,需要个性化,因人而异,因材施教,因而它应该是创造性的。

教育是件严肃的事情,可是人们往往太随意了,仅凭经验或想当然行事,盲目地去"碰"。碰对了,说是学生听话、努力;碰不对,一股脑儿地埋怨学生怕吃苦、脑子笨等。今天,我提醒大家,教育是有规律的,它是一门学问!有的人教了一辈子书,但也不一定懂得教育的真谛。有的人为了买一件衣服,跑了许多家商店,咨询了许多人,但关于自己的孩子,却没有认真地去咨询过教育专家。有些父母对孩子学校举办的家长会(家长学校)只是表面应付,倒是在寻求所谓的好学校上、在送孩子上各种各样的辅导班上舍得花精力和金钱。

我把教育分为正教育、零教育和负教育。正教育,当然是我们应该追求的,是按照规律进行的教育。换句话说,正教育就是方向对头的教育。方向对了,用力越大,效果就越好。零教育即无效果的教育,教育效果不明显,趋于零,当然我们也不提倡。最糟糕的是负教育,即违背教育规律的教育。不要以为只要是教育了,总是好的,总会有效果的。有位家庭教育专家劝说一个孩子的母亲:"请闭上你的嘴。这就是教育!"因为专家发现,母亲的出发点尽管是好的,但是她方法不对,说得太多了,整天唠唠叨叨,从事的都是负教育,还不如不管、不说。不管不说最多是零教育,总比负教育强些吧!

想想看,我们周围负教育的例子是不是有很多?有些家长朋友,对孩子教育非常非常重视,从小让孩子报这个班,报那个班,花了不少钱财,可是孩子还是没教育好。仔细分析起来,孩子不成功的原因,不是遗传不好,不是孩子不聪明,恐怕主要是教育方向不对,教育理念不对,负教育的因素比较多!

正是:教育也分正和负,劝君切莫想当然。最怕不是步子慢,方向对错是关键!

上校外辅导班与打吊瓶

古人云："食谷者生。"是说人要靠吃五谷杂粮生活，"药补不如食补"。孩子的学习也是这样的道理，除了学校学习，当然也可以到校外辅导机构去寻求帮助。但是，上校外辅导班，毕竟是辅助手段。可惜，有的学生、家长弄反了主、辅关系，把希望完全寄托在校外学习上。这和一个人不好好吃一日三餐，而仅凭靠打吊瓶、输营养液维持生命一样，日久必受其害。我们知道，打吊瓶只能短时偶尔一用，决不能当饭吃。

首先，打吊瓶久了，易产生药物依赖性。同理，一个孩子常在校外辅导班补习，容易对其产生依赖，因而在学校课堂上放松，总想着听不懂没关系，在校外我可以再学。时间久了，很容易产生思维不集中、注意力不专注的坏习惯。

其次，学校、课堂是学生掌握知识、接受教育的主战场，学生的大量时间都在学校，如果放松了学校课堂的学习，那将是多大的浪费？同时，长期上校外辅导班，在经济上也是不小的支出。

再次，治标更要治本。我也理解孩子和家长急于将学习成绩提上去的心理。但是，提高学习成绩，要靠中医的方法，而不是只用西医的方法。中医的方法，讲系统，讲调理，找病根，治根本。一个孩子要想学习好，成绩好，必须注重全面发展，德、智、体都要跟上，单靠抓学习是不行的。大多数学生学习差，表面上缺的是知识，实际上，最缺的却是知识以外的东西。就像身体发烧一样，它背后肯定有发烧的原因。不解决这个问题，上一百个辅导班都不行。

不少孩子"差"是差在了非智力因素上，比如态度、习惯、责任心、感恩心、坚持力、价值观等，这些是学习动力的真正源泉。这些品质，就是我们学校和家庭最需要抓好的，可惜，都被急功近利、拔苗助长的应试教育忽视了。

如果把孩子比作一部汽车，非智力因素则是汽车的发动机。汽车跑不起来，不去检修发动机，却在车体上刷漆，岂不愚乎？

家庭是教育的主阵地

当个好家长,做到"六个一"

家庭教育和父母的作用,怎么说也不过分。怎样当一个称职的好家长,为孩子提供一个好的家庭教育呢?我建议家长要努力做到"六个一"。

1. 创设一个好环境。家庭是孩子生活和成长最重要的场所,孩子三分之二以上的时间是在家里度过的。人是环境的产物,环境对人起着潜移默化的巨大影响。孩子与其说是被教育出来的,不如说是被熏陶出来的。孩子的性格、品质、习惯、态度等人格因素,主要都是在家庭里慢慢形成的。不管社会风气如何,家庭环境总是可以由父母来把握的。社会上有许许多多诱惑和不利因素,为什么不同的孩子有不同的反应呢?历史上无数事实证明,良好的家庭环境和家风会对孩子产生决定性的影响。

2. 树立一个好榜样。俗话说:"言教是银,身教是金",即身教重于言教。身教指的是父母的不言之教,也就是父母为孩子做榜样。有时我们的教育效果不佳甚至不起作用,原因就是教育者空洞说教,言行不一。孔子曰:"其身正,不令而行。其身不正,虽令不从。"要求孩子做到的,父母首先要做到。父母希望孩子成为什么样的人,自己首先就要是这样的人。

3. 充当一面好镜子。少年儿童的自我意识还没有完全形成,他们大多是从别人对自己的评价中认识自我的。父母要多给孩子以积极的评价,多鼓励、多赏识。这样可以不断增强孩子的自信心,让孩子在父母这面镜子里看到积极、自信、正面的自己。反之,若经常批评、抱怨、指责孩子,经常给孩子以负面、消极的评价,他就会慢慢丧失自信,越来越糟。那真是"说他行,他就行;说他不行,他就不行"。

4. 当好一名好医生。这里指父母要当好孩子的心理保健医生。人的成长主要是心灵的丰富和成熟,关注孩子的心理成长是父母和老师的首要教育责任,培养一个健全的人是教育的第一要务。孩子在成长过程中,尤其到了青春期,必然要遇到许多心结和困惑。父母是孩子最亲近的人,理应走进孩子心灵,担负起心理保健的重任,呵护孩子健康成长。

5. 做好一名好学生。家庭教育是一门科学,也是一门艺术,需要父母们认真地去学习。有人说:"父母只有好好学习,孩子才能天天向上。"在学习家庭教育知识方面,大多数父母应该充当学生的角色:阅读一些家教书籍,认真学习、研究家教知识,积极参加学校举办的家长学校活动,向教育专家咨询、请教等。教育孩子是世界上最大最深的学问,即使把所有的老师加起来,也比不上一个母亲的重要!你说,父母不先当好学生能行吗?

6. 做好一名好朋友。父母和孩子实际上应该成为亲密的朋友。孩子不愿和父母交流、沟通,就是没有把父母当朋友。因为父母对孩子动辄批评、训斥,总是高高在上,孩子能敞开心扉说知心话吗?所以,我提倡父母和孩子应保持亦亲亦友的关系。

总之,要改变孩子,先改变自己。家长们需要从自身做起,扮演好这六个角色,给孩子提供一个优良的成长环境,孩子的成功就是水到渠成的事情了。

成绩上不去,方法惹的祸

一位母亲向我道出了她的苦衷:孩子上了初中之后,家里为他准备了最好的学习条件——买电脑和钢琴,还请大学生家教,报了奥数班、英语班,双休日也不敢让他休息。孩子学习也还挺用功的,常常学到深夜,可就是成绩上不去。不知问题到底出在了哪里?

我分析了这个孩子的情况之后,认为这不是个别现象,孩子的问题出在了学习方法上,都是方法惹的祸!孩子在求学阶段,学习成绩的好坏,与他是否掌握了科学的学习方法密切相关。学习方法远比你买来的钢琴、电脑重要得多。孩子表面上缺的是知识,实际上缺的却是学习方法。如果不解决孩子的学习方法问题,再多请几个家教、再多几分用功收效也不会明显。

法国杰出数学家、哲学家笛卡尔曾说:"最有价值的知识是关于方法的知识。"社会早已进入知识爆炸时代。在今天和明天的学习中,学习的成败不仅仅取决于是否勤奋、刻苦,更重要的是学习效率的高低。爱因斯坦的公式:"$W=X+Y+Z$",给我们以有益的启示。这里 W 代表成功,X 代表勤奋,Y 代表方法,Z 代表不浪费时间,少说废话。

什么是最好的学习方法呢?一般来说,好的学习方法符合以下三个条件:符合认知规律,符合学生自身特点以及符合不同学习内容。学习是一种受多种因素影响的复杂的认知活动,孩子在学习过程中要形成适合自己特点的学

家庭是教育的主阵地

习方法并非易事。一般说来,父母可以通过下列措施来改善孩子的学习方法。

第一,向孩子强调学习和做事方法的重要性。家长们要经常在日常的学习、生活中对孩子言传身教,让孩子体验正确方法带来的事半功倍的愉悦。

第二,帮助孩子制订学习计划、掌握学习方法。父母可以帮助孩子计划每天复习什么内容,在什么时候做什么事等。让孩子学会管理自己的时间,制订适合自身实际的学习计划,这本身就是一种学习方法。

第三,帮助孩子管理作息时间。这样可以帮助孩子学会在复习过程中采用交叉、间隔复习的方法,合理使用左右脑,以提高学习效率,有助于培养孩子形成良好的学习习惯。

第四,培养孩子养成注重效率的习惯。不少孩子做事慢慢吞吞、浪费时间,这是造成学习效率低下的主要原因。家长要训练孩子定时作业、定时做事,养成注重时效的好习惯。

第五,安排好孩子的双休日、节假日。在节假日期间,孩子的闲暇时间比较多。家长要指导孩子安排好每天的作息时间和学习计划,并严格执行。双休日、节假日的作息计划要和平时大体相一致,以维护平时形成的生物钟不紊乱。

培养一个优秀的孩子,需要父母教育的智慧和持之以恒的毅力。只有我们接近孩子,认真了解他们的学习情况,才会发现真的有那么多学习方法,需要我们家长参与,对孩子进行指导。联合国教科文组织指出:"未来的文盲,不再是不识字的人,而是没有学会怎样学习的人。"因此,方法比知识更重要。

说他行他就行

不少孩子的失败,就是失败在父母的嘴上。当然,也有不少孩子的成功,也是成功在父母的嘴上。我们在教育孩子上总是说得太多了,而且还说不到点子上。与其这样,还不如不说。一位母亲去请教家庭教育专家,专家忠告她记住一句话:"请闭上你的嘴!"

我们对孩子的教育,一定要注意讲话的方式方法,不能张口就来,不顾后果。因为你的每一句话,对孩子都很重要。它可能是孩子成长的阳光雨露,也可能是孩子成长道路上的冷枪暗箭。那真是"说他行,他就行;说他不行,他就不行"。

要多说鼓励性的话。鼓励,就是鼓舞和激励,就是要从正面肯定他,肯定他的潜能、优点和进步,对他抱有殷切的希望。譬如:

"爸爸妈妈相信你很聪明,你行!"

"妈妈相信你是个好孩子。这次错了,没关系,改了就好。"

"这次没考好没关系。让我们好好分析分析背后的原因。原因找准了,漏洞补上了,下次一定能考好!"

"我知道你不是故意的。没关系,下次注意就好了。"

这些就是鼓励性的话。家长和老师若经常说这样的话,孩子就会朝这个方向发展。因为,人是很神奇的动物,人的神奇性就在于他的情感性、能动性非常强,尤其是孩子。我们的话语充满肯定和希望,就会激发他产生积极愉悦的情感,激发他进步的信心和力量;反之,经常批评指责,抱怨他、否定他,孩子就会产生自我否定的消极情绪。他就会慢慢丧失信心、勇气和力量,认为自己真的不行,从而放弃努力,甚至破罐子破摔,就会逐渐朝着你所希望的相反方向发展,越来越差。在一定程度上说,孩子发展不好,不是他"不听话",而是父母不会"说话",不会教育。

亲爱的家长朋友们,世界上没有哪个父母不爱孩子、不希望孩子成才,但实际上,我们的做法和我们的愿望正好相反。也就是说,有些孩子不是自己"不行",而是父母和老师硬把他说"不行"了。在这里,孩子是受害者,但还落了个不听话、不争气的名声。教育者的话语,就像是给孩子"贴标签"。你贴什么样的标签,孩子就会按照你标签上的内容,成为和标签相一致的人。恶言相加,讽刺挖苦,尽管是父母恨铁不成钢的良好愿望,但结果往往对孩子产生极大的精神伤害。所以,要想毁掉一个孩子很简单,不用别的,只用说他"不行"就可以了。

家庭是教育的主阵地

倾听孩子的诉说

      上小学三年级的亮亮跟同学闹矛盾,回到家就躲进房间里,用力地把门关上。亮亮的妈妈发现儿子的不寻常举动,便去敲了敲亮亮的门说:"亮亮,你怎么啦?"亮亮没有回答。妈妈又说:"我觉得你好像发生了什么事,让我有点儿担心。这样吧,等你愿意告诉妈妈的时候再说,好不好?"

      吃过晚饭,妈妈问了亮亮一声:"今天在学校是不是发生了什么不愉快的事情呢?"过了一会儿,亮亮才沮丧地说:"我同桌欺负我,课间我们打了一架,被班主任批了。"

  亮亮的妈妈做得很好,她没有紧追着亮亮问个不停,也没有对亮亮的行为进行批评指责。相反,她留给孩子一个处理自己情绪的空间,并且清楚地表达了她的关怀。这种做法建立了一个父母能够接纳、理解孩子的安全、温暖的亲子关系。这种关系是亲子交流的前提,它会让孩子信任你,愿意把心里话告诉你。

  家庭教育专家王东华说:"好交流都是听出来的。"亲子交流的主动权在父母手里,交流的关键在于父母的积极倾听。父母在和孩子的交流中,比较常见的倾听技巧主要有以下几种。

  第一,沉默专注。沉默本身就是一种很好的倾听。有时候父母讲话太多,孩子反而不愿意把自己的烦恼讲出来。如果父母默默地听孩子诉说,可能让孩子的心情放松,感到父母对自己的信任。和孩子交流时一定要专注,不能心不在焉,不能边听边干其他的事情。

  第二,酬答式反应。要让孩子知道父母是在用心地倾听而不是在应付。可用微笑、点头、身体前倾、皱眉或其他肢体语言,表达你在认真倾听的愿望和态度。也可用"怎么样""真的""我知道了"等口头语言来表达愿意听孩子的诉说的态度。

  第三,鼓励孩子说下去。有时,孩子需要鼓励才会说出他内心的感受或者困惑,尤其是在沟通刚开始时,父母要鼓励孩子大胆把内心的感受和看法毫无保留地说出来。父母可以这样鼓励孩子:"我很了解这件事情的详细经过","我非常想听听你对这件事的想法","请大胆讲出来,不要有顾虑"等,这些语言都可以使孩子感到鼓舞。这样他们便会敞开心扉,愿意把自己的感受和意见和盘托出。

第四,接纳和包容。父母对孩子的诉说应该持接纳和包容的态度,可以让孩子自由说出问题的任何一面。父母对孩子所说的话不能含有评价和批评的态度。当孩子感到自己的意见和感受得到理解和尊重时,他就会自愿吐露心迹。

第五,整理要点。当孩子诉说完后,立即根据孩子所说的内容整理出要点,并把孩子想要表达的意思以父母的口吻向孩子表达出来。这样孩子便会感到你确实是认真地倾听并尊重了他的意见。如果父母采取这种方式和孩子交谈,孩子就会感到父母是真正地关心自己、理解自己的。

当孩子遇到生活上的问题或是情绪上的困惑时,最需要的是一个倾听者,而不是一个教育家,这是他们的心理需求。孩子不愿意将在外面所受的委屈和困惑告诉父母,很有可能是孩子在倾诉时并没有获得他所渴望的理解、接纳和包容。这往往是孩子单方面关上和父母沟通大门的直接原因。

科学饮食能使大脑更聪明

大脑像一台功能无比强大的电脑。电脑的运行需要电能,大脑也需要能量才能很好地工作。记忆效果好不好与大脑有直接关系。而大脑的工作能力又受各种营养的制约。大脑不是永动机,它需要消耗大量的能量。它的重量仅约占人体重量的2%,但是它消耗的能量却占到人体总耗能的20%。大脑需要的营养素包括六类:

1. 脂肪类。对于大脑来说,脂肪是第一重要的营养成分。一般来说,动物油以饱和脂肪酸为主,植物油以不饱和脂肪酸为主,我们最好在饮食中以植物油为主,以增强脑机能。

2. 蛋白质。蛋白质是人体生命活动的基础物质,没有蛋白质就不能形成人体的组织和器官。脑的机能活动与蛋白质密切相关。蛋白质营养不良对中枢神经系统的影响在幼年时表现得很明显,可导致智力发育障碍,身体发育迟缓等。

3. 糖类。脑活动的能源依赖于血液循环输送来的葡萄糖和氧。人脑对血糖浓度的波动极为敏感,当血液中葡萄糖的含量降低时,脑的能量供应减少,这时轻者会感到疲倦,不能集中精力学习,重者会发生昏迷。因此,每天保证充足的葡萄糖供应,对于保证脑的良好工作状态是非常必要的。

4. 维生素。维生素既不是构成身体组织器官的原料,也不是供应热量的物质,但它却是维持人体代谢所必需的物质,它对神经系统也有很大的作用。譬如维生素 B1 可影响大脑中能量的供应,缺乏时可引起记忆力减退、思维迟钝。维生素 B6 可参与蛋白质和脂肪的代谢过程,缺乏时可导致脑发育受阻及智力发育迟缓等。

5. 矿物质。矿物质又称无机盐,也是维持人体正常生理机能所不可缺少的物质。人体内有六十多种元素,其中钙、镁、铁、锌对大脑尤为重要。它们是孩子生理发育特别是大脑发育的不可或缺的重要元素。例如钙可使身体内保持酸碱平衡,保证脑处于最佳工作状态。人体缺少镁时,体内卵磷脂的合成就会受到抑制而引起记忆力减退。锌能增强记忆力和智力,缺锌可使人昏昏欲睡、萎靡。儿童缺锌则导致生长发育停滞。铁是红细胞中血红蛋白的重要成分,血红蛋白是运输氧气的必要物质,人体缺铁可引起贫血,脑力减退等。

6. 水。没有水就没有生命,脑细胞中输入和输出的各种物质都是溶解在水中,并通过水的流动来输入、输出的。现在孩子爱喝各种各样的饮料,饮水反而很少,这是很不好的现象。

综上所述,六种营养素对于大脑来说都是缺一不可的,平衡地摄取各种必需的营养素,才能有益于大脑和神经系统的健康。

㊀㊧㊨㊗

大脑有七个不同的"智能中心"

美国哈佛大学教授霍华德·加德纳和他的助手,经过长期潜心研究,提出了"多元智能"理论,具有划时代的重大意义。加德纳指出,我们每个人至少有7种不同类型的智能。可惜,只有其中的两种在传统的教育中受到了重视。

第一种智能:语言智能。

语言智能主要是指有效地运用口头语言及文字的能力,即指听说读写能力,表现为个人能够顺利而高效地利用语言描述事件、表达思想并与人交流的能力。这种智能在作家、演说家、记者、编辑、节目主持人、播音员、律师等职业上有更加突出的表现。

第二种智能：逻辑数学智能。

从事与数字有关工作的人特别需要这种有效运用数字和推理的智能。他们学习时靠推理来进行思考，喜欢提出问题并执行实验以寻求答案，寻找事物的规律及逻辑顺序，对科学的新发展有兴趣。

第三种智能：空间智能。

空间智能强调人对色彩、线条、形状、形式、空间及它们之间关系的敏感性很高，感受、辨别、记忆、改变物体的空间关系并借此表达思想和情感的能力比较强，表现为对线条、形状、结构、色彩和空间关系的敏感以及通过平面图形和立体造型将他们表现出来的能力。

第四种智能：肢体运作智能。

善于运用整个身体来表达想法和感觉，以及运用双手灵巧地生产或改造事物的能力。表现为能够较好地控制自己的身体，对事件能够做出恰当的身体反应以及善于利用身体语言来表达自己的思想。运动员、舞蹈家、外科医生、手艺人都有这种智能优势。

第五种智能：音乐智能。

音乐智能主要是指人敏感地感知音调、旋律、节奏和音色等能力，表现为个人对音乐节奏、音调、音色和旋律的敏感以及通过作曲、演奏和歌唱等表达音乐的能力。这种智能在作曲家、指挥家、歌唱家、乐师、乐器制作者、音乐评论家等人员那里都有出色的表现。

第六种智能：人际智能。

人际智能，是指能够有效地理解别人及其关系、与人交往的能力，包括四大要素：组织能力、协商能力、分析能力、人际联系。

第七种智能：内省智能。

内省智能主要是指认识到自己的能力，正确把握自己的长处和短处，把握自己的情绪、意向、动机、欲望，对自己的生活有规划，能自尊、自律、会吸收他人的长处。这种智能在优秀的政治家、哲学家、心理学家、教师等人员那里都有出色的表现。

这就是著名的多元智能理论。

从一定程度上说，多元智能理论不但改变了传统意义上的智力观和人才观，而且还改变了人们的教学观、学习观和发展观。例如，每个学生在接受教育的过程中，至少可以发现自己有一个方面的长处或优势，比如，语言、数学等可能都不行，文化课考试成绩不行，但是他可以在或音乐、或舞蹈、或绘画方面有天赋、有兴趣，这照样是人才。这样，他就会热切地追求自己感兴趣的方面，

并做出成绩,从而增强自信心。多元智能理论,实际上交给我们七把"尺子",这样就能"量"出、评价出更多的人才,甚至能让几乎所有的孩子都能找到自己的智能优势。这样就能引导我们转变人才观念,培养出大批多元化的人才。

孩子都是可以教育好的

人生下来差别都是很小的,后来差别越来越大。有的人成为杰出人才,有的人却很平庸,甚至沦为乞丐、罪犯。为什么会是这样呢?《三字经》云:"人之初,性本善。性相近,习相远。苟不教,性乃迁。"说明人的差别,都是后天的环境和教育的结果。

"没有不好的孩子,只有不好的方法。"事实上,没有一个孩子是带着这样那样的毛病来到这个世界上的。他们身上的优点、缺点都是被环境和教育制造出来的。爱因斯坦说:"孩子生来都是天才,但往往在他们求知的岁月中,错误的教育方法,扼杀了他们的天才。"孩子刚生下来,犹如一张白纸,"染苍则苍,染黄则黄"。

在孩子的成长过程中,家庭教育尤其重要,父母的责任尤其重大。孩子是父母的影子。有的家长埋怨孩子不争气,埋怨学校不好,埋怨老师不好,唯独不埋怨自己。家庭教育专家董进宇博士说:"孩子的问题百分之百是父母的问题。"就是说家长要承担起教育孩子的全部责任。要坚信孩子都是可以教育好的,任何情况下都不能丧失教育好孩子的信心。孩子不好,不应是孩子的错,而是教育方法不科学所致。教育者要坚信孩子的可塑性很大,发展潜能很大,要有足够的耐心和恒心。

在教育孩子的实践中,我们会常常有孩子不听话、方法不管用的困惑。但是我们仍然不能动摇"孩子都是可以教育好的"信念。遇到这种情况,我们应首先反思自己,反思教育方法,多从教育者自身找问题。其实没有一个孩子是愿意学坏的,没有一个孩子是故意学坏的,他们也是受害者。他们若遇到称职的父母、老师,就不会是这样的了,也许会发展得很好。

当然,同样的教育在不同的孩子身上,发挥的作用不会是完全一样的。一般来说,教育效果与孩子的年龄成反比。孩子年龄越大,身上的坏习惯、坏毛病纠正起来就越困难。纠正一个坏习惯比培养十个、二十个好习惯都难。早期教育的效果最好,家庭教育是"人之初"的教育,从零岁就开始了,因此特别重要。

家庭教育贵在转变观念,牢固树立信心。让我们永远坚信孩子是可以教育好的。

孩子为什么撒谎

现在的孩子大多都有一个通病——撒谎。在社会上,人们抱怨较多的也是诚信的缺失。所以,诚信教育显得特别重要。其实,孩子不听话、贪玩等习惯都与缺乏诚信有关。那么,在家庭教育中如何实施诚信教育呢?

诚信是后天形成的习惯和品质。孩子刚生下来,好像一张白纸,无所谓诚信不诚信。孩子撒谎,都是在环境里学来的,父母可能就是教他撒谎的老师。所以,家长应该反思自己的言行,防止自己不讲信用的做法逐渐转移到孩子身上。

对孩子诚信的培养,不能靠说教,而要靠父母的行动。孩子行为和习惯的习得,主要不是靠耳朵,而是靠眼睛去完成。诚信教育需要父母以身作则,给孩子树立一个榜样。应该清楚,孩子的目光就像一台永不休息的雷达,时刻在注视着你。因此"言必信,行必果"是家庭教育成功的关键。

在孩子面前一定要信守承诺。说过的话如果万一兑现不了,就要向孩子说明原因,必要时要诚恳地道歉,来换取孩子的谅解。《狼来了》的故事、曾子父亲"杀猪教子"的故事就是最好的诚信教育。现在许多家长,首先自己就不是一个诚信的人。他们常常向孩子许诺:"周末我带你去公园玩。"可是时间到了,父母又有这样或那样的事,不能履行承诺。这样就无形中为孩子树立了一个言而无信的榜样。

如今,有些父母言行不一,要求孩子做这做那,而自己却从来不去做。一方面要求孩子用心读书,不能贪玩、不能上网、不能玩手机,争取考上重点大学;另一方面,自己却从来不看书、不学习,学校偶尔开一次家长会也不愿参加。有的家长还在家中摆起麻将桌"垒长城",孩子正在学习,还让孩子去给他买香烟。如果孩子不愿意去,父母就直接给他一顿训斥。在这种环境中的孩子能学习好吗?将来他如果没有考上大学,说不定父母还要埋怨他不争气,不给父母长脸,白养活了他一场等。这样的家庭,孩子怎么可能听话呢?这样的

家庭是教育的主阵地

父母,又有什么资格让孩子听你的话呢?

诚信,从古至今都是社会关注的热门话题。尤其是现在,各种新闻媒体,只要是涉及诚信的话题都是不惜版面的。为什么呢?就是因为现在社会上不诚信的现象太多了。而诚信对于一个人的成长,对于一个国家的和谐都有着不可忽视的作用。

所以,请记住:在孩子的教育上,诚信重于泰山。

成功就在身边

成功,是人人都渴望得到的东西。而如何看待成功却见仁见智。不少人认为孩子考上名牌大学甚至考上清华、北大才算是成功,于是对孩子加以过高的期望值。

哈佛大学前校长曾经讲过一句话:"一切教育的失败,都源于没有给受教育者分配适当的任务。"我们往往把目标设置得过高,让孩子完成他们几乎不可能完成的任务,导致他们的自信心逐渐丧失。因此,从一定意义上说,教育者的责任就是为孩子设置适当的目标,然后尽可能地帮他实现目标,让他体验到成功的快乐,增强他的信心。我认为,人的信心从来都不是教出来的,而是自己体验出来的,是鼓励出来的。如果教育不得法,家长为孩子设置不当的目标,再加上恨铁不成钢,老是批评抱怨,孩子的自信心便一点点地被伤害掉了,他还能进步吗?我认为,当前人们转变教育观念,端正对成功的看法非常重要。

首先,成功因人而异,没有统一的标准。比如,考上名牌大学当然是成功,考上二本、三本院校也是成功。其实考不上大学也不一定不会成功。

其次,成功是一个个阶段性的目标。比如,今天我学习效率很高,光阴没有虚度,今天就是成功;这节课我思维没跑题,专心致志地听老师讲解,使自己的收获最大化,这节课就是成功;今天我圆满地完成了一项任务,没留遗憾,就是成功。今天我改掉了一个坏习惯,或抗拒住了一个诱惑,也是成功。

我们要坚信孩子都是可以教育好的。成功就在身边,为孩子设置的目标要具体化、小型化。父母一定要帮助孩子取得一个个小成功,让孩子不断体验成功的快乐。因为,成功才是成功之母。让孩子自己跟自己比,今天跟昨天比。今天比昨天强,明天比今天强,天天都有新进步、新收获,都是成功。总之,努力就是优秀,进步就是成功。

无论家长还是老师,都要抱有一颗平常心,善于发现孩子的闪光点,善于发现孩子的点滴进步。把成功具体化、小型化、阶段化。家长不要苛求孩子,要鼓励和帮助孩子取得一个个"微成功"。不断积累小成功,不断积累正能量,量变而质变,就必将迎来大成功!

情商不是教出来的

情商是良好的道德情操,是乐观幽默的品德,是面对并克服困难的勇气,是自我激励、持之以恒的韧性,是同情和关心他人的善良,是善于与他人相处、把握自己和他人情感的能力等。简言之,它是人的情感和社会技能,是智力因素以外的一切内容,因此情商又称非智力因素。决定一个人的学习成绩乃至一生成就的,智力因素仅占20%,非智力因素占到80%,甚至更高。

我们大部分人都知道情商的重要性,并重视加强情商的培养,但效果往往不好。原因就出在了方法上。就是说我们用的是"教"的方法,而不是"育"的方法。知识可以"教",通过教学来实现,情商只能用"育"的方法。我将其分为"习育"和"化育"。

用"习育"的方法培养行为。什么是习育呢?习育即环境的熏染和陶冶,就是让孩子从最微小、最普遍的习惯慢慢过渡到根深蒂固的习性。就是身教先于言教,身教重于言教。身教是言教的基础,言教是身教的提炼、抽象与概括。如果习育这个基础没有打好,教育的效果就会大打折扣。我们平时更多地是用说教代替了体验,用教学代替了习育。知识可以通过说教、教学而获得,但情商不能靠这种方式获得。情商靠后天的环境熏陶,最终形成一个人的行为范式,即一个人为人处世的态度与程序。好的范式使人受益终生,坏的范式对人贻害无穷。

用"化育"的方法培养精神。什么是化育呢?简单地说,化育就是对人精神的培育,就是人灵魂的建设。同习育一样,精神上的成长只能靠精神来感化,而不是靠说教就能给予的。这主要靠教育者的榜样带动和引领,通过受教育者的亲身体验来完成。所谓"一个人种下去的是行为,收获的是习惯;种下

家庭是教育的主阵地

去的是习惯,收获的是性格;种下去的是性格,收获的是命运",便是这个道理。

决定一个人情商高低的不是学校,而是他的家庭、他的父母。政治家、军事家、企业家等优秀人物大都是情商极高的人。而情商单靠知识的灌输是无法培养出来的。有些人小时候学习成绩非常好,但到了社会以后,"泯然众人矣",并没有像人们预期的那样,获得卓越的成就。究其原因,可能就是他们糟糕的情商,阻碍了优秀智商。而有些人在学校成绩不是很好,但情商很高,他们优秀的情商弥补了智商不足的缺陷。优秀的情商可以促进智商进一步丰富和成熟。这就是我们看到有些人在校学习成绩和社会成就不一致现象背后的真正原因。

其实,情商的高低取决于父母的教育和家庭环境。父母的榜样示范是一种无声的教育。父母要想让孩子成为什么样的人,自己首先就应该是这样的人。比如,要想让孩子受人尊重,首先父母自己要受人尊重;要想让孩子取得成功,首先父母自己要取得成功,然后用心体会成功的经验,并把这些经验传授给孩子。

父母应该牢牢记住这样一句话:你是不能教会连你自己也不会的东西的。现在孩子的失败不少就是失败在家庭教育的方法上。父母说教的内容和自己的行为不一致,没有给孩子提供一个"习育"和"化育"的环境。因此孩子的情商无法培养出来,这就是一切问题的根源。

选择高中有诀窍

中招考试实行网上报名、网上录取之后,填报志愿将起到关键性的作用。每年的五月份,各高中都会展开招生宣传大战,真可谓"乱花渐欲迷人眼"。那么,如何选择一所理想的高中呢?我认为要从以下三个方面入手。

1. 四看

一看升学率而非升学人数。只看宣传册上列出的一本、二本升学人数是没有意义的。因为这仅仅是"分子",而这所学校参加高考的人数是"分母",分子和分母的商才是升学率,才能够反映出这所学校的办学质量。

二看入口而不能只看出口。那么,是不是升学率高的学校一定是好学校呢?这里面大有学问。"出口"是指一所学校的升学率,"入口"是指这届学生当年入学的成绩。这就是说，考察一所学校，不能只盯着升学率这一出口，还要考察这届考生当年的入学分数。能让学生得到更大升值空间的学校才是一所好学校。

三看发展而不能只看眼前。选学校就像买股票，要选那些绩优股。就是说要选一所发展势头强劲的学校。有的学校是吃生源好的老本，现在看起来好像还不错，但是升学率一年不如一年，孩子在这样的学校能获得良好的发展吗？

四看实力而不能只看头衔。一所学校的实际办学质量才是他的核心竞争力，而非有什么样的荣誉和级别。所以，家长们一定要以发展的眼光来看问题。

2. 两选

一选校风好的学校。校风就是一所学校的大环境。校风好的学校，不管哪个层次的班级都会纪律好、风气好。高中生正值世界观、价值观形成的关键期，可塑性非常强，需要严格的管理。如果选择了一所校风不好、管理松散的高中，不但学习成绩很难提高，还会养成一堆毛病，到时候追悔莫及。

二选学校还要选班。高中实行分层次管理，通常要分为三到四个层次。家长特别要关注孩子进了学校之后，能分到哪个层次的班。大多数学校会把最好的教育资源投到最好的班中。因此，这就是"宁为鸡头不为牛后"的道理。

3. 三咨询

招生宣传期间，各高中都会从不同侧面宣传自己的优势，往往会使家长无所适从。"兼听则明，偏听则暗。"家长不妨从各方面进行咨询，掌握全面情况。

一咨询内行。孩子的老师和班主任是最好的咨询对象。他们会根据多年的经验，给你提供有针对性的建议。

二咨询专家。可以咨询教育局、教研室或相关教学专家，他们掌握第一手资料，会给您更具权威性的意见。

三咨询家长。高中在校生和他们的家长对学校最了解，他们有切身的体会，最有发言权。

总之，"四看、两选、三咨询"是选择学校的一种可供参考的策略。最后，请家长朋友们记住一句话：适合自己的才是最好的。祝愿孩子们都能走进自己理想的高中！

第八章
评介真言

行动是金

每一条微博,都是一次真诚的沟通。
每一条感悟,都来自特定的教育过程。
每一次观念的转变,都可能让教育柳暗花明。
每一个小小的失误,都可能造成遗恨终生。
每一次微小的进步,都是通往成功的阶梯。
每一天的成长,都是不可复制、不可重走的生命历程。

  教育无小事,事事关乎孩子的成长。孩子的一天,相当于成人的十几天甚至几十天,因为他们发展变化得太快了。父母决不能忽视任何教育上的细节和小事,正所谓"失之毫厘,谬以千里"。每个孩子都是一样的,他们的可塑性非常大,都会照着环境和教育的方向来成就自己;然而,每个孩子又是不一样的,就像世界上没有两片相同的叶子。因此,父母在教育孩子的过程中,既要尊重共性的规律,又要关注孩子的个性特点,因材施教。大道理人们可能都懂,问题是有的操之过急,有的是不注重细节,有的是不能坚持去做。治病只有好医生不行,还需要好护士;只有好药方不行,还需要坚持几个疗程。同样,教育是慢的艺术,名师的指点固然重要,但家长的坚持和行动则更为重要。希望这些教育微博能给您带来一些小小的帮助。

勤于实践悟真知

洛阳市教育局局党组书记、局长　侯超英

教育是一项关乎国家振兴、民族复兴、家庭幸福和人生发展的事业。她伟大而平实,全社会都应重视,而且必须各担其责。在这些责任中,最关键、最基础、最有责任却又恰恰最容易被忽略、被推责的,正是家庭教育。读完胡玉敏校长的这本家庭教育专著,我有三点感慨。

第一,教育需要有心人。不论是当校长还是当老师,都要做个有心人,不但要尽力,更要尽心,才能把事情做好。现在,校长队伍中往往存在着三种现象:有些人是"做而不学",在工作中忽视了学习,教育理念缺乏源头活水;有些人是"学而不思",不善于思考和总结,致使理论和实践脱节;还有一些人"思而不写",不善于把自己的经验理论化、系统化。胡玉敏校长是一个肯干、善学、会思而且能写的校长,书中的一些观点和理论为我们提供了一些很好的借鉴。

第二,学校致力于两件事。我认为办好学校,校长起码要做好两种培训。首先是教师培训,没有高素质的教师,就不会有优质的学校教育。其次,做好家长培训,家长就是学校的编外老师,他们所起的作用比学校的老师还要大。对于学生来说,家庭是比学校更重要的成长环境,因此,家庭教育是学校发展的重要生产力。对家庭教育再重视也不过分!

第三,勤于实践悟真知。教育教学改革的实践和学校管理是教育工作者成长的肥沃土壤,所有想干出点成绩、有教育梦想的人,都必须脚踏实地,在实践中去探索、感悟。这样才能使自己的教育梦想变为现实。胡玉敏校长在长期的家庭教育实践和研究中积累了丰富的经验,提出了"家庭大于学校,父母大于老师","情商大于智商"等新颖独到的理念,介绍了一些科学的家庭教育方法,很值得借鉴学习。

我想,这本书不仅对家长有益处,而且对广大教育工作者都具有很大的启发。希望家庭教育能够得到社会各界的高度重视,希望社会各界都勇于承担教育的责任。

做事需要大智慧,育人需要大教育

洛阳市教育局关工委执行主任 薛占荣

胡玉敏校长,从事过小学教育、师范教育、初中教育、高中教育,可谓教育经历丰富多彩。我和他是近三十年的老同事、老朋友,对他甚为了解。他是一位有理想、有追求、有境界、有智慧,想干事、会干事、干成事的学习型校长。

教育是培养人的社会活动。教育的目的就是把自然人培养成"社会人"。现代教育要求培养的人不仅能适应社会,而且还能推动、促进社会发展。

培养什么样的人?怎样培养?这是教育工作的永恒主题。现代社会的性质和特征,决定了教育培养目标——现代化人。具体说就是要把孩子培养成人文素养及科学素养兼备,身躯及心理俱佳,智商及情商皆高,创新精神及实践能力两翼齐飞的人,成为有强烈责任意识、规则意识、尊重意识、学习意识的人。

经验告诉我们,眼睛盯向哪里,哪里就有宝藏。诚如人们常言,世上并不缺少美,只是缺少发现美的眼睛罢了。多年来,胡玉敏校长始终把目光和精力投向了教育工作的主题探索上,投向了学校教育与家庭教育的结合上。培养孩子需要学校教育和家庭教育完美结合。怎样才能完美结合?胡玉敏校长探索出了最有效的途径和方法,那就是办好家长学校,学校定期培训学生家长,提高他们的素质和育人能力。家校同向,天天向上;家校同心,黄土变金。实际上,胡玉敏校长是用智慧在做大教育,在做完美教育。

《家庭是教育的主阵地》是胡玉敏校长的新作,更是他教育智慧的结晶。当别人拥有这部宝典时,你一定会十分羡慕的;当你拥有时,你会珍惜的,你会从中汲取教育智慧的。我衷心期望拥有此书的朋友,一定要潜心研读,用心感悟,专心实践,恒心坚持,常读常新,时有所思,日有所进,精诚所至,金石为开,让孩子更优秀,让人生更精彩!

优秀孩子出自优秀家庭,问题孩子出自问题家庭。我很同意胡玉敏校长的观点,中国教育目前最缺乏的是称职的母亲!教育很艰巨,但只要从"心"开始,成功就不会遥远;教育很复杂,但只要用智慧去面对,理想之梦终究会实现!

家庭是教育的主阵地

独道常人未曾言

洛阳市教育局副局长　韩经权

家庭教育伴随人生命的始终,从父母的养育、教导到家庭成员的相互影响,谁也离不开家庭,谁也离不开家庭教育。父母给了孩子生命与基因,家庭也给了孩子精神生命。这是事实,也是常识。

家庭教育曾是我国传统教育的优势。而当下家庭教育的状况颇让人忧虑。家庭缺乏亲情、缺乏陪伴、缺乏书香、缺乏淡定,功利、短视、焦虑、无知、从众……司空见惯,不一而足。

父母的素质,就是民族的素质。可惜我们很少有如何做父母的教育。学校课程中做人教育的缺失,家庭教育优良传统的流失,这导致很多家庭教育缺位、无力,甚至酿成了不少家庭和社会的悲剧。

胡玉敏同志,是一位有强烈责任感的教育工作者,从事教学和学校管理业绩突出,为人称道,而且对家庭教育也颇有研究。他的观点、课题来自实践。他说:"差生是好心人(父母、教师)培养出来的!没有一个孩子天生就是差生。"我颇以为然。这本书言之有物,思常人所未思,道常人之未道,可谓振聋发聩,发人深省。

探路者的思考

洛阳市第一高级中学校长　张欣

胡玉敏先生的家庭教育思想和实践,独树一帜,可圈可点。他的工作经历丰富,理论功底扎实,在各个岗位上都做出了优秀的成绩。他数十年来潜心研究,执著探索家庭教育的真谛。他既熟知学校教育,又热心社区教育,还能驾驭家庭教育,可敬!

胡玉敏先生把家庭教育纳入学校教育、社区教育的整体系统中进行思考。他的这种"大教育"观是有别于其他家庭教育专家的。从这一点上说,他堪称家庭教育的探路者,难得!

胡玉敏先生把多学科教育理论进行整合，提出了一些富有创新性的家庭教育理念。他的家庭教育研究跨越了学科的界限，在各种家庭教育理论的碰撞中创造出了独具特色的"家庭教育产品"。他发出了"家庭大于学校，父母大于老师"、"情商大于智商"、"孩子也是受害者"、"中国教育目前最缺乏的是称职的母亲"等呼唤，对广大家长甚至学校老师都是一个启发和警示，了不起！

古人云："非不知也，是不行也；非不行也，是不恒也；非不恒也，是不乐也。"胡玉敏先生有知、有行、有恒、有乐。我想，有乐是最关键的，也是做事和做学问的最高境界。因为只有乐于事业，才能干好事业、成就事业。他所倡导和践行的家庭教育，不论在理论方面还是在实践方面，都是洛阳市家庭教育的方向和标杆。

知行合一的家庭教育经

洛阳市伊滨区教育局局长　魏明奎

关于家庭教育的书读了很多，归结起来不外乎两类：一类是叙述个人如何培养孩子的，虽然读时热血澎湃，心生艳羡，最终却都是虎头蛇尾。其主要原因在于每个孩子及其家庭背景都是特殊的，这类家庭教育多不具可复制性。另一类则是纯粹拼凑，泛泛而谈，读过即忘。

胡玉敏校长潜心教育，喜欢研究，从事教育工作30余年。他接触学生、家长数以万计，工作中或做学生工作，或与家长谈心，每天都在研究家庭教育，积累了大量翔实的家庭教育案例。

"观千剑而后识器。"胡玉敏校长把多年的心血集结成书，以飨读者。书中没有空洞说教，更没有居高临下。胡校长保持一贯的风格，娓娓道来，从常见的身边事说起，由家庭教育个案引出某一类家庭教育的规律。他的文章就像是在跟家长面对面谈心，亲切温暖。书中的案例就发生在我们的身边，介绍的教育方法实在管用，不少观念使人耳目一新。

这本书从校长的角度去研究家庭教育，有实践，有理论，有实证，道出了家庭教育的真经。

家庭是教育的主阵地

揭秘教育的真谛

河南省教育专家、中学校长　白俊庭

教育的真谛在哪里？怎样才能将孩子培育成才？

这也许是每一位家长最想询问的问题。

一个从事教育三十多年的名师，一个执掌一所学校就火一所学校的校长，一个将自己的孩子培育成功的家长，最有资格也最有公信力来回答这个问题。

他无数次地在各种场合揭秘答案：教育的真谛就在家庭教育，家庭是教育的主阵地，家长不是孩子第一任老师，而是永不卸任的老师，家庭大于学校，父母大于老师！

他就是胡玉敏校长，也曾有许多校长向胡校长咨询过怎样将弱校变强校的秘诀，胡校长答案也只有一个：办好家长学校！

胡玉敏校长致力于家庭教育，是家庭教育的专家。与胡校长相处，总感觉到他像孔子在坐而论道教化弟子，像唐玄奘在带领团队历经九九八十一难执著于取真经，他身上有一种"修身齐家治国平天下"的儒家情怀，有一种不达目的誓不罢休的佛家意志。

胡校长经常说，家教之路充满着无证驾驶的"司机"。开车，我们要考驾照，没有驾照不能开车。然而，做父母不要证就可以做父母了。实际上，做父母比开车要复杂一百倍、一千倍！如果一个国家无证驾驶的"司机"充斥在国土上，这个国家一定是危险的，因为这些孩子不知道今后会走向哪儿。所以，胡校长一直潜心研究家庭教育，一直在学校办家长学校。苏联伟大的教育家苏霍姆林斯基说过："良好的学校教育一定是建立在良好的家庭教育基础之上的。"

孩子来到世界的第一声啼哭，是他人生的第一个独立宣言，宣告他作为一个人来到了这个世界上，这个时候他和外部世界的交流，主要是通过家庭、父母来进行的。因此家庭对于人生是非常重要的，是离开母体以后一个非常重要的场所。

家庭教育寓于日常生活中，时时处处存在于家庭的每一空间。家长毫无掩饰的言谈举止时时刻刻被模仿，这种模仿对孩子的品格影响是潜移默化的，是在漫长的时间里毫无感觉地完成的。事实上，如果一个孩子生活在一个充

满仁慈、爱心和有责任感的家庭里,他日后就可能会成为健康、正直、乐观向上、有所作为的人。如果一个孩子生活在一个充满愚昧、野蛮、堕落和自私自利的家庭里,日后他就可能成为一个粗鲁的毫无教养的甚至危害社会的人。

犹太民族的人口仅占世界0.15%,却为世界文明贡献了一大批杰出的人才,如马克思、弗洛伊德、爱因斯坦等。在世界诺贝尔奖获得者中,犹太人占15.47%。究其原因,是因为犹太民族家庭教育最重视两点:培养良好的品格和良好的阅读习惯。犹太人是世界上最重信誉的人,犹太人是各民族中平均读书最多的人。我国嘉庆进士姚文田有一副对联可以作为家庭教育最好的注解:"世上数百年旧家无非积德,天下第一件好事还是读书。"一个人正确,他的世界、他的方向就会正确,他的潜能就会被挖掘出来。

在胡校长的这本书中,如何做一位合格的家长,如何做一位智慧的家长,如何做孩子的良师益友,都有详尽的论述、鲜活的案例和启迪的名言,是当代家庭教育中非常有新意的一本书。十年树木,百年树人。重视家庭教育、关心孩子健康成长、希望孩子有一个美好的未来是每个家长的共同心愿。那么就请家长们翻开书来学习胡校长的智慧,来点燃孩子的内在的希望之火,让孩子赢在起跑线上吧!

家庭教育的布道者

洛阳电视台著名记者、《成长面对面》栏目制片人　白丽娜

得识胡玉敏校长,缘于洛阳电视台《成长面对面》的开播。胡校长作为特邀嘉宾来到演播厅与观众面对面地谈论"养不教,父之过;教不严,师之惰"的道理。他语言温婉,见解犀利,条分缕析了当前家庭教育中存在的问题,并直切要害提出了解决问题的方法。他行方智圆的师者风范和见解独到的教育理念给我留下了深刻印象。随后,他曾先后二十多次应邀做客《成长面对面》演播厅,畅谈家庭教育的先进理念和科学方法。

节目播出后,观众赞誉不断,求解者甚。于是,我们又及时开通了教育咨询热线,为许许多多的家长传授教子经验,解决育子难题。每遇家长求解,胡玉敏校长不管工作多忙,总要抽出时间热情接待,认真作答,家长们都能带着困惑来,带着方法走。久之,胡校长便成了我们教育咨询热线的"金牌咨询师"。

家庭是教育的主阵地

　　胡校长认为：教育的真正问题不在学校，而在家庭，家庭才是教育的主战场。现在中国最缺乏的不是资金，不是校舍，甚至不是优秀的教师，而是合格的家庭教育和称职的母亲！他提出的"家庭大于学校，父母大于老师"、"问题孩子父母造"、"差生也是受害者"、"成功才是成功之母"、"情商不是培养出来的"等一系列家庭教育理念，正在被越来越多的家长认同。

　　为了育人启智，让更多的家长少走弯路、不走弯路，他应广大家长的恳请，把这些教育理念和方法汇集成书奉献给家长们，以解他们的燃眉之急。我常在想，胡玉敏校长的热心和执著精神比他的教育经验更加宝贵。在他身上，有一种教育工作者的使命感和布道者的情怀。

　　其实，我们的家长从来没有像今天这样关心孩子的教育问题，但今天的家长却有更多的恐惧和不确定性，这种恐惧和不确定性使得他们的家庭教育难免陷入一个又一个误区，如何走出这些误区，《家庭是教育的主阵地》会为您一一指点迷津。

后记

守望心灵的田野

这本书酝酿十几年了。

但是真正整理成书才不过三个月的时间。

十二年前,我在洛阳市第二师范学校任教,并兼任教务科长。市委抽调我到伊川县农村驻队,暂时离开了教学一线。驻队期间,我们走家串户宣讲政策,和农民一起劳动,同吃同住。晚上无事,有的人常常以打牌、喝酒、聊天消磨时光。但是,我不愿意把时间耗费在这些事情上。这一整年的驻村机会恰好给了我一个静静沉思的时间。在对自己二十三年教育经历的反思和总结中,我越来越感觉到家庭教育的重要性。而且,以我自己的经历知道,并不是包括老师和校长在内的每个人都能认识到这一点的。我想,我有责任将我对家庭教育的感悟讲给家长们听。每天晚上,我都坚持在昏黄的灯泡下一字一句地琢磨。冬天冷风刺骨,没有任何取暖设备,我坐在被窝里写;夏天酷热难耐,蚊虫叮咬,我坐在蚊帐里写。就这样,写成了许多文章。

在驻村地,我毛遂自荐,给农村的家长们作讲座。我至今还清晰地记得那一幕:暑假期间的几个晚上,我以一个驻队干部的身份邀请全村家长到村小学的操场上,给他们讲教育孩子的方法。天气闷热,蚊虫乱飞。我却讲得十分投入,汗流浃背也浑然不知。家长们听得越来越认真。讲完了,家长们还不愿离去,围着我问这问那。有的还问我如何处理好家长里短、婆媳关系。可见他们对我有多么得信任。

驻队期间,我还利用间隙时间,应邀到洛阳市物价局、焦作市外国语学校、洛阳第二师范学校一附小等进行家庭教育讲座。不少听众反映说,他们听后收获很大,只可惜听到得太迟了。他们还问了很多教育孩子的问题,我都给予耐心细致的解答。我发现共性的问题非常多,几乎都是大同小异。我的解答往往变成了不停的重复。于是，我陆续写成文章发表，以惠及更多的家长。在这些讲座中，我不断积累素材和经验，逐渐形成了不少具有自己特色的家庭教育观点。驻队结束后，我回到学校主持了河南省社科联重点调研课题《家庭教育中的问题及其改进对策》，获得了省级二等奖。

洛阳市关工委的领导们看到了我在家庭教育方面做的一系列工作后，给了我很多肯定和鼓励。在洛阳市关工委的推荐下，我被聘为河南省家庭教育高级讲师。2002年2月，全省家庭教育工作会议在洛阳市召开，我被评为河南省家庭教育先进个人，并在大会上作了先进经验报告。

有时和朋友们吃饭，我也会不自觉地谈起家庭教育，这也许就是人们说的"职业病"吧？一次和《洛阳商报》的记者吃饭，我无意中谈到了当前教育中的一些热点问题。他们很感兴趣，鼓励我在《洛阳商报》开设了"胡言妙语说教育"专栏，每周刊发一篇文章，连载二十五期。连载的每篇文章都受到了学生和家长的广泛好评。不少朋友鼓励我出一本个人的家庭教育专著，以便指导他们教育自己的孩子。于是，我就开始把这些有代表性的问题整理归类，写成一篇一篇的小文章，陆续在各种报刊上发表。

从2003年5月到洛阳市第二十六中学当校长起，我便特别注重家庭教育，汇聚全校同仁之力开办了家长学校，并编写家长学校教材，定期开展家长培训。以家长学校为纽带，拉近了学校与家庭和社会的距离，赢得了家长们的理解和支持，从而促进了教育教学质量的快速提升。学校被评为省、市家庭教育先进单位和示范学校。之后，不断有外地市各单位到我校参观交流，教育局也在二十六中召开了家庭教育现场会，推广我校经验。

在长期的家庭教育实践中，我逐渐发现，从某种意义上说，教育的真正问题不在学校，而在家庭，家庭才是教育的主战场。现在中国最缺乏的不是资金、校舍，甚至不是优秀的教师，而是合格的家长、称职的母亲！因此，我提出了"家庭大于学校，父母大于老师"、"问题孩子父母造"、"差生也是受害者"、"成功才是成功之母"等一系列家庭教育理念，得到了教育界同仁和学生家长的广泛认可。

学校教育必须与家庭教育相结合，家庭教育也必须作为学校教育的基础性工程来抓。我认为，我有责任、有义务去做好家庭教育的"布道"工作。特别是我当校长以后，这种使命感更强了。我坚持要求把办好家长学校、提升家长素质作为学校的一项重要工作和神圣使命。

我还发现，教育的最大问题之一是教师和家长的观念问题。观念不对，南辕北辙，甚至会变成一种"负教育"，造成好心办坏事，"爱谁谁倒霉"的结果。

作为校长,日常工作较为繁忙,但是我总要让其他工作为家庭教育让路,几乎每次都要亲自为家长们上课。而且周围学校邀请我讲学,我总是欣然应诺,从不推辞。一谈到家庭教育,我总觉得有使不完的劲儿。感兴趣的事情对我来说,从不是一种负担,因为我觉得这是一种责任,一种快乐。

说实在的,对学校来说,办好家长学校不是负担而是动力,不是外在的要求而是内在的需要。我近十年来走过的这两所学校,都经过了由低谷向高峰的跨越,尽管因素是多方面的,但我认为其中一个最重要的因素,就是重视了家庭教育。

我认为,目前中国的家庭教育还是一个非常薄弱的环节,人们虽然已经高度重视了教育,但是他们重视的往往是学校的教育,是智商、是知识、是考试成绩。许多孩子起跑得很早,不愿输在起跑线上,但最终还是输了,而且还输得很惨! 其根本原因不是不重视教育,而是在观念上出了问题,不懂得科学的方法。因此我认为,要教育好孩子,首先要教育好家长;要改造中国的教育,首先要改造中国的家庭教育;要落实素质教育的理念,首先要在家庭中落实。学校应该把家庭教育的重担挑起来,因为任何其他社会机构都无法承担此项重任。只有老师才能调动家长,只有学校才能组织家庭教育活动。

我还认为,教师这个职业,学校这种机构是最容易找借口的。他们可以把责任推给学生,推给家庭,推给社会。因为教育是复杂的,学生是弱势的。所以,学校和教师比其他任何单位和职业来讲,都更需要良知和责任感。

我常想,校长要有一种教育的情怀,或者说要有一种使命感和担当精神。因为家庭教育太重要了,但它也是一种"慢"的事业,需要长期的守望。做教育必须远离功利,在滚滚红尘中保持一份超脱和淡然。

在我眼里,孩子的心灵就像是一片田野,如果不播种庄稼,就会长满杂草;如果不耕耘高尚,就会蔓延低俗;如果不培植真善美,就会滋生假恶丑。我们一定要用爱心来浇灌,用智慧去耕耘,用耐心去守望这一片片希望的田野。

在我眼里,教育更像是一场持久的战役。这场战役的主阵地在家庭而不在学校,这场战役的指挥权在你的手中而不在别人的手中! 家长的成功至少包括两部分,一半是你的事业,另一半就是你的孩子。孩子教育不好,说到底你也不能算是一个真正的成功者。

最后,我要感谢和我一起栉风沐雨,做家庭教育的洛阳市第二师范学校、洛阳市第二十六中学和洛阳市第二中学的同仁们;感谢理解、支持我的家长朋友们;感谢鼓励我创作的同事和朋友。我还要特别感谢洛阳师范学院原校长叶鹏教授和徐正之教授,他们欣然为本书作序,为本书提了许多宝贵的意见。

此外，书中引用了众多国内外教育名家及社会专家的名言警句和案例，为本书的表达阐释起了重要作用，在此一并表示感谢，有些因为资料久远，未能标示出处，也请见谅。

希望这本书能给望子成龙的您提供一点点参考，能给陷入家庭教育困惑的您提供一点点帮助，能给广大的教育同仁提供一点点启示。

我真诚地祝愿：让每个孩子都有一个好家庭，让每个家庭都有一个好孩子！

胡玉敏

2013年4月12日晚

参考文献

1. [新西兰]戈登·德莱顿,[美]珍妮特·沃斯.学习的革命.上海:上海三联书店,1997.
2. 张健鹏,胡足青.孩子的问题在哪里.北京:学苑出版社,2005.
3. 吕叔春.快捷记忆法.北京:中国盲文出版社,2002.
4. 王东华.发现母亲.北京:中国妇女出版社,2003.
5. 俞敏洪.永不言败.北京:群言出版社,2005.
6. 王宏甲.中国新教育风暴.北京:北京出版社,2004.
7. 徐志华,史威生.如何奖惩孩子.北京:中国经济出版社,1999.
8. 孙云晓.五元家教法.北京:现代出版社社,2007.
9. 李开复.做最好的自己.北京:人民出版社,2005.
10. 王金战,隋永双.英才是怎样造就的.重庆:重庆出版社,2006.
11. 周弘.赏识你的孩子.广州:广东科技出版社,2004.
12. 库金会.我是这样管好孩子的.北京:中国华侨出版社,2004.
13. 吕国一.智慧的母亲.长沙:湖南人民出版社,2007.
14. 董进宇.培养真正的人.北京:海潮出版社,2004.
15. [美]奥格·曼狄诺.穷习惯富习惯.北京:中国华侨出版社,2004.